1987 年 11 月，民盟中央主席费孝通（左）来湖南视察，与时任中共湖南省委书记熊清泉（右）、民盟湖南省委会主委陈新民（中）在一起

　　1997 年 10 月，民盟第八次全国代表大会期间，民盟中央主席丁石孙（中）与民盟湖南省委会主委谢佑卿（左）、副主委周宏灏（右）合影

湖南盟訊

内部刊物　注意保存
中国民主同盟湖南省委会编印

1984年1月25日
新第1期
本期4版

1984年1月,《湖南盟讯》复刊,民盟中央主席楚图南为刊头题词

湖南民盟五十年 费孝通题

1999年1月,民盟中央主席费孝通为民盟湖南省级组织成立五十周年题词

2010 年 3 月 30 日，民盟中央主席蒋树声（一排右五）来湖南视察，与湖南盟员合影

2013 年 9 月，民盟中央主席张宝文（右五）来湖南视察，与民盟湖南省委领导班子成员等合影

　　2013年4月，民盟中央常务副主席陈晓光（一排左二）率队来湘，在民盟湖南省委会主委杨维刚（一排右三）等陪同下，深入洞庭湖区调研，促成洞庭湖生态经济区建设正式上升为国家战略

　　2018年3月11日，全国政协委员、民盟湖南省委会主委杨维刚做客人民网强国论坛，以"加快推进洞庭湖生态经济区建设"为主题与网友进行在线交流

萧敏颂（1914—1957），湖南湘潭人。
民主革命家。民盟湖南省级组织的主要
创始人，民盟湖南省委会第一、二届主
委，曾任湖南省人民委员会委员兼省教
育厅厅长

魏猛克（1911—1984），湖南长沙人。
作家、美术家。代理第二届民盟湖南省委会
主委。曾任湖南省文联主席、省文化局局长

周世钊（1897—1976），湖南宁乡人。诗人、教育家。第三、四、五届民盟湖南省委会主委。曾任湖南省人民政府副省长、省政协副主席

卢惠霖（1900—1997），湖北天门人。著名遗传学家，中国遗传学和人类优生学的奠基者。湘雅医学院教授。第六届民盟湖南省委会主委。曾任湖南省政协副主席

陈新民（1912—1992），安徽望江人。著名冶金化学家，中国科学院学部委员。第七、八届民盟湖南省委会主委，曾任湖南省人大常委会副主任、省政协副主席、中南工业大学名誉校长

王振华（1920—2004），福建福州人。心血管病专家，湘雅医学院教授。1993年代理民盟湖南省委会主委，第十、十一届民盟湖南省委会名誉主委

谢佑卿，1937年出生，湖南邵阳人。材料物理与化学专家，中南大学教授。第九、十、十一届民盟湖南省委会主委，曾任湖南省人大常委会副主任、省政协副主席

杨维刚，1960年出生，湖南平江人。现任全国政协常委，民盟中央常委、湖南省委会主委，湖南省人大常委会副主任、湖南中华职教社主任

中国民主同盟湖南省委员会 编

『十四五』国家重点出版物出版规划项目

湖南盟史系列

湖南民盟史

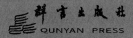

群言出版社

QUNYAN PRESS

·北京·

图书在版编目（CIP）数据

湖南民盟史 / 中国民主同盟湖南省委员会编 . -- 北京：群言出版社，2024.8
（民盟历史文献）
ISBN 978-7-5193-0949-7

Ⅰ．①湖… Ⅱ．①中… Ⅲ．①中国民主同盟—史料—湖南 Ⅳ．①D665.2

中国国家版本馆 CIP 数据核字（2024）第 109140 号

责任编辑：李　群
封面设计：李士勇

出版发行：群言出版社
地　　址：北京市东城区东厂胡同北巷 1 号（100006）
网　　址：www.qypublish.com（官网书城）
电子信箱：qunyancbs@126.com
联系电话：010-65267783　65263836
法律顾问：北京法政安邦律师事务所
经　　销：全国新华书店

印　　刷：三河市腾飞印务有限公司
版　　次：2024 年 8 月第 1 版
印　　次：2024 年 8 月第 1 次印刷
开　　本：880mm×1230mm　　1/32
印　　张：10　彩插 8
字　　数：220 千字
书　　号：ISBN 978-7-5193-0949-7
定　　价：88.00 元

湖南盟史丛书编审委员会

主　　任：杨维刚
成　　员：胡　颖　汤　浊　何寄华　杨君武
　　　　　戴晓凤　黎定军　赵为济
执行编审：赵为济

湖南盟史丛书编撰委员会

湖南盟史丛书编撰办公室

主　任：傅小松

成　员：钟为恒　朱琳琳　冯威森

前　言

　　中国民主同盟成立于 1941 年 3 月，正值抗日民族统一战线遭到国民党独裁统治破坏的危难之际。民盟以贯彻抗日主张、实践民主精神、尊重思想自由、提倡依法治国为政治纲领。民盟凝聚了当时许多进步知识分子和社会精英，可谓群贤毕集。在不同的历史时期，黄炎培、张澜、沈钧儒、杨明轩、闻一多、李公朴、梁漱溟、史良、胡愈之、楚图南、吴晗、费孝通……这些民盟前辈们纵横捭阖、开阔放达，本着知识分子的人文良知和社会责任奔走国是，在政治、经济、军事、外交、教育、社会等领域都提出了明确的纲领和主张，将平等、民主、自由的思想播撒在中国的土地上。

　　在那苍黄翻覆、陵谷变迁的大时代，在那风云变幻、波澜壮阔的动荡岁月里，历史的浪潮将中国民主同盟，将有志于民族振兴的贤良才俊推上了风口浪尖，他们在改变中国命运的同时，也改变了自己的人生轨迹。他们为历史的进程，为国家富强、民族振兴和民主政治的进步做出了卓越的贡献；他们将自己的荣辱与民族存亡紧紧地联系在一起，为中国的民主、繁荣奋斗了一生，为后人留下了许多宝贵的精神财富；他们关于新民主主义社会的探索，至今仍具有巨大的影响和现实意义。

在今天，为了保存这珍贵的历史财富，为了让后人记住先辈们的独立之精神、自由之思想以及他们为国为民、励精图治的奋斗事迹，我们通过多年的精心准备和积累，出版了《民盟历史文献》丛书，这不仅仅是追忆往昔、缅怀先贤，也不仅仅是为了从学术研究的角度去厘清历史、臧否人物，更重要的是：通过回顾那段曲折的历史，传承民盟与中国共产党肝胆相照、荣辱与共的真挚感情；纪念民盟先贤为新中国做出的巨大贡献；呈现近现代中国社会的嬗变和进步知识分子的爱国情怀；同时也是为了民盟薪火相传、与时俱进的需要；为了让那些隽永传奇的人物和可歌可泣的历史再现后人的眼前。

路漫漫其修远兮，吾将上下而求索。《民盟历史文献》丛书的出版，是对先贤们多党合作历史的尊崇和传承。

《民盟历史文献》编委会

传承优良传统　继续携手前进

（代序）

杨维刚

湖南省人大常委会副主任、民盟湖南省委会主委

为纪念湖南民盟组织成立 65 周年,并加大对湖南盟史资料的抢救、搜集和整理力度,2013 年 7 月,民盟湖南省第十三届五次常委(扩大)会议研究决定,编辑出版"盟史丛书",旨在通过文字、图表、照片等形式,集中反映民盟湖南省级组织成立以来的不平凡历程和为湖南和平解放、建设和发展所做出的贡献,展示湖南民盟的风采和形象,并通过加强盟史教育资政育人,激励广大盟员坚持中国共产党的领导,不忘合作初心,继续携手前进,为建设富饶美丽幸福新湖南献智出力。丛书分为《湖南民盟史》《湖南民盟人物》《湖南民盟重要文献》三卷。如今,历时四年,丛书终于编撰告成。

民盟湖南省级组织成立于 1949 年 1 月 10 日。作为中国民主同盟的地方组织,湖南民盟在黎明前最黑暗的时刻诞

生，在湖南和平解放中锤炼，在社会主义改造中成长，在"反右"和"文化大革命"中经受考验，在新时期改革开放以来创造辉煌，与中国共产党风雨同舟、肝胆相照，与三湘人民同命运、共呼吸。新时代，民盟各级组织高举中国特色社会主义伟大旗帜，深入学习贯彻习近平新时代中国特色社会主义思想和中共二十大精神，积极履行参政党职能，书写了一部厚重的历史，形成了自己的优良传统。这种传统，近承"奔走国是，关注民生"的民盟精神，远绍"心忧天下，敢为人先"的湖湘文化。这种传统，既表现在湖南民盟作为一个参政党地方组织的杰出贡献和社会形象上，也表现在湖南民盟历任领导人和其他杰出成员的优良作风和优秀品格上。湖南民盟的优良传统，我认为主要表现在以下四个方面。

一是与党同心、风雨同舟的合作传统。一部湖南民盟史，就是一部接受中国共产党领导，与党肝胆相照，荣辱与共的合作史。民盟湖南省级组织的创立，既是在民盟总部领导下进行，同时也得力于中共湖南地下组织的大力帮助和指导。湖南民盟主要创始人包括萧敏颂、余志宏、刘禄铨、杨伯峻、杨荣国等，他们既是党员也是盟员。湖南民盟一成立，即大力配合中共积极推动湖南和平解放。中共湖南省工委成立了统战工作小组（又称策反小组），由中共、民盟交叉成员余志宏、涂西畴分任正、副组长。湖南民盟与中共湖南地下党亲密合作，与国民党斗智斗勇，成功促成程潜、陈明仁和平起义，共同上演了一曲救人民于水火，化干戈为玉帛的壮歌。

湖南和平解放后的第三天,民盟湖南省支部创办了《民主报》,杨伯峻任社长,与后来由中共省委创办的《新湖南报》相互呼应,大力、热情宣传中国共产党的方针政策,得到了中共省委和社会各界的充分肯定。新中国成立之后,湖南民盟在中共湖南省委的领导下,积极参加和支持土地改革、抗美援朝、"三反"、"五反"运动以及国民经济恢复和社会主义改造工作。新时期以来,湖南民盟更是与湖南的改革开放和发展同行,参政议政上,从联合民盟湖北省委召开影响深远的"两湖会议",到就湖南粮食生产问题,防止国有资产流失,促进湖南城市化发展等重大课题开展调研,再到近几年深度参与"四化两型"建设、"数字湖南"等一批重大建议为中共省委、省政府采纳。社会服务上,从早期开展讲学办学、支边扶贫、科技咨询等为"四化"服务的活动,到近年来致力于新农村建设、社区共建、"烛光行动"和"明眸工程",不断创新方式、扩大领域、增强实效,充分体现参政党服务大局、关切民生的情怀。

二是救国救民、匡时济世的道义担当。20世纪上半叶,国民党实施专制统治,国家战火频仍、内忧外患,三湘大地也是满目疮痍、民生凋敝。众多湖南民盟先贤目击时艰,挺身而出,以天下为己任,走上了救国救民的道路。湖南民盟首任主委萧敏颂,在北京大学读书时即投身民主救国运动,曾担任"中华民族解放先锋队"总部组织部部长、"华北各界抗日救国联合会"组织部副部长;曾任民盟省委第一届支部副主委的谭丕模,参加了 1926 年的"三·一八"请愿抗议,遭到政府镇压,负伤倒在血泊中,夜晚才从死尸堆里爬出;曾任民盟省委顾问的陈新宪,1927 年 1 月陪同毛泽东到衡山考察农民运动,其事迹载入革命史册;由吴晗、闻一多介绍入盟的伍大希,1946 年 7 月 15 日在云南大学现场记录了闻一多先生《最后一次讲演》,为中国革命史保留了一份珍贵的资料;曾任民盟省委代主委的魏猛克以及李淑一、文忆萱、严怪愚等,都曾因参加民主运动被捕关押;还有很多盟员先贤,如杜迈之、康德、蓝肇祺、张梓敬、欧阳敏讷等,创办《自由论坛》《力报》《晚晚报》《新时代》周刊等进步报刊,以笔为矛,抨击黑暗,唤醒国人。湖南民盟成立后,更是积极组织和发动盟员赴汤蹈火,走到推动湖南和平解放的第一线。主办进步报刊,翻印革命书籍,组织学生运动,为迎接解放宣传造势;发动各地盟员积极开展护厂、护产、反迁移、反破坏斗争。余志宏、涂西畴成功策反了一大批国民党中上层人员,促成程潜、陈明仁和平起义,成为湖南和平解放的功臣。刘禄铨奉省工委之命突破封锁赴华中局汇报湖南形势,并带回华中局关于和平解放湖南的意见,被称为"湖南和平解放的第一个使者"。盟员朱刚夫、余淑怡等在解放战争中壮烈牺牲,中华人民共和国成立后被确认为"革命烈士"。

三是坚持正义、坚守真理的价值追求。严怪愚是民国时期与邹韬奋、范长江等齐名的著名记者,他不畏强权,敢说真话。1939 年 4 月 7 日,严怪愚不顾蒋介石的禁令,第一个在他供职的《力报》上果敢揭露汪精卫叛国投敌的丑闻，震惊海内外，被誉为"新闻勇士"。因此，他主办的《力报》被查封，他本人被投入监狱达8个月之久。曾任民盟湖南省委会第三、四、五届主委的周世钊，是毛泽东的同学和诗友。新中国成立后，他目睹极"左"思潮泛滥，党和国家遭受重大损失的状况，留下了"三谏毛泽东"的佳话。1972年10月2日，他面见毛泽东谏陈3小时，并面交长达四千字的进谏信，就如何纠正"文化大革命"错误提出8条建议。湖南大学物理学教授石任球，时任民盟湖南大学支部主委。1983年2月，他联合农工党员彭肇藩，以极大的勇气给《人民日报》《光明日报》写信，反映湖南大学在落实知识分子政策方面存在的问题，信件在两报头版显著位置见报后，引起社会各界高度关注。中共湖南省委专门成立了检查落实知识分子政策办公室，迅速推动了全省知识分子政策的落实。

四是以学报国、经世致用的崇高风范。民盟是以文化教育和科技界高、中级知识分子为主体的参政党。湖南民盟自成立以来，吸引和聚集了一大批优秀的专家学者。他们严谨治学、刻苦攻关，淡泊修身，无怨无悔地以学识和技能报效国家，奉献社会。民盟湖南省委会第四任主委卢惠霖，是中国生物遗传学的奠基人，人类生殖工程优生优育学的开拓者，指导研制出中国首例冷冻精液人工授精婴儿，被誉为"中国试管婴儿之父"。第五任主委陈新民，是中科院学部委员，中国有色金属冶金教育的开拓者。1952年元月，他奉命从北京南下长沙,筹建中南矿冶学院,带领全院师生艰苦奋斗,仅用不到一年的时间就在一片荒山上建起了一座校园,创造了中国教育史上的奇迹。第六任主委王振华,是著名心血管病专家。第七任主委谢佑卿,是中南大学材料物理与化学专业首席教授、美国纽约科学院(NYAS)院士。曾任盟省委副主委的周宏灏,是中国工程院院士,1991年他放弃在美国的优越条件毅然归国,创建了我国第一所遗传药理学研究所,成为我国遗传药理学科的开拓者和带头人。民盟成员中,更涌现了一大批以学报国、无私奉献的典型。血液学家易见龙,在抗战中和新中国成立后两度为筹建中国现代血库而奔波,殚精竭虑,成为我国现代输血事业的奠基人。血吸虫病学家陈祜鑫,带着妻室儿女安家洞庭湖,创建了湖南省第一个、全国第二个血吸虫病防治研究所,在湖风泽浪中奋战了30多个春秋,为帮助湖区人民战胜血吸虫病做出了卓越贡献。历史学家何光岳,出生贫苦,仅读了五年半小学,但其以惊人的毅力自学成才,潜心于民族史、姓氏源流史等研究,出版著述40多部,共计3000余万字,为增强中华民族凝聚力,推动海内外华人的寻根热做出了较大的贡献。经济学家柳思维,多年来积极为湖南的经济社会发展建言献策,其真知灼见和经世致用的情怀使其成为湖南历任省委书记、省长倚重的智囊专家。湖南大学副校长、盟员谭蔚泓,长期致力于生物分析化学、化学生物学和分子医学的研究,取得重大成果,先后当选为中国科学院院士、发展中国家科学院院士。

习近平总书记曾指出："历史是最好的教科书。学习党史、国史，是坚持和发展中国特色社会主义，把党和国家各项事业继续推向前进的必修课。"湖南民盟近70年的不平凡历程、可歌可泣的优良传统、群星闪烁的先贤群体，是一笔丰厚的历史资源，更是一笔宝贵的精神财富。如何进一步继承民盟的优良传统，我认为要从以下三个方面努力。

一是要大力弘扬民盟精神，夯实多党合作的政治思想基础。民盟精神是民盟之魂，民盟精神最核心的部分，就是民盟前辈们所具有的以天下为己任，以国家和民族利益为旨归的责任意识和担当精神。这种精神，是"心忧天下"的中国传统知识分子情怀与"立党为公"的现代政党意识的结合。这种崇高的人文理想，转化为先进的政治诉求，使民盟前辈们坚定地选择与中共亲密合作、并肩战斗，并坚定地接受中国共产党的领导，走中国特色的政治发展道路。我们通过加强民盟传统教育，不断增强广大盟员特别是青年盟员对中国特色社会主义的道路自信、理论自信、制度自信、文化自信，把老一辈当年的历史选择转化为今天的现实选择，进一步夯实多党合作的政治思想基础。

二是充分挖掘盟史资源，推进民盟参政履职和自身建设。学习盟史，我们不仅要回顾辉煌，以史为豪；总结成绩，以史为师；还要不讳曲折，以史为鉴。回首湖南民盟走过的历史道路，我们深刻体会到：坚持和完善中国共产党领导的多党合作和政治协商制度，与党同心，与中国特色社会主义同行,是湖南民盟自始至终的政治准则;围绕实现中华民族伟大复兴的中国梦和全面深化改革开放,发挥优势,积极献智出力,是湖南民盟履职的根本方向;继承民盟前辈和先贤的优良传统,建诤言,立谠论,推进协商民主,是湖南民盟坚守的价值追求;切实加强自身建设,推进"人才兴盟""人才强盟",建设一支高素质、有作为、敢担当的参政党队伍,是湖南民盟实现可持续发展的有力保证。

三是深入学习民盟先贤,激励广大盟员立足本职建功立业。民盟英才辈出,众多民盟前辈和民盟先贤以其道德文章功业成为我们传承的典范、学习的榜样。他们中有取义成仁的烈士,有为民请命的英雄,有爱国忧民的贤达,有满腹经纶的学人,有仰望星空的智者。高山仰止,见贤思齐。我们要积极开展缅怀前辈、纪念先贤的活动,宣传他们的典型事迹和崇高风范,弘扬民盟先驱爱党、报国、为民的坚定信念;学习民盟前辈重视立德修身,恪守知识分子良知的崇高风范;传承民盟先贤学有专长,以学报国的奉献精神,激励广大盟员立足本职岗位建功立业。

意大利历史学家克罗齐说过:"一切历史都是当代史。"站在前辈的肩上,我们将看得更远;踏着先贤的足迹,我们将奋勇前行!

目 录

第一章

筹建民盟湖南省级组织
和推动湖南和平解放
（1946—1949）

第一节　湖南盟员的早期活动

一、形成进步报人群体

湖南民盟的创始人和早期盟员很多是新闻工作者、学者、作家。在20世纪三四十年代，国民党政府实施专制统治，日本帝国主义入侵，国家内忧外患。湖南民盟先贤目击时艰，毅然走出书斋，挺身而出，创办进步报刊，以笔为武器，宣传抗日救国，为国家和平统一和人民民主自由摇旗呐喊。他们形成了湖南民盟早期历史上一个独特的报人群体。后来，正是这个报人群体，以办报为依托，团结进步人士，宣传民主思想，创建了湖南民盟组织。

此时期，代表人物有萧敏颂、杨荣国、谭丕模、康德、蓝肇祺、严怪愚、杜迈之等。

萧敏颂（1914—1957），湖南湘潭人。湖南民盟的主要创始人之一，曾任民盟湖南省委会首任主委、湖南省人民政府委员、省教育厅厅长。

萧敏颂1933年考入北京大学政治学系，1935年参加"一二·九"学生运动，1936年加入中国共产党。其先后担任北京大学学生会执行委员、中华民族解放先锋队组织部部长、华北各界抗日救国联合会宣传部副部长。1937年抗战前夕，萧敏颂从北京大学毕业后回到长沙,在中共地下省委领导下,积极从事抗日救亡工作,与翦伯赞等发起成立了湖南文化界抗敌后援会、中苏文化协会湖南分会。1938年9月,他创办《前进》杂志,担任主编。他在《前进》上先后发表了《抗战后国际形势》《关于"九国公约"》等文章。萧敏颂还任《中苏半月刊》编辑,编译了大量介绍苏联的文章。此外,他

萧敏颂在北大就读期间留影

还为《观察日报》《新湖南》等进步刊物撰稿,后赴桂林,再赴香港,从事民盟组织的创建和抗日救亡宣传工作。1946年春,萧敏颂从香港回到湖南,与傅白芦等创办《人民世纪》周刊,抨击国民党政权的暴政和腐败,报道、支持各地群众要求和平民主的斗争。不久萧敏颂应《新潮日报》之邀,兼任该报主笔,每周写社论两篇,宣传和平、民主,反对内战、独裁。

杨荣国1929年毕业于上海群治大学,后回长沙从事教育工作。杨荣国1931年加入救国会组织,参加抗日救亡运动,1938年加入中国共产党。抗战开始后,他担任湖南文化界抗敌后援会理事,并任《民族呼声报》总编,参与《湘流》《今日评论》《前进》等报刊的编辑工作。1938年10月杨荣国至宝庆(今邵阳)与

谭丕模、张天翼主办《观察日报》，宣传抗日救亡活动。《观察日报》于1938年1月25日创刊于长沙。同年5月，中共湖南省工作委员会（后改称中共湖南省委）正式宣布该报为省工委的机关报。同年11月12日，受长沙"文夕大火"影响，《观察日报》随同中共湖南省委转移至邵阳。抗战时期，《观察日报》利用八路军驻湘通讯处的电台，接收和发表大量来自全国尤其是延安的抗战消息，极大地鼓舞了人们的抗战热情。1939年4月17日，国民党借口登记手续不全，强迫《观察日报》停刊。

杨荣国（1907—1978），湖南长沙人。湖南民盟的创始人之一。曾任第一、二、三届民盟中央委员，民盟湖南省委会副主委，湖南省人民政府委员，中山大学历史系主任和哲学系主任等职。

谭丕模（1899—1958），湖南祁阳人。湖南民盟的创始人之一，曾任民盟湖南省第一届支部副主委、湖南省文联筹备委员会主委、北京师范大学文学院院长等职。

青年时期的杨荣国　　　　中年时期的谭丕模

谭丕模 1924 年考入北京师范大学国文系。1926 年 3 月 18 日,他参加了北京的爱国学生运动,在"三·一八"惨案中,谭丕模负伤倒在血泊中,夜晚才从死尸堆里爬出。1927 年春,他又因积极参加反日寇、反军阀的斗争被捕入狱,经战友多方营救,两个多月后获释。1930 年谭丕模任北平《新晨报》编辑及其副刊主编。1935 年其参加一二·九运动,同年在北平与曹靖华、齐燕铭等组织北平文艺家协会,任理事。1937 年谭丕模参加北平文化界救国会,七七事变后,其回到长沙,在民国学院任教,以教师和学者的身份从事中共地下党的工作和抗日救亡宣传工作,参与发起组织湖南文化界抗敌后援会和中苏文化协会湖南分会。谭丕模经常为进步报刊《前进》《民族呼声报》《火线下》《抗战日报》等撰稿,并为《观察日报》撰写社论。他先后发表了《日本反战运动的洪流》《抗战文化与建国文化》《展开保卫大湖南的斗争》《文化的反攻》《从贪污谈到抗战》《战时湖南的教育工作》等多篇文章,并编写了小册子《抗日文化动员》。

杜迈之(1917—1984),民国报人,湖南民盟的创始人之一。湖南省桃源县人。杜迈之 1935 年就读于长沙高级中学,1939 年到 1943 年就读于云南大学政治学系。1945 年杜迈之加入中国民主同盟,中华人民共和国成立后,曾任民盟湖南省委会秘书长、副主委。1957 年其被错划为"右派"分子,安排在湖南省人民政府参事室任秘书,1980 年 4 月获平反。1982 年 7 月杜迈之任政协湖南省委员会副秘书长。

杜迈之 1939 年至 1943 年就读于云南大学政治学系。1942 年下半年,应西南联大社会学系袁方之邀,参加该校少数进步教师组成的"十一学会"所举办的学术讨论会,在会上结识了罗隆基,经常与罗等畅谈时事。《自由论坛》创刊于1943年2月,由云南大学学生主持,以"为民主运动尽言责"为宗旨,创刊时,杜迈之即是该刊编委会的骨干成员之一,他与周维迅主持社论及编务,与吴晗、潘光旦等为刊物撰写文章,注重探讨宪政民主的学理基础,澄清人们在宪政问题上的认识误区。他以笔名杜才奇在《自由论坛》第1卷第4期(1943年5月15日)上发表的《中层阶级与民主》一文,分析了中层阶级在西方社会结构中的作用,强调中层阶级支撑宪政民主的稳定性。文章认为,人类幸福的最大量,是在中层阶级。不趋于极端的中庸性是一切道德和快乐的源泉。中层阶级也就是小布尔乔亚,"一个和谐的社会秩序之维持,有赖于一个稳固的中层阶级之存在,它是以形成社会上有力的重心,可以作为劳资间紧张关系下的有力缓冲,它的式微或消灭都足以引起严重的后果"。这一观点,至今犹有现实意义。

杜迈之《自由与自由主义》封面

1945年6月,杜迈之由罗隆基、周新民两人介绍加入民盟。7月,杜迈之任民盟云南省支部机关刊物《民主周刊》主编。12月,民盟云南省支部改选,杜迈之与楚图南、冯素陶、费孝通、潘光旦、闻一多等

11人当选为委员,杜迈之兼秘书处主任,并续任《民主周刊》主编。

《民主周刊》是中国民主同盟第一个地方组织——民盟昆明支部(后改名为民盟云南支部)的机关刊物,1944年12月9日创刊。该刊以宣传民盟政治纲领,阐述民盟对时局的态度,宣扬民主思想,推进民主运动为宗旨,是抗战期间大后方最重要、最有影响的民主刊物之一。因国民党政府当局的威胁和刁难,1947年,《民主周刊》被迫停刊。杜迈之回湖南后,1949年任长沙《国民日报》副主编、《民主报》主笔。在编报之余,他撰写了《自由与自由主义》一书,较系统地阐述了民主、自由思想。该书由中华书局印行,在当时影响较大。

蓝肇祺(1905—1998),民国报人,湖南民盟的创始人之一。原名蓝英鸿,湖南省酃县(今炎陵县)人。蓝肇祺1948年加入中国民主同盟,曾任民盟湖南省委会委员、湖南省人民政府参事室参事、长沙市工商联副主席。1957年9月蓝肇祺被错划为"右派"分子,1979年6月获平反。

康德(1902—1967),民国报人,湖南衡山(现衡东县)人。曾任民盟湖南省委会常委,民盟长沙市委(原市分部)主委,湖南省人民政府参事室参事,长沙市人民政府委员、市文化局局长,湖南通俗读物出版社董事长等职。1926年康德毕业于湖南大学法学系,先后编辑过《湖南民报》《市民日报》《晚晚报》《力报》《中国晨报》《大众报》等。长沙解放前夕,康德被推举为长沙新闻从业者互助会理事长。1957年其被错划为"右派"分子,1980年获平反。

《晚晚报》第一版

《晚晚报》创刊于1931年4月1日，始为民间小报，主张坚决抗日，反对国民党弊政。1934年12月，因揭发省银行库存现金大量外运和其他政治黑幕，该报被湖南省政府主席何键查封、罚款，并被勒令永久停刊。其编辑部被改组，康德被迫逃往南京。1947年2月该报复刊，蓝肇祺为社长，康德为副社长兼总主笔，戴德嵩为总经理。《晚晚报》复刊后，具有更鲜明的进步色彩，被国民党当局视为眼中钉肉中刺。1948年2月底，该报被罚停刊达三个多月。同年5月，蓝肇祺在香港经刘乐扬介绍加入民盟。他于6月回到湖南后，主持《晚晚报》第二次复刊工作。他按照民盟总部"联系进步人士，办好《晚晚报》"的指示，首先吸收《晚晚报》社的戴德嵩、康德及进步人士叶克强、陶重周等为盟员，协助中共地下党员傅白芦、李龙牧、蔡克诚等一道工作。《晚晚报》积极报道当时国内外的时局动向，特别是解放区的状况，深受长沙人民的欢迎。1949年4月下旬，当局加强了对新闻的检查，规定报纸付印前必须送检。《晚晚报》每次对被删处以"开天窗"形式呈现予以抗议。而后,当局又对《晚晚报》实行武装监印。该报在印刷工人的配合下,待武装警察撤离后,立即废弃已印报纸,再按原版重新印制发行。5月,该报两次被罚停刊,总编辑、总经理戴哲民被捕。在中共地下党和民盟的支持下,《晚晚报》很快得以复刊,直至长沙和平解放。

1949年9月长沙和平解放后,《晚晚报》与《实践报》合并改名为《大众晚报》,由中共长沙市委领导。

严怪愚(1911—1984),湖南邵阳人,本名严正,1928年加入中国共产党,1949年春加入中国民主同盟。1935年严怪愚湖南大学经济系毕业后即开始新闻记者生涯。1955年其在批判胡风反革命集团运动中受到审查,后在长沙一中、长沙师专任教。1957年其被错划为"右派"分子,1962年调湖南师范学院任图书资料员。"文化大革命"期间其被下放到平江农场牧牛,1979年获平反。

严怪愚是民国时期与邹韬奋、范长江、冯英子等齐名的记者。他不畏强权,文风犀利,笔挟风雷,有"新闻勇士"的美誉。1935年,他与康德、冯英子在长沙创办《力报》,任副刊主编兼采访部主任。1938年11月,《力报》迁至邵阳,严怪愚任副刊部兼采访部主任,后任总编辑。1936年10月鲁迅逝世,湖南当局下令禁止新闻界著文悼念。他联合他人提出抗议,顶着压力在长沙发起和召开隆重的追悼会,并率先在《力报》上开专栏悼念鲁迅。1938年春,他与范长江、徐铸成、谢冰莹等一批青年记者奔赴台儿庄抗日前线,写出了《凭吊台儿庄》《陇海东线》《我们新

《力报》揭露汪精卫叛国的文章

的长城——黄河防线》等十多万字的战地通讯，大大鼓舞了前方士气和全国军民的斗志。他还冒着"倾共"嫌疑和报纸被查封的危险，在《力报》上刊登毛泽东的《论持久战》。1939年3月，以汪精卫为首的亲日派脱离国民党政府而投靠日本侵略者，蒋介石下令封锁消息。4月7日，严怪愚在《力报》上发表《图作小朝廷之大傀儡，汪逆实行降敌卖国》一文，第一个揭露汪精卫集团叛国投敌的丑闻，震惊海内外。1939年秋，他针对当时国民党桂系大员自吹广西"模范省"，亲自入桂采访，揭露广西弄虚作假，使其所谓"模范省"名誉扫地。1940年5月，国民党政府湖南当局以"言论荒谬""协同'八办'"（"八路军驻各地办事处"的简称——编者注）阴谋推翻政府"为由，查封了《力报》，严怪愚被投入监狱达8个月之久。

1948年7月21日，严怪愚在长沙创办《实践晚报》，任主编，抨击时弊。同年11月30日该报被封，仅出129期。该报历时虽短，但影响颇大，以致南京国民党政府下令查封，并且要"彻查该报负责人有无匪嫌"。《实践晚报》在第三版开辟《大家诉》专栏,以社会各界底层人士的名义,撰写时政专论,连载 17 期,在百姓中引起强烈反响。

张梓敬(1923—1984),湖南民盟创始人之一,湖南宁乡人,1948 年加入中国民主同盟。张梓敬曾任民盟湖南省委会委员、政协湖南省委委员、湖南农学院外语教研室讲师。1957 年其被错划为"右派"分子,1980 年获平反。

张梓敬 1941 年考入北平民国大学,1945 年 3 月,因参加革命活动,被勒令退学。1948 年 6 月,张梓敬在长沙创办《新时代》周刊。他在创刊号上发表了充满激情的发刊词,题为《发扬科学,争取民主》:

我们是从事文化工作的一群,除了"书生论政",与"秀才谈兵"以外,别无所知,也别无所能。我们谈不上什么主张,即有主张,也是人民的主张;我们谈不到什么批评,即有批评,也是人民的批评。我们尊重人民,尤愿尊重人民的意见。我们是处于"人民的世纪",我们尤服膺"人民至上"这一句名言。

环顾今日国内,遍地呼嗟,漫天忧郁,稍有血性的人,真是耳不忍闻,目不忍睹。这一幅人类的悲惨画面,重见于胜利后的今朝,是人类重大的不幸,对于四方八面的这些悲惨史实,我们将多方征集,加以忠实客观的报道,促使好战者放下屠刀,以期获致和平的早日莅至,这或许可说是我们的愿望。

时代是这样艰辛，但光明距离我们并不怎样遥远。这命运不是操在上帝手里，而是操在大多数人民的手里。我们面对着这个历史的大场面，用不着抱怨遭遇的不幸，更用不着失望悲观，历史不会倒退：在天亮之前，黑暗是不会长的。

愿与爱护我们的朋友携起手来！

《新时代》周刊

参与《新时代》工作的有萧敏颂、余志宏、刘禄铨等盟员。同年11月份，该刊被查封。《新时代》周刊共发行23期，发行到湖南省52个县份和省外的桂林、贵阳、南昌、武汉等地，发行量最高达到3000份以上，而其影响遍及全国。该刊团结了一大批新闻界和文化界的进步人士，特别是为地下党员、地下盟员提供了掩护，为民盟湖南省级组织的创建起到了促进作用。

湖南民盟早期报人还有魏猛克、欧阳敏讷、刘乐扬等。

魏猛克（1911—1984），湖南长沙人。其曾任民盟湖南省委会副主委、代主委,湖南省文联主任委员、省文化局局长,湖南大学中文系主任。

魏猛克1933年毕业于上海美术专科学校,自办《大众艺术》画报,加入"左联",曾在"左联"宣传部工作。魏猛克1935年春入东京明治大学学习美术,创办和主编《杂文》刊物,曾任东京中国"左联"支部书记。魏猛克1937年7月回国后,任北平作协理事,编辑《北平新报》文艺副刊。日军占领北平后,他从天津、济南辗转到长沙,担任湖南文化界抗敌后援会理事,与张天翼、翦伯赞等合办《大众报》,任社长,并担任《观察日报》编辑,参加抗日救亡文艺工作。

欧阳敏讷(1913—1990),湖南安仁县人,1949年加入中国民主同盟,曾任湖南民盟《民主报》总主笔、湖南省人民政府参事室参事。

欧阳敏讷是民国时期的著名报人,曾被翦伯赞称赞为"杰出的政论家"。1936年,他供职于南京进步报刊《扶轮日报》,主编国际新闻,从此与报业结缘。南京沦陷后他回到湖南,受聘担任长沙《力报》总编辑。1940年3月,桂林《力报》创办。他开始为报纸撰写社论。其文章洞悉局势,敢于直言,反响很大。1946年秋,他受张治中邀请,赴兰州协助创办《和平日报》,任副社长,提出"不反苏、不反共"的办报主张。欧阳敏讷1948年7月回到湖南,主事长沙《国民日报》,并被推举为湖南报业公会理事。1949年8月其出任民盟湖南省支部机关报《民主报》总主笔,并与谭丕模分任《新文化》月刊的正副主编,直至1950年11月《民主报》停刊。

刘乐扬（1914—1995），湖南酃县（现炎陵县）人，又名张兆麟。刘乐扬1934年毕业于湖南省立第一师范学校，同年加入中国共产党，1945年加入中国民主同盟。中华人民共和国成立后，其历任中共湖南省委统战部党派处处长、湖南省文教委员会委员、省军政委员会参议员。

刘乐扬是湖南最早的盟员之一。抗战期间，他先后任《人间》《展望》《更生》旬刊主编，并担任《前锋报》《晨报》记者。1936年西安事变发生后，刘乐扬撰写了题为《和平奋斗救中国》的社论，批判国民党的不抵抗政策，该社论在12月16日的《三楚报》上发表，引起了国民党当局的震怒。

刘乐扬1945年在担任云南昆明《扫荡报》主笔期间，由吴晗介绍加入中国民主同盟。其先后担任民盟刊物《民主周刊》《妇女旬刊》的编辑工作。1947年9月，刘乐扬任香港达德学院教授，担任民盟港九支部特派员、青山小组组长、宣传委员会副主任等职务，出版《中国土地改革》一书。1948年1月，民盟总部在香港召开一届三中全会，刘乐扬参与宣传工作。

二、开展早期盟务活动

1944年，中国民主政团同盟改组为中国民主同盟后，开始在各地建立民盟地方组织，到1945年9月，先后建立起的支部有云南省支部、广东省支部、重庆市支部、东南总支部、西北总支部和华北总支部等。

在湖南民盟组织筹建以前，萧敏颂、杨荣国、谭丕模等湖南民盟早期骨干在广西、云南、广东、北京、四川等地加入民盟，积极参加当地的民主运动和盟务工作,这些同志后来返回湖南,积极筹建湖南民盟组织,成为湖南民盟省级组织的重要创始人以及早期活动骨干。

1942 年,中国民主政团同盟机关报《光明报》创建人李伯球根据周恩来"在两广建立民盟组织"的指示,成立了以梁漱溟为首的中国民主政团同盟桂林核心小组。1944 年 9 月,日军由湖南入侵广西,一批文教界人士包括盟员梁漱溟、陈此生等,疏散到桂东的昭平、贺县一带。1945 年秋,中共桂林文委书记(也是盟员)狄超

青年时期的梁漱溟

白秘密通过日军封锁线,由重庆到达昭平黄姚镇,向桂林核心小组成员张锡昌传达了中共中央南方局书记周恩来"中国民主同盟要改变过去中国民主政团时期的办法,要吸收文化界人士、共产党员、国民党员参加,建立统一的组织机构,以便开展统一战线工作"的指示;同时还向梁漱溟通报了梁已被选为民盟中央委员、常委、国内关系委员会主任的情况,转达了民盟总部要他负责筹建民盟东南总支部,推动两广、两湖、福建、云贵、南洋等地民盟工作的指示。

1945 年春,由梁漱溟主持,在广西贺县八步镇临江中学成立了民盟八步支部,萧敏颂加入。同时,由张锡昌主持,在黄姚镇成立民盟黄姚支部,欧阳予倩加入。不久,以八步支部、黄姚支

部为基础,民盟东南总支部筹委会在八步临江中学建立,选出以梁漱溟为总负责,由11名委员组成的委员会,欧阳予倩、萧敏颂均为委员会成员,担任宣传委员。筹委会成立后,积极组织民主讲座。萧敏颂与梁漱溟、陈此生、张铁生等成为主讲人。萧敏颂所讲"目前抗战形势"专题,颇受欢迎。此外,他还负责编辑《民宪》月刊,

青年时期的欧阳予倩

翻译介绍苏联马克思主义哲学的《哲学对话》(1941年由新知书店出版),积极开展抗战救亡和民主进步宣传活动。欧阳予倩则积极参与创办《民主周刊》。

1945年11月15日,民盟中央执行委员会举行全体会议,决议设置西南、西北、东南、南方、东北、华北及海外七个总支部。民盟东南总支部最终被1945年12月29日在香港成立的民盟南方总支部取代。萧敏颂赴香港,担任民盟南方总支部执行委员。其间,他撰写了《论政治民主化和军队国家化》一文,印成单行本在港发行。1948年夏,萧敏颂返回湖南主持筹建民盟湖南支部。欧阳予倩赴桂林,参与创建民盟广西支部。后因局势变化,欧阳予倩离开桂林,民盟广西支部的工作交由杨荣国、张毕来、曹伯韩负责。

杨荣国,1941年至1946年在重庆做中共统战工作,并任时迁四川的东北大学教授。抗战胜利后,其任桂林师范学院教授。

杨荣国 1946 年加入民盟,任民盟广西支部委员。1946 年重庆政协会议召开时,其担任民盟和谈代表团顾问。1947 年,他与中共地下组织一起领导了著名的"六·二"广西学生反内战、反迫害、反饥饿爱国民主运动。7 月 15 日,杨荣国在南宁遭到国民党当局逮捕,民盟总部主席张澜致函国民党行政院院长张群,要求后者指令各地方官吏将桂林、南宁、八步等处被捕的盟员一律释放。1948 年 5 月 20 日,杨荣国与张毕来获释。出狱后,他又带领盟员参加了桂林师院师生驱赶反动院长的民主运动。1948 年 10 月,民盟广西支部成立 5 人领导小组,杨荣国为主要负责人。1949 年 4 月,杨荣国被迫离开广西,回湖南参与民盟湖南支部的筹建。

谭丕模,1944 年至 1949 年在桂林师范学院任教授、系主任,1946 年加入民盟。其间,他积极支持盟员和进步师生开展反内战、反迫害、反饥饿的爱国运动,使学院一度成为桂林的学生运动中心。他还与盟员穆木天教授编辑出版了进步文艺杂志《收获》《只有战斗》。为此,当局决定把桂林师院从桂林迁到南宁,谭丕模与民盟广西支部负责人杨荣国、张毕来等进步教授联合师生坚决反对迁校。国民党当局逮捕了杨荣国、张毕来,谭丕模被迫于 1949 年 4 月离校回到湖南,积极参与民盟湖南支部的筹建。

曹国智(1915—1999),湖南长沙人。1933 年在北京读大学时与萧敏颂相识,1938 年二人结为夫妻。1946 年曹国智和萧敏颂在广西贺县一道加入民盟。1948 年起,其协助萧敏颂从事民盟湖南支部的创建工作,后任政协湖南省委员会副主席。

涂西畴(1913—2007),湖南辰溪县人,别名先求,经济学家。其曾任民盟湖南省委会常委、湖南师范学院副院长、湖南财经学院院长。

涂西畴1940年7月考入中山大学经济系,毕业后,留校任助教、讲师。1946年,他在中山大学加入民盟,并担任中大民盟领导小组组长。当时中山大学成立了中共地下党和民盟的"协调小组",涂西畴代表民盟加入该小组。从1946年初至1947年上半年,协调小组领导中大和广州地区高校师生与国民党反动派开展了一系列的斗争,并吸纳盟员70多人。1949年元月,涂西畴去香港,见到民盟总部秘书处代主任周新民,周向他传达了民盟一届三中全会精神。元月中旬涂西畴回湖南,向萧敏颂传达了民盟一届三中全会精神,为民盟湖南支部的筹建做出了贡献。

黄道奇(1924—2011),原名黄维中,湖南湘潭人。1945年其在重庆加入民盟,1947年加入中国共产党。黄道奇历任湖南省人民代表大会常委会副主任,党组副书记,中共湖南省委原常委、组织部部长。

1946年在中山大学读书期间,黄道奇在中大民盟领导小组组长涂西畴的发动下,参加民盟组织,是中大民盟7人领导小组成员之一。1948年1月,黄道奇回湖南后,继续以民盟身份为掩护,开展策反国民党军政人员及促成和平起义等地下工作。

湖南民盟的重要早期盟员还有李鳌、见百熙等人。

李鳌(1917—1998),曾用名李文定,湖南邵阳县人。李鳌1936年加入中国共产党,1946年5月在重庆经杜迈之介绍加入民盟。1947年10月,受民盟总部组织委员会负责人嘱托,李鳌回湘开展筹组民盟组织工作。其曾任民盟湖南省委会委员、省政协副秘书长。

见百熙（1922—1993），选矿学家，曾用名吴文，良乡县人。见百熙1947年经吴晗等介绍加入民盟，曾任长沙矿冶研究院选矿药剂室主任、政协湖南省委员会常委。

【亲历者说】

我为闻一多先生记录《最后一次讲演》

伍大希

1946年7月11日，西南联大复员的学生最后一批离开昆明。就在这天晚上，反动派下毒手，用美国的无声手枪把著名的民主战士李公朴先生打死在昆明市的青云路口。在这之前，昆明早已盛传反动派悬赏四十万要闻一多的头。学校本来为闻先生一家买好了昆明飞重庆的飞机票，定于7月13日起飞。闻先生听到李先生被暗杀的消息，马上决定不走了，要家人把飞机票退掉，留下来为死难的战友报仇。从12日起，闻先生奔走呼号，不遗余力，组织李公朴惨案后援会，早已把个人生死置之度外。他做演讲的这个会，便是在闻先生的授意下，由昆明学联出面组织召开的。

7月15日上午10时，李公朴先生被害报告大会在云南大学礼堂至公堂举行。这是个群众性的大会。我们估计到，进步分子固然都会参加，敌人也决不会放过这个机会，一定会伺机破坏，因此我们做了一些必要的保卫工作，同时劝闻先生不要出席。闻先生说:"我的战友已献出了生命,他的会我都不参加,怎么对得起死者?"我们说:"第二枪就等着您啦!"他还是坚持要去,我们坚决不让他去,最后他就像一个小学生向班主任提保证似的:"你们让我去,我保证不讲话好不好?"我们想,只要他不讲话,我们把他掩护在群众的汪洋大海之中,总可以免于一死了吧。于是只好让他去了。

这个会的内容就是由李公朴先生的夫人又是惨案的目睹者张曼筠女士报告李先生被害的经过。会议一开始,李夫人坐在右边第一排,闻先生坐在左边第一排,闻先生身边安排了四个手持木棒的身强力壮的汉子,既是保卫他,又是监视他,不许他登台演讲。李夫人在台上只讲了几句话,就泣不成声,昏倒在讲台上。我们仓皇失措,迫不及待地把李夫人搀下讲台,一不提防,闻先生激于义愤,一跃而起,走上讲台,痛骂特务,这便是震古烁今的《最后一次讲演》。

这是一篇没有讲稿的即席陈词,慷慨激昂,声色俱厉,每句话都像一颗子弹,打中敌人的心脏,博得全场一阵又一阵的热烈掌声。当闻先生讲道:"特务们! 你们完了! 快完了! 我们的光明就要来到了。(这时闻先生用手指向前方,眼睛也望着前方)你们看,光明就在前面! 目前正是黎明之前最黑暗的时候。我们有信心冲破黑暗,争得光明! 我们的光明就是反动派的末日!"这时闻先生的演讲进入了最高潮。有一个带着手榴弹进来的特务准备向讲台投掷手榴弹,企图当场炸死闻先生,破坏整个会场。幸好就在这特务的身边有我们的一个做保卫工作的同志及时发现,把手榴弹抢夺过来,特务抱头鼠窜跑掉了。闻先生的演讲继续下去。

"正义是杀不完的,因为真理永远存在!"

"反动派,你看到一个人倒下去,可也看得见千百个继起的!"

就是这样,闻先生在雷鸣般的掌声中结束了这次演讲。

这篇演讲当时有三种记录:一是《学生报》的,二是《时代评论》的,三是《民主周刊》的。其中《民主周刊》记得最详尽,把当时群众的反应和会场的气氛都记下来了。

这篇演讲用闻先生的第一个弟子、著名诗人臧克家先生的话来说:"这是一个诗人,一个斗士最本色、最杰出、最美丽的表现,是先生人格升华的结晶。"

大会开完了,我们一大群人把闻先生送回了家,我们以为这场风波过去了,闻先生脱险了。闻先生由于几天来过度的劳累,过度的悲愤,回到家就睡着了。大约一个小时以后,我把我们三个人的记录加以综合整理,送请闻先生审阅。当我推开闻先生的门,看到他躺在床上,余怒未息,眼睛闭着,嘴还在一张一张的。我实在不忍心打扰他,就退出来了。谁知几个小时以后他就被国民党特务暗杀了呢。所以这篇演讲事先没有讲稿,没有提纲,事后又来不及请他修改,完全是原始的记录,现在读起来,不就是一篇锋利的檄文,一首优美激越的散文诗吗?可见闻先生的文学修养与语言艺术,已到了炉火纯青的地步。

就在闻先生牺牲的第二天,闻先生生前主持的民主周刊社面对敌人的屠刀,推出了最后一期,发表了这篇演讲。这一期的封面还洒上了红色的斑点,象征着闻先生的鲜血,以示悲愤的抗议。

然而，闻先生就在这生活的高压下，怀着一个坚贞美丽的灵魂而死去了。1946 年 7 月 15 日是"中华民国"一个至暗的日子。就在这一天，蒋介石秘密下达了全面进攻解放区的动员令。就在这一天，闻先生在完成了他义正词严的《最后一次讲演》的当天下午，他代表民盟在民主周刊社主持召开中外记者招待会，揭露国民党反动派暗杀李公朴的罪行。5 点左右散会，闻先生依然不改常态，一件灰布长袍，一条白裤子，一双粗布鞋，手腕上挂着一根拐杖，手里拿着一张《中央日报》晚刊边走边看，和来接他的18 岁的大公子闻立鹤走出民主周刊社的大门，面向夕阳，向自己的家才 100 来步远的西仓坡宿舍走去。他们走到离家 20 步远的地方时就遭到了事先埋伏的特务的狙击，两父子同时倒在血泊里。闻先生身中八枪，脑浆迸裂，来不及说半句话便停止了呼吸。闻立鹤想用自己的躯体来保卫英雄的父亲，扑在父亲的身上，对特务说："你们打我吧！"闻立鹤也身中五枪，因没有打中要害，年纪轻，生命力强，九死一生抢救回来，但是变成了残废。我赶到云大医院时，看到死去的闻先生侧卧在花坛旁边过道的担架上，弓着腰，弯着腿，手遮着脑袋，可以想象闻先生在遭受美国无声手枪连续射击时所做的无效的本能自卫的情景。担架被闻先生的鲜血染红了，担架下面铺的一层煤灰也染湿了。当时在昆明的中法大学教授、法国《茶花女》的翻译者夏康农先生送来一副挽联，这挽联最足以刻画闻先生的生前和死后：

　　　　威武不屈，贫贱不移，为儒林完此一格；
　　　　披肝以活，抚额以死，斯学者信可千秋。

闻先生之死，进一步教育了广大人民。昆明青年鉴于时局的日趋险恶，激于痛失良师的悲愤，晓然于同反动派在城市里进行合法斗争简直是与虎谋皮，于是在云南地下党的组织领导下纷纷下乡，拿起枪杆。从此云南人民的武装斗争便蓬蓬勃勃地开展起来。一年以后，我被云大附中解聘，重返昆明；西仓坡血迹犹存，反动派更是张牙舞爪。但《闻一多，我们的旗帜》的长诗在青年学生中朗诵开来。这是一个奇迹：闻先生殉难处本来是人行大道，经过一年的风雨，这抔血土仍皎皎如新。这是因为昆明人民出于对闻先生的热爱，不忍践踏闻先生的鲜血，不论男女老少，都自觉地绕道而过，足见人民英烈感人之深。故作者填《菩萨蛮·哭闻师》一首，词曰：

　　　　西仓坡上一抔土，有人从此眠千古。暗杀恃无声，人百赎其身。一人倒下去，万人何所惧！海底起狂涛，西山风月高。

　　"海底狂涛"象征民变武装的蜂起。

　　1983年5月，全国首届闻一多研究学术讨论会召开前夕，我在武汉市委书记黎智同志的支持下，访问了闻先生的故乡浠水，讲了三天的闻一多，又在黄冈师专、黄石二中及十五冶作了三场讲演。在浠水各界人士招待会上我做了如下的留言：

　　浠水，这块英雄的土地，80年前，为我们孕育了一代巨人闻一多，这是中华民族的光荣，是浠水人民的骄傲。闻一多出生浠水，血染江山，哺育天下，名垂青史，不朽的土地，不朽的人民。

这里我还想追述一下反映张奚若、闻一多这两位演讲大师之间的战斗友谊的一次演讲。

1947年7月15日，闻先生殉难一周年。在更严重的白色恐怖下，北平清华园里举行了一个闻先生纪念会，请张奚若先生致悼词，悼词说：

> 在你的朋友中，谁能像你将服膺半生的自由思想和道德观念，在一旦觉悟之后，认为这只是某一阶级的偏见而并非永恒的真理，弃之唯恐不尽，攻之唯恐不力。
>
> 谁能像你将人民看作国家的真正主人翁，社会的主体，将自己的生命完全献给它。而不把它当作仅仅是供大人先生们生存需要的一种工具，或学者政客们鹦鹉式口头禅。
>
> 谁能像你绝对地鄙视"明哲保身"哲学，而将"威武不能屈"的精神发挥到顶点，为民族增光，为懦夫添耻。

这简短的悼词是张先生对闻先生伟大精神的最好概括。

张奚若先生和闻一多先生这两篇著名的演讲，都已作为历史文献载入史册。我对这两篇记录过的演讲，将永志不忘。通过记录，一方面，使我懔然于记录历史责任之重大，从事时真是如临深渊，如履薄冰，绝不是"口耳之问不过七寸"的雕虫小技；另一方面，我从中学到了不少东西。张、闻两先生是我青年时代追随过的恩师，平日耳濡目染，思想上、知识上给我的启发至深至巨。他们的演讲才能和语言艺术使我受用无穷。体会更深的是，演讲这件事绝不单纯是口才问题，而是需要深厚的学识做基础的。他们的演讲之所以百听不厌,历久常新,如非学养深厚,焉克臻此?

（此文原载《当代老年》2010 年第 6 期。作者伍大希,曾任湖南师范大学教授。1946 年 5 月,经闻一多和吴晗介绍,伍大希加入中国民主同盟。1946 年 7 月 15 日上午,在李公朴被害报告大会上,闻一多发表了义正词严的演讲,伍大希做了认真记录。闻一多牺牲的第二天,他生前主持的《民主周刊》推出最后一期,由伍大希等人记录并整理的《最后一次讲演》刊于其中,成为历史绝唱）

第二节　筹建民盟湖南支部,发展基层组织

一、建盟的早期探索

从 1946 年至 1948 年,民盟南方总支部和民盟总部分别派盟员来湖南,4 次尝试在湖南建立民盟组织。

1946 年 2 月,萧敏颂受民盟南方总支部指派,离开香港回到湖南,考察湖南情势,以相机建立民盟组织。其时正值重庆政治协商会议举行,"双十协定"签订,国内出现短暂和平,民盟威望如日中天。萧敏颂利用这个难得的机会,联系盟员准备建盟。不料,到了 6 月底,国民党撕毁"双十协定",大举进攻中原解放区,全面内战爆发,形势急转直下。因建盟环境陡然恶化,萧敏

颂未能达成建盟目的,但吸收了 10 多位文化界人士成为盟员。

1947 年 2 月,民盟总部指示时在南京的湖南籍盟员叶克强,持民盟总部给中国民主建国会常务监事彭一湖(时在湖南省立第十一中学任教)的组织介绍信,从南京回湖南与彭联系。叶克强分别致函分散在湖南各地的盟员来长沙,商讨建盟事宜,因形势紧张均未获回应。1947 年 11 月,民盟总部被国民党查封,民盟负责人大多潜入香港,叶克强与民盟总部联系中断,湖南建盟活动被迫再度停止。

1946 年 5 月,民盟总部指示湖南籍盟员李鳌由渝回湘,相机在湖南建立民盟组织。因受条件限制,李鳌迟至 1947 年 10 月才回到长沙,旋即着手联络盟员,开展盟务活动,但不久即被特务跟踪监视。11 月民盟总部被迫解散后,李鳌也被捕入狱,5 个月后才被保释出狱,但仍遭国民党特务严密监视而无法开展工作。不久,李鳌离开湖南,远走贵阳,建盟活动失败。

1948 年 5 月,长沙《晚晚报》社长蓝肇祺在香港加入民盟。其后,民盟在港中央(执行)委员会秘书处负责人周新民、李相符指示蓝肇祺返回湖南协助建盟。由于蓝肇祺在盟内资历较浅以及环境限制,其建盟活动无实质性进展。

二、成立民盟湖南省支部筹备委员会

1947 年 10 月 27 日国民党内政部悍然宣布民盟为"非法团体",着令"各地治安机关对于该盟及其分子一切活动自应依据《妨害国家总动员惩罚暂行条例》及《后方共产党处置办法》,严加取缔"。11 月 6 日,民盟中央主席张澜发表《中国民主同盟总部解散公告》,宣布"自即日起一律停止政治活动,本盟总部同人即日起总辞职,总部即日解散"。7日,张澜以个人名义在《时代日报》发表公告,宣布"余迫不得已于11月6日通告全体民主同盟盟员,停止政治活动,并忍痛宣布民盟总部解散",呼吁全体盟员"继续为国家之和平民主,统一团结而努力",实则是号召全体盟员转入地下继续进行斗争。经沈钧儒和张澜密商,沈钧儒、章伯钧、周新民等秘密离开上海到达香港,与原先在港的中央委员会合,酝酿恢复民盟总部。

1948年1月5日至19日,中国民主同盟第一届中央委员会第三次全体会议在香港召开,参加会议者共29人,地方支部代表12人列席。会议通过《三中全会紧急声明》《三中全会政治报告》《三中全会宣言》和《今后的组织工作计划》等重要文件和决议案,郑重声明拒绝南京国民党政府宣布民盟为非法团体的无理决定,宣布恢复民盟中央领导机构,建立临时总部。会议为民盟确定了新的政治路线和工作方针:推翻南京国民党政府,建立民主联合政府;赞成土地改革和

香港湾仔高士打道50号,民盟一届三中全会在此举行

没收官僚资本;反对帝国主义对中国的侵略;放弃中间立场,支持武装斗争,与中共密切合作。会议制订了民盟的组织方针,实行民主集中制,严格规范各级地方组织。这次会议还决定,在湘、赣两省建立民盟地方组织。

1947年年底,湖南籍盟员张梓敬赴香港联系民盟总部,不久即逢中国民主同盟一届三中全会召开。张梓敬回湘后,向萧敏颂传达了民盟一届三中全会精神。萧、张开始着手贯彻该次会议关于发展民盟地方组织的决议,联络中共党员余志宏、刘禄铨等以及盟员和进步人士傅白芦、孟树德等人,共同参与谋划建盟。余志宏、萧敏颂还分别向中共湖南省工委书记周里、中共长沙特支书记陈克东汇报了在湘建盟设想,得到了周里和陈克东的大力支持和积极推动。

1948年10月初,在港民盟临时总部中常委暨各处联席会议做出决定,湖南建盟工作的步骤为"拟先设立联络机构,发展盟员,至相当时期再成立筹备机构"。根据联席会议指示精神,湖南建盟工作正式展开。

1948年12月,萧敏颂邀请张梓敬、余志宏、刘禄铨在湖南私立行素中学萧宅秘密聚会。会议由萧敏颂主持。此次会议分析了当时国内政治形势,认为建立湖南民盟地下组织的条件已经成熟,应立即启动建盟工作。萧敏颂当场手拟了筹备建盟方案和筹委名单,推举刘禄铨持萧敏颂致民盟总部的"湖南建盟方案"和组织介绍信赴香港。

1948年12月底,刘禄铨抵达香港,联系上在港的湖南籍盟员刘乐扬。刘乐扬随即引导刘禄铨拜会民盟总部秘书处周新

刘禄铨 1948 年年底赴香港时留影

民、李相符等负责人,呈交了萧敏颂的信件。经过研究,民盟总部同意湖南筹备建盟方案和筹委名单,指定萧敏颂为负责人,负责组建民盟湖南省支部筹备委员会。李相符还介绍金河(又名申国椿,1947 年加入民盟,后任教于湖南财经学院)来长沙协助萧敏颂。

刘禄铨返湘后,带回了民盟总部同意建立湖南民盟组织的决议和秘书处代主任周新民的回复函。经过紧锣密鼓的筹备,民盟湖南省支部筹委会于 1949 年 1 月 10 日在长沙正式成立。萧敏颂任主委,负责全面工作,刘禄铨负责秘书工作,余志宏负责宣传工作,张梓敬负责组织工作。筹委会简称"湘支筹委会",与总部联络代号为"苏湘民"。

1949 年年初,湖南私立行素中学校长邬干于北上筹款,曹国智以代理校长身份多次掩护民盟湖南省支部筹委会在校内开展活动。

三、成立民盟湖南省支部执委会

民盟湖南省支部筹委会成立以后,李鳌由黔返湘,杨伯峻由广州返湘,涂西畴由香港返湘,谭丕模由桂林返湘,杨荣国、王西彦等一批骨干盟员也纷纷返湘。李鳌经民盟总部介绍与筹委会取得了联系,应萧敏颂邀请参加筹备工作。不久,中共湘工委书记周里指示余志宏退出民盟工作。与此同时,刘禄铨也因中共党内另有任务暂时退出民盟工作。于是筹委会成员分工做出部分调整,改由张梓敬负责秘书工作,李鳌负责组织工作,杨伯峻负责宣传工作。

1949年2月中旬,民盟湖南省支部筹委会推派张梓敬赴民盟总部汇报工作。秘书处代主任周新民等认为:解放战争"三大战役"胜利后,国民党残余势力必将集聚江南做垂死挣扎,湖南民盟组织应在与总部失去联系时,具备在白色恐怖环境下独立活动的能力。目前筹委会这一临时组织形式已不适应形势发展,应尽早结束筹备,迅速建立民盟省级组织。根据这一指示,1949年2月25日,民盟湖南省支部执行委员会在长沙成立,萧敏颂任主委,李鳌、杨伯峻、张梓敬任委员。

1949年3月至7月,因工作需要,民盟湘支执委会逐步扩大。除萧敏颂、杨伯峻、李鳌、张梓敬4人外,先后有杨荣国、谭丕模和杜迈之参加执委会。刘禄铨亦恢复了在民盟的工作,任执委会委员。至此,8人委员领导班子稳定下来,直到1952年9月。

随着民盟工作的逐步展开,民盟湘支执委会不断完善办事机构。在执委会之下，设立秘书处、组织部、宣传部，分别由张梓敬、李鳌、杨伯峻负责。不久又增设文教委员会和财务委员会。文教委员会于6月12日成立，由杨荣国、谭丕模、王西彦、朱剑农、王学膺5人任委员，杨荣国任主委，主要是开展文教宣传界的工作。财务委员会于7月3日成立，由陶重周、叶克强、蓝肇祺、李亦怀4人任委员，陶重周任主委，主要是为湖南

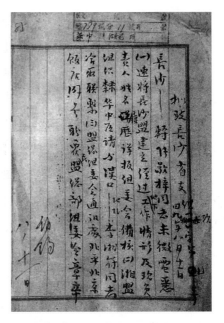

民盟中央总部关于湖南建盟的往来函件

民盟的地下斗争及解放初期的组织活动筹措经费。

在民盟湖南省级组织的筹备过程中，地方盟得到了民盟总部和中共湖南地下党组织的大力帮助。民盟总部先后多次来函，对建盟工作予以指导和部署。

四、积极发展基层组织

民盟湖南省级组织建立后，按照民盟总部组织委员会1949年2月1日发布的《对当前发展组织的决议》的要求，展开了组织发展和基层组织建设工作。关于吸纳新盟员，该决议规定："主要应向知识分子、民族工商业者、学生、教师、自由职业者、中

小公务员,放手地吸收他们中的进步分子到组织里来,以扩大本盟的组织基础""特别应积极争取进步的坚决的革命知识分子为本盟组织的中心骨干""应严格考查其过去的历史关系,并严格执行入盟手续"。民盟湖南省支部执委会也发出了《关于组织工作的决定》等文件,对当时的组织建设特别是盟员吸纳工作做出了具体的规定。主要原则是:依靠群众开展工作,不能将积极的革命分子关在盟外,同时不让官僚政客投机分子混入盟内。

民盟湘支筹委会一经成立,就根据民盟总部"面向基层、面向群众"的组织建设原则,先后派人在长沙、株洲、湘潭、岳阳、益阳、衡阳、常德、邵阳等地吸纳盟员,在1949年1月至8月这7个多月的时间内,建立了长沙、湘潭、浏阳、宁乡、醴陵、攸县等7个市、县分部,衡阳、民国大学(原为北平民国大学,1916年创建,1941年迁到湖南宁乡)、民主报社三个直属区分部,湖南大学教授小组等各级盟组织。此外,其还在新化、南岳、衡山、湘乡、常宁、祁阳、东安、新宁、江华等地发展了一批盟员并开展活动。截至当年8月上旬湖南和平解放之时,全省盟员总计535人。其中,大中小学教师占68%,大学生占11%,公务员、银行职员、新闻记者、国民党党政机关职员和工商界人士、自由职业者占5%,其他人士占16%。

湖南和平解放后,湖南民盟组织建设步伐进一步加快。

部分民盟组织建立情况如下:

1948年12月,民盟长沙市分部筹委会成立,杜迈之任主委。曾楚樵、王石波、马午、龚鸿兴、杜迈之任委员。曾楚樵兼秘书,王石波兼组织部部长,马午兼宣传部部长。1949年7月,民盟长沙市分部正式成立。市分部下辖三个区分部，吸纳盟员 120 多人。宁乡县分部 1949 年 7 月成立，吸纳盟员 52 人。陈拓厚、姜野萍、张吉来为分部委员，陈拓厚任主委。浏阳县（今浏阳市）分部 1949 年 8 月 8 日成立，吸纳盟员 50 人。吴文澜、刘为槐、熊希年、梁耀庭、刘性煊为分部委员，吴文澜任主委。

1948 年 10 月，民盟在湘潭开始地下活动。1949 年 4 月，民盟湘潭县分部筹备小组成立。5 月，民盟湘潭县分部成立。唐士义、秦文熙、秦本立、张禹勤、肖传经 5 人为分部委员，唐士义任主委，秦文熙任副主委。湘潭县分部吸纳盟员 65 人，其中包括湘潭文教界进步人士钱南浦等。民盟湘乡市分部筹委会也同时成立，李孟康任主委。

1948 年冬，民盟开始在株洲活动。在中共地下党组织的支持下，盟员尹华民、蔡其昌、赖文彬、熊之南等奔赴酃县、攸县、醴陵和株洲镇等地，吸纳盟员 120 人，分别建立了下述组织：隶属上海民盟组织的民盟酃县（今炎陵县）区分部，有盟员 26 人；隶属民盟湖南省支部执委会的民盟攸县区分部，有盟员 63 人，蔡华冠、蔡其昌、谢根可、唐春克、王简莲、蔡资芬为分部委员，蔡华冠任主委；醴陵县（今醴陵市）分部，1949 年 8 月 9 日成立，吸纳盟员 40 人，赖文彬、刘起鸿、丁国泉、吴雨僧、孙宝乾为分部委员，赖文彬任主委；隶属民盟湘潭县分部的民盟株洲镇小组，有盟员 6 人。

1948 年 12 月，张鹤皋、秦本杰等在衡阳建立民盟地下小组，开展工作，张鹤皋为小组负责人。1949 年 5 月初，张鹤皋身份暴露，被迫离开衡阳。5 月下旬，民盟湖南直属衡阳区分部成立，秦本杰为区分部负责人。6月,省盟又增派粟受祺、李孟康任衡阳区分部委员。10月8日,衡阳和平解放。11月6日,民盟衡阳市分部筹委会成立,曾楚樵、秦本杰、熊希年为委员,曾楚樵为主委。

1949年3月,民盟安仁县分部筹委会成立,刘勇任主委,吸纳盟员35人。

1949年3月,民盟湖南省支部执委会派蒋良栋(盟员兼中共党员)来湖南省立第四中学(现常德市第一中学)开展地下工作,先后吸纳盟员张孝仁等6人。6月,民盟常德小组成立,后改建为民盟常德支部。张孝仁先后被推选为民盟常德小组和民盟常德支部负责人。

1949年5月,民国大学学生梁光日,受民盟湖南省支部执委会委派,回家乡安化蓝田镇开展民盟地下活动。在中共蓝田县工委的支持下,创办"群策学校",以合法身份作掩护,先后发展梁尚善、梁兆龙等8人入盟。7月26日,民盟蓝田支部在蓝田镇三甲树德园秘密成立,梁光日任支部主委,梁尚善为组织委员,梁兆龙为宣传委员,后又陆续吸收了多人入盟。

1949年7月,民盟益阳县筹委会成立,有盟员24人。民盟组织以豫章小学为据点,秘密编印《天亮了》小报,并创办了书报供应社。1950年3月,因整顿组织,民盟益阳县筹委会被撤销。

1949年3月,民盟湖南直属民国大学区分部成立,有盟员20人。胡定光、莫先瀛等为分部委员,胡定光任主委。1949年8月2日,民盟湖南直属湖南大学教授小组成立。该小组联络几十位教授,每周举行一次座谈会,宣传革命思想和进步理论。民盟湖南省支部执委会还派周孝本在学生中发展了一批盟员。

1949 年 8 月 22 日，民盟湖南直属民主报社分部成立，吸纳盟员 13 人。

五、建立民盟的外围组织

在长沙，杜迈之组建了"新民主主义学会"，龚鸿兴组建了"新民主主义合作协会"，吸收要求进步的中上层知识分子参加。新民主主义学会举行过多次讲座，每次听众达百余人，发展会员 40 余人，其中多位会员先后被吸收入盟。叶克强等人组建了民主青年社，吸收进步青年数十人入社，积极参加迎接长沙和平解放的工作。

在湘潭，民盟县分部支持推动姜畬地区盟员陈德维、张友篪等筹办鸭头山暑期民众学校，招收学员 150 多人，进行革命启蒙教育。县分部还参加了湘潭县中学教师联谊会的筹建，盟员唐士义、秦本立等被推举为理事。该联谊会又在中学教师中成立了各科教学研究会，广泛开展革命宣传活动。

湖南各地民盟组织广泛运用读书会、时事报告会和座谈会等多种形式，学习宣传毛泽东著作和中共方针政策。湖南音乐专科学校学生饶翊、蔡玉芝分别出任民盟民主秧歌队队长和艺术指导。秧歌队很快发展到一百多人，在长沙市内各处表演带有浓郁解放区风格的歌舞节目，产生了较大影响。

这种建立民盟外围组织的方式，壮大了湖南民盟组织队伍。至 1949 年 12 月，全省在册盟员由 2 月的近 50 人增至 700 多人。

【亲历者说】

新中国成立前后的湖大民盟(节选)

蒋　静

1948 年冬期终考试的时候,下了大雪。有一天,雪停了,省民盟筹备组的张梓敬,来到湖大屈子祠(今岳麓书院里的屈子祠)的二年级学生宿舍。他认识政治系二年级的学生周孝本。张梓敬来到周孝本的寝室,要求找几个同学座谈。周孝本寝室里一共住着 3 个同学,思想都很进步。周孝本把我也叫了去。

张梓敬 30 多岁,穿着笔挺的呢制中山装。他当时是一家杂志(《新时代》周刊)的总编。那家杂志思想进步,我们常看。我们就请张先生谈谈国内外形势。张从物价飞涨谈到解放战争,介绍了许多我们不知道的情况,我们十分敬佩他。随后他介绍了民盟的情况,特别是李公朴、闻一多牺牲的情况,希望我们参加民盟。我们都表示愿意参加。他就让我们等待,准备填表,然后参加宣誓会。寒假中,国立师范学院的学生王向天回到老家长沙。我和周孝本高中时曾与他是同班同学,我们便发展他为盟员。

1949 年 3 月,民盟湖大区分部成立。当时共有 10 个盟员,5 个教授,5 个学生。区分部成立后,组织发展很快,到 8 月长沙解放,才 5 个月,就共有盟员 19 人了,几乎增加了一倍。其中我一个人就介绍了 6 位新盟员。

多数盟员在入盟前,与共产党有很亲密的关系。入盟后依旧与中共联系密切。余志宏、涂西畴既是党员,也是盟员,加上萧敏颂,他们三人被中共湖南省委指定为湖南和平解放 5 人联络小组的成员,对促进湖南和平解放,起了重大的作用。王向天入盟后一个多月,就在国立师范学院入了党,8 月又成了该校地下党支部书记,国立师范学院并入湖大后,他又是校党委委员。我与湖大法律系刘湘皋既是同年级同学,又住在隔壁寝室。我们一同发起了湖大反饥饿运动,也都被选入主席团,我兼秘书长。

　　湖大盟员人数不多,但产生了一批杰出人物。萧敏颂新中国成立后担任省教育厅厅长、民盟湖南省委会主委;余志宏担任湖大军事代表、武汉大学党委副书记;涂西畴成为湖大副校长、省财经学院院长;王向天担任过湖南省副省长;郑昌壬曾任《湖南日报》代总编;谭丕模曾任湖大、北师大中文系主任,世界和平理事会理事;杨荣国成为著名历史学家,担任湖大文教学院院长、中山大学革委会副主任等职务。

　　湖大的民盟活动分成两块,教师与学生不在一起。教师由萧敏颂负责,学生由周孝本负责。当时湖大共产党与民盟的群众工作,主要通过社团进行。因此学生中的党员、盟员,大多参加了一些社团。当时湖大共有 10 多个社团,我参加了 4 个社团。一是荒地文艺社,虽只有 10 多个社员,但党、团员、盟员约占一半,我被选为出版部部长,编过壁报。二是民歌舞社,这个社有近百名社员,活动较多,请了一个话剧团的演员,教同学唱歌跳舞,曾教过《山那边呀好地方》《一根竹竿容易弯》等歌舞。因为歌舞社缺乏歌本,我会油印,我便主动刻印了 20 多首歌,歌本名《湖大歌声》,印了 100 本,发给同学。三是湖大新闻记者联谊会,当时有 10 多家报刊聘请了湖大的学生作特约记者,报道学生运动。因为我是《长江日报》的特约记者,他们选我做联谊会主席。8月5日长沙和平解放。我在蔡锷中路前《中央日报》门口,看到湖大一个姓罗的同学,他已被调任《新湖南报》的经理,正在接管《中央日报》。他要我担任《新湖南报》岳麓区办事处主任,负责报纸在岳麓区的发行工作,也写些稿子。四是新文学研究会,我担任学习部部长。

当时中共地下党的主要工作是抓学生会。学生会的主要工作是出版一种四开小报《湖大吼声》半月刊,指导全省的学生运动。我常到学生会去,主要是替他们写些稿子。1948年冬,学生会要改选。地下党委托刘湘皋组阁。他要我担任出版部部长,负责出这张报。内阁名单登在《湖大吼声》报上,新中国成立后我在岳麓书院还见过这张报。不过刘湘皋不久就被调去参加和平解放长沙的工作去了,地下党委托了一位姓胡的党外同学竞选学生会,我就没有参加了。

湖大民盟成立时,蒋介石已经下台,4月份解放军就过了长江。湖大的进步势力已经很强大。国民党已经很孤立,很难开展活动了。1948年冬,一个国民党支持的姓田的学生,组织内阁竞选学生会,得票很少,彻底失败。他在学生会门口,举起手枪,开了两枪以泄愤,可见当时国民党的处境。这时,毛泽东著作的小册子不断传入湖大,有的通过地下党的渠道,有的通过民盟的渠道,可能还有别的渠道。多数同学很喜欢阅读毛泽东著作,因为国家将要发生翻天覆地的变化,我们必须看清前进的道路。而且毛泽东说的话,很多是我们想说而说不出的。五六月份,武汉解放,学校瘫痪,已经很少上课了。许多同学整天就是看毛泽东著作,看小说。那一段时间,凡是能找到的毛泽东著作我都读了,一共读了40多篇。

因为毛泽东著作多,读的人也多。有些同学休息时,书也不收,就放在书桌上,也不怕特务找麻烦。有一天,地下党通知同学们:据说特务们可能最近到宿舍来搜查,大家要把进步书刊和文件收好。我就把毛泽东著作包在报纸里,藏在一个树洞里。过了几天,我没见特务来搜查,才想到,这是地下党要大家注意保密。

(作者蒋静,曾任湖南师范大学教授。1949年8月入盟,归属民盟湖南直属湖南大学教授小组。此文为2013年7月,蒋静应民盟湖南省委会机关之约所撰写的回忆录)

第三节　配合中共开展地下斗争, 推动湖南和平解放

湖南民盟组织一成立,即按照中共地下党组织的战略部署,把在各条战线上发动盟员联系群众,打击和孤立敌人,壮大革命力量,促进湖南和平解放确立为中心任务。1949年5月24日,民盟湖南省支部执委会向全省各级民盟组织发出了《对当前工作的指示》(以下简称《指示》),预言"湖南人民将于短期内获得解放",号召全省盟员响应中共湖南省工委发出的"迎接解放"的战斗号召,就民盟工作做出了"配合友党开展城市工作""加强统

一战线工作,推动和迫使本省统治者实现局部和平""培养和储备干部""发展和巩固组织""加强自我教育"等部署。《指示》还提出,"我们工作的重点应该放在策反和获得情报上面"。按照这个指示精神,湖南民盟各级组织和广大盟员积极配合中共开展地下斗争,为推动湖南和平解放作出了历史性的贡献。

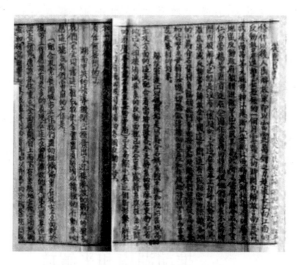

民盟湖南省支部执委会文件《对当前工作的指示》

一、发动宣传攻势,开展学生运动

1948年12月,刘禄铨从香港回到湖南,从民盟总部领回一批宣传中共方针政策的书刊。不久,蓝肇祺、张梓敬又先后从民盟总部带回一批毛泽东著作,如《新民主主义论》《论联合政府》等。杨伯峻、余志宏也从中共地下党组织领到一批宣传小册子和其他文件。这些阅读材料一到长沙,即由洪度等同志以"民主书店"为掩护,日夜翻印,并迅速送到湖南盟员手里。叶克强还秘密收录新华社消息,油印成传单散发。1949年6月底,"民主书店"将毛泽东《论人民民主专政》的广播稿油印散发,群众争相传阅。由于各地民盟组织的宣传发动,当时在湖南的盟员及其所联系的群众中形成了一股学习

1949 年 4 月,湖南大学师生游行现场

毛泽东著作和中共方针政策的热潮。

　　1949 年 4 月,在中共地下党组织的领导下,民盟湖南省支部执委会组织湖南大学师生上街游行,提出"反内战、要和平"的主张,为争取湖南和平解放大造舆论。

　　1949 年 5 月,白崇禧的部队从武汉败退到湖南,给湖南和平解放造成了极大的障碍。按照中共的策略,斗争的主要矛头应对准以白崇禧为首的桂系势力。为此,民盟湖南省支部执委会决定印发一批传单,号召全省人民行动起来,把桂系势力赶出湖南。传单是委托一家小报的印刷厂在高度保密的情况下印制的,由民盟长沙市分部各个基层组织的负责人秘密分发给全体盟员及其所联系的群众。大街小巷里,一时传单纷飞,市民争相

传阅。民盟长沙市分部还投函桂系在湖南的骨干20余人,劝其弃暗投明,以孤立、分化桂系势力。民盟湘潭县分部协同中共地下党组织以"解放军调查组"名义,散发了《告各界士绅书》《告帮会分子书》《告军警宪首要分子书》等,向敌人展开了各种政治攻势。

1949年3月,民国大学教师、盟员王石波受民盟湖南省支部执委会的委托,建立了民盟民大区分部,先后发展了10多人入盟。当时学生社团如凫学社、雷雨学社、晨风学社以及经济系、外语系、中文系等系学生会,几乎都为盟员所掌握。该区分部成立后,联合各个社团,积极推动和开展进步学生运动。

湖南民盟各级组织还配合中共地下党组织做了其他一些发动和组织群众的工作。如民盟湘潭县分部积极推动成立了湘潭县中学教师联谊会、湘潭县学联、昭潭镇(湘潭县城关镇)民主妇联等组织。湘潭县中学教师联谊会在中学教师中开展活动,组织成立各科教学研究会,倡导拥护和平,争取民主的群众运动,为促进湖南和平解放进行斗争;湘潭民主妇联组织了宣传队、慰劳和救护队,在"迎解"中做了大量工作。民盟醴陵县分部组织该校学生参加"反对内战,争取湖南局部和平"的示威游行,还推动成立了醴陵中教联。益阳盟员以豫章学校为据点开展"迎解"活动,出版了《天亮了》刊物。

湘潭盟员在中共地下党组织领导下,把当时的湘潭简易师范学校办成了"民主堡垒"。民盟湘潭县分部负责人秦本立在该校任教导主任,学校教师中有将近半数是盟员。该校成立了民盟区分部,由易克俊任主委。

二、大搞敌情调查，开展反破坏斗争

1949 年 2 月 25 日，民盟湖南省支部执委会根据中共地下党组织的指示，发出了《关于调研工作的指示》，并印发了调查提纲，要求盟员利用各种社会关系，广泛收集国民党军政机关、企事业单位的资料，以便掌握情况，为湖南解放后的接管工作做准备。这项工作迅速在全省展开，盟组织很快收集到了一大批有价值的情报资料。如长沙民盟组织就收集了包括省会重要的官僚资本企业、国民党党政军机关、公共事业机构、监狱、仓库、银行、文教团体等各个方面的资料 55 份。衡阳民盟组织通过调查，系统地掌握了在衡阳的国民党特务组织及其成员的名单。湘潭民盟组织，也收集了一批调查材料，交给了当地的中共地下党组织。在各地民盟组织所收集的调查材料中，有些发挥了重要的作用。如湘潭在滴水埠一带有一些盐矿资源，民盟湘潭县分部组织盟员通过各种社会关系，对盐矿进行了调查，了解到国民党有抢运食盐的迹象。盟组织将这

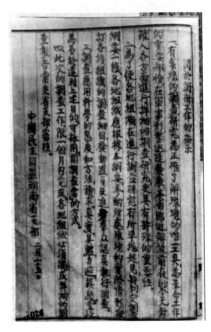

民盟湖南省支部执委会文件《关于调研工作的指示》

43

一信息报告给中共地下党组织后,引起高度重视,中共地下党组织立即在各盐矿组织自卫队护盐,防止了食盐外运,并把已运走的80大包食盐追了回来。

在敌情调查工作中,盟员刘禄铨作出了重要贡献。1949年1月,刘禄铨被任命为中共湖南省工委财经调研组组长,为迎接湖南和平解放,收集、调查和研究全省财经方面的信息。4月中旬,奉中共湖南省工委书记周里之命,刘禄铨去中共中央华中局汇报湖南的政治、军事和经济情况。他历尽艰险,突破封锁,于5月7日绕道香港成功到达中共中央华中局的所在地济南,将湖南的情况向该局组织部副部长钱瑛作了口头汇报,并将所带材料加以整理,写成一份名为《湖南省调查资料》的小册子上报。武汉解放后,刘禄铨受钱瑛派遣,回湖南向中共湖南省工委传达和平解放湖南的意见。历时近两个月,他圆满完成了中共交给的光荣任务。

湖南临近解放时,国民党妄图在败退时搞破坏,下令对所有企事业机构的设备和资料,能搬迁的搬迁,不能搬迁的就地销毁。湖南民盟组织根据中共地下党组织的统一部署,发动广大盟员积极投入护厂、护产、反迁移、反破坏的斗争中。

长沙市首先成为湖南反破坏斗争的主战场。湖南省公路局的民盟小组,在盟员工程师何道藩、肖如柏、邱炜等的带领下,积极开展了护厂、护产斗争,使湖南公路系统未受到破坏,保证了湖南解放时公路的畅通无阻。湖南省高等法院第一监狱的民盟小组,在盟员曾俊修、王华民、王效鹏的带领下,团结老工人、老技师开展反破坏斗争,确保了监狱中数十条枪支和其他机器设备未遭抢运,完好地交军管代表接收。此外,湖南省银行盟员陈显尚、湖南省合作社盟员廖益衡、长沙电讯局盟员龚鸿兴等,都积极配合中共地下党组织,做了大量的护产工作。

在衡阳,盟员蒋介卿、黄萃湘,在中共地下党组织的领导下,团结衡阳电讯局员工,保护了全部电讯设备。衡阳解放前夕,白崇禧的部队准备炸毁衡阳电厂。衡阳民盟组织配合中共地下党组织,策动衡阳商会的头面人物以商会名义,用钱买通被派来执行炸厂的人员,取出了炸药,使电厂得以保全。衡阳田粮处库中桥办事处是储粮较多的地方。衡阳民盟组织设法让盟员谢绍安打入该处,担任了办事处主任。他发动群众阻止国民党地方政府征粮,顶住种种威胁利诱,坚持达三个月之久,使国民党政府未能运走一粒粮食。

1949年4月,民盟宁乡区分部组织民国大学学生成立留校同学会,开展"护校、护产"工作。留校同学会推举盟员胡定光负责在民国大学查封校产,清算账目。同时,王石波、王学膺、朱剑农等民大盟员教师及留校同学会学生代表,宣布组成临时校务委员会和迁校委员会,决定把学校迁往长沙。经过努力,该校所有设备,包括图书、仪器、文书、档案,均于8月完整无缺地全部搬到了长沙。湖南和平解放后,人民政府接管了该校,将它并入了湖南大学。

新化县锡矿山因其锑占世界总储量的50%,而号称"世界锑都"。担任锡矿山工程处主任的是赵天从。中共地下党组织了解到赵天从是一个无党无派、为人正直的知识分子(后于1953年入盟),派地下党员颜述之等联系他,希望他利用工程处主任这一特殊身份,掌握矿警武装,并组织工人护矿,使矿山完整地回到人民手中。赵天从欣然接受了这一护矿任务。在中共地下党组织的协助下,他把全矿工人组织起来,成立护矿委员会,日夜巡逻,成功抵制了国民党军队撤退前的抢劫和破坏,保护了矿山的资源和设备。

在反破坏斗争中,盟员涂西畴做出了重要贡献。

1949年5月6日,白崇禧部队败退到长沙,白色恐怖随即笼罩了整个长沙城。长沙警备司令部稽查处大肆捕杀进步学生和地下共产党员。7月20日,解放军推进到湖南境内,白崇禧决定留陈明仁守长沙,自己率领桂军向衡阳撤退。撤退前,白亲自下令,要求在解放军进到长沙郊区前,把城里所有的交通设施、隧道、仓库、重要建筑、军药库、工厂全部爆破。他同时还留下一个爆破队,派他的副参谋长留在长沙指挥爆破。涂西畴通过已被他成功策反的白崇禧部参谋长文于一,获得了这一绝密消息。7月21日,中共湖南省工委立即指示涂西畴迅速成立"长沙人民治安指挥部",他任政委,已被涂西畴成功策反的姜和瀛任总指挥,刘鸣球任副总指挥,他们组织了一支有3000多人的可靠武装力量。经过涂西畴及其被策反的军政要人的精心策划和严密布防,白崇禧破坏长沙城的计划被彻底摧毁,千年古城长沙在和平起义前避免了一次大劫难。

1949年8月8日,中国人民解放军湖南军区司令员、湖南省军政委员会代主任肖劲光在长沙市韭菜园接见了涂西畴,称他为湖南和平解放"出了大力,立了大功"。

三、成功开展策反工作，协助地方武装起义

1949 年，解放全国已呈不可阻挡之势。中共中央毛泽东主席提出要"极力争取程潜，用和平方法解决湖南问题"。在这一方针指导下，中共中央华中局、第四野战军和中共湖南省工委多方积极争取，国民党爱国将领程潜、陈明仁审时度势，深明大义，毅然接受中国共产党的八项和平主张，在长沙通电起义，促成湖南和平解放，使湖南人民免遭一场战争浩劫，这对大西南的解放和全国解放战争的最后胜利以及新中国成立后湖南的经济社会发展产生了深远影响。

在和平解放湖南这一伟大历史事件中，刚刚成立的民盟湖南省级组织与中共湖南地下党组织亲密合作，内外呼应，与国民党军府当局斗智斗勇，成功促成程潜、陈明仁和平起义，共同上演了一曲救万民于水火，化干戈为玉帛的壮歌，为湖南和平解放做出了重要历史贡献。

余志宏

在开展策反工作，推动湖南和平解放的过程中，盟员余志宏、涂西畴等做出了重大贡献。

1948 年 9 月，随着革命形势的迅猛发展，国民党政权的全面崩溃已指日可待，加紧对国民党营垒里的中间力量和地方势力的

统战策反已成为中共各级党组织的重要任务。中共湖南省工委根据湖南的实际情况,决定对以程潜、陈明仁为代表的湖南省军政中、上层进行游说策反,希望以最有利于人民的方式实现湖南和平解放。为此,中共湖南省工委专门成立直属于书记周里领导的统战策反秘密机构:军事策反小组,该小组由余志宏、涂西畴、黄人凌、张友初4名成员组成。组长余志宏、副组长涂西畴,两人皆为民盟与中共交叉党员。在湖南和平解放的历史过程中,这两名盟员做出了杰出贡献。

余志宏(1916—1972),湖南醴陵县(今醴陵市)人,出身贫寒,幼年丧父。1937年秋余志宏考取广州国立中山大学经济学系,1938年春到湖南桂阳从事民众训练工作。同年5月余志宏加入中国共产党,1943年大学毕业后,先后任醴陵简易乡村师范学校教师、福建社会科学研究所助理研究员。1947年,余志宏到湖南省政府任专员,后任湖南省政府主席王东原的秘书。王东原调离湖南后,余志宏应聘到湖南大学任教。

余志宏和程潜是醴陵同乡,但他与程潜素不相识,为此,他决定先做好程潜身边亲信人员的工作,慢慢影响这些军政大员向共产党靠拢,再通过他们去促成程潜走和平起义之路。余志宏首先联络和影响了三位国民党上层人士。一是程潜的堂弟程星龄。余志宏在福建社会科学研究所工作时曾和时任福建省政府秘书长的程星龄交往密切。后程星龄因通共嫌疑被蒋介石下令拘禁达一年多之久,其时其正在台湾赋闲。余志宏托人辗转带信给程星龄,程得信后即回到长沙,不久被任命为省政府物资调节委员会主任。二是省政府顾问、程潜的挚友方叔章。余志宏多次登门拜访,与方纵论时事政治,成为忘年之交。三是马子谷,其原在福建省政府当顾问,因羊枣案被国民党政府驱逐出福建,当时在长沙闲居。

余志宏为了做好程潜周围人士的工作,举行了两项重要活动:王家菜园时事座谈会和桃子湖便宴,为促成湖南和平解放发挥了重要作用。

王家菜园是时任国民政府长沙市市长蒋昆的住处。参加王家菜园时事座谈会的有余志宏、马子谷、程星龄、蒋昆以及时任长沙绥靖公署秘书长的刘岳厚、湖南省银行襄理唐文燮等。这个时事座谈会每周一次,目的是通过议论时事,了解各方动态。

见证湖南和平解放的方叔章公馆,位于长沙市岳麓区桃子湖畔

1948 年 11 月 19 日,余志宏请方叔章出面,邀请湖南省保安司令部副司令萧作霖,省政府秘书长邓介松和程潜堂弟、省物资调节委员会主任程星龄,以及长沙市立补习学校校长伍慧农,湖

南大学教授李达、副教授萧敏颂等到岳麓山下桃子湖畔的方叔章公馆做客,交换对时局的看法。史称"桃子湖便宴",又称"桃子湖会议"。方叔章、萧作霖、邓介松和程星龄当时都是程潜最信任的人,而萧敏颂则是以民盟南方总支部执行委员身份出席,这场便宴实际上是中共湖南省工委、程潜、民盟三方的一次政治会谈。这次会议漫谈时事,分析形势,指出和平是唯一的出路,对与会的国民党高层官员震动颇大。会后,他们纷纷力主程潜接受中国人民解放军提出的和平起义方案,程潜的思想渐渐发生了积极的变化。

从1949年1月起,余志宏代表中共湖南省工委,与程潜的代表程星龄多次就湖南和平解放有关事宜进行商谈。在国民党第一兵团司令陈明仁从武汉调到长沙任长沙警备区司令后,余志宏代表中共省工委与陈明仁的亲信兼代表李君九等多次碰头,传达中共湖南省工委的意见,商讨解决一些重大问题,协调程潜与陈明仁的行动。

1949年4月底,应程潜要求,余志宏代表中共湖南省工委负责人与程潜见面,提出释放一切政治犯,负责保护国家财产、机关、档案和工厂、交通、桥梁,不捕杀共产党人和革命群众等要求,程潜基本上接受并做到。人民解放军渡过长江后,他根据中共湖南省工委的指示,动员程潜、陈明仁写出备忘录,承认接受中共关于和平谈判的八项原则,程潜欣然同意。

1949年6月,由程星龄起草、程潜署名的《湖南和平起义备忘录》由余志宏转交到中共湖南省工委书记周里手中,并秘密送到武汉中共中央华中局,再转交中共中央和毛泽东。中共中央和毛泽东立即做出了用和平方法解决湖南问题的决策,湖南和平解放进入具体实施阶段。

1949年1月,涂西畴从广州回到湖南,任中共湖南省工委军事策反小组副组长。

涂西畴开展策反工作的主要对象是湖南的中下层国民党军官。当时他的公开身份,是湖南大学经济系副教授。此时,随着对程潜策反工作的逐步开展,湖南国民党驻军中一部分进步军官,也成立了由中共地下党组织秘密联系的组织——"湖南进步军人民主促进社"(简称"民促社")。1949年3月,中共湖南省工委决定把"民促社"交给涂西畴,由涂西畴负责他们的工作。随后,涂西畴成功策反了军统大特务张严佛、宪兵团长姜和瀛和保安团团长刘鸣球。1949年5月,姜和瀛将特务准备逮捕的湖南大学师生100多人的黑名单上报给程潜,程转给了余志宏和涂西畴,中共湖南省工委立即通知湖大地下党组织迅速转移,避免

长沙市民在中山路欢迎解放军进城

了湖南地下党组织的一次重大损失。

除张严佛、姜和瀛、刘鸣球外，涂西畴还成功策反了陈明仁将军的参谋长文于一、国民党空军大托铺机场负责人蔡晋年等。而在涂西畴的参与部署下，白崇禧拟在新中国成立前爆破长沙城的阴谋也未能得逞，古城因此得以保全。

1949 年 8 月 4 日，程潜、陈明仁领衔 37 位国民党将领，联名向全国发表了起义通电，宣布"加入中共领导之人民政权""共同为建立新民主主义之中国而奋斗"。毛泽东、朱德复电程潜："诸公率三湘健儿，脱离反动阵营，参加人民革命，义声昭著，全国欢迎。"

1949 年 8 月 5 日傍晚，解放军四野十二兵团的先头部队一三八师举行入城仪式，分三路浩浩荡荡开进长沙城区，宣告湖南和平解放。

8 月 6 日，程潜、陈明仁举行了款待中共和平代表团的晚宴，民盟湖南省支部执委会主委萧敏颂应邀出席。

湖南和平解放后，余志宏被任命为湖南大学等 5 所高校的军事接管代表及湖南大学秘书长。

除余志宏、涂西畴两人外，还有大批盟员也曾为促成湖南和平解放而奔走。

1949 年 3 月间，盟员龚鸿兴、程大森利用个人关系，同湖南省保安副司令王劲修建立了联系，并成功策反二人，促使他们将自己所控制的部队造具名册交了出来。此二人后随程潜、陈明仁和平起义。

1949 年 7 月，盟员蒋挚夫、黄少华成功策动即将出任七十一军副军长的李治安,并通过他劝说零陵专员欧冠起义。蒋挚夫还奉中国人民解放军一三七师之命,策动国民党蓝山县党部书记起义。

1949 年 11 月 5 日,江华县邱企浠、涂天觉在中共地下党组织和蒋挚夫等人调停下宣布起义,协议成立了由蒋挚夫担任主任的"江华县和平解放委员会"。

1949 年 5 月中旬,常宁

当时《长沙日报》关于程潜、陈明仁款待中共和平代表团的报道

盟员周松茂组建了一支 100 多人的武装力量,后编入中共衡阳工委领导的湘南游击队第一支队。6 月中旬,通过盟员邓达五的运作,中共地下党员邓竹修担任了国民党常宁自卫队总队长,第一支队成员大部分被安插到自卫队,这支武装力量扩大到 2000 多人。

1949 年 5 月,民盟湖南支部执委会为支援中共暗中领导的姜亚勋"湘中游击队",经盟员蓝肇祺、戴德嵩等人筹集银圆约 500 元和一批药品,送到姜部,又经龚鸿兴之手,向姜部输送了一部收发报机。

解放战争期间,在外省的湘籍盟员也积极投身民主革命运动和解放战争。其中还涌现了朱刚夫、余淑怡等革命烈士。

朱刚夫(1913—1950),湖南湘乡人,自幼丧母,12 岁其父病故,1935年只身远赴四川,后留在西康。1946年春朱刚夫在成都加入民盟,为民盟西康省康定分部的负责人。1950年3月23日在康定解放前夕朱刚夫被国民党军队余部杀害。

朱刚夫烈士遗像

余淑怡(1918—1949),化名余思,湖南长沙人,1949年1月加入民盟。余淑怡参加民盟宜春小组建立的地下武装"中国人民解放军湘鄂赣边区第一纵队",任政治部主任。1949年6月23日余淑怡在江西万载县龙岗中学与万载县保警队作战时被俘,当晚被害于万载县株潭镇。

四、创办《民主报》,迎接湖南和平解放

1949年8月3日,长沙和平解放前一日,长沙市各界迎接解放联合会(简称"迎解联")正式成立。"迎解联"由中共长沙市工委委员刘晴波担任党组书记。民盟湖南省支部执委会主委萧敏颂被聘为顾问。后来又增加了盟员谭丕模、王学膺等人。"迎解联"设立了宣传辅导委员会,谭丕模、王学膺是其中的主要宣讲人,多次举行座谈会、演讲会,帮助工商界和各界人士了解和学习新政。

当时报纸关于萧敏颂被聘为"迎解联"顾问的报道

当日,民盟湖南省支部筹委会发出《致毛主席朱总司令致敬电》:

> 长沙的解放和即将来临的全湖南的解放是人民解放军向华南和西南英勇进军中的又一伟大胜利! 这一胜利主要归功于毛主席、朱总司令的正确领导和战士们的忠勇战斗! 谨向你们和全体光荣的战士们致崇高的敬礼! 愿在你们的英明领导之下,和全省三千万人民一道,继续前进,为争取人民解放战争的全面胜利和新民主主义中华人民共和国的彻底实现而奋斗!

同时,民盟湖南省支部执委会又发出《为庆祝长沙解放告湖南同胞书》。文中指出:长沙和平解放具有四大历史意义。第一,"长沙的和平解放,象征湖南全境的解放即可完成""这是三千万同胞痛苦的终结,幸福的开端,新湖南建设的发起"。第二,

《民主报》关于民盟湖南省支部执委会发表迎接解放文告的报道

"长沙的和平解放,证明江南唯一有组织的残余反动主力桂系军阀已经被打垮""这是解放战争全面胜利的信号"。第三,"为着配合军事上的压倒胜利,新政协筹备工作正在积极地展开,人民民主专政的政权即将成立,新民主主义的内政外交政策即将具体地制定""湖南的解放,更加速了这种伟大局面的来临"。第四,"长沙以及湖南许多城市的解放,并没有遭受大的伤亡和破坏,甚至于没有经过大的骚动",这"同时适用于一切等待解放的地区。长沙已提供了一个很好的范例"。

1949年8月7日,民盟湖南省支部执委会向新政协筹备会发出致敬电,原电如下:

> 北平新政治协商会议筹备会主席团并转全体筹备委员,长沙已经和平解放,全湖南的解放指日可期。你们致力

于摧毁伪法统,建立人民民主政权的神圣工作,和人民解放军的英勇战斗,歼灭残敌的进军,同是实现着全国人民的共同意志,对人民解放事业具有同等的伟大而光辉的贡献。谨代表全省盟员致崇高敬意和热烈的拥护之忱。

《民主报》关于民盟湖南省支部执委会致电新政协的报道

民盟湖南省支部执委会还参加了唐生智率领的联合慰问团,慰问中国人民解放军和国民党起义部队。

为庆祝湖南和平解放,就在长沙和平解放后的第三天,即

民盟湖南省支部执委会有关负责人参加联合慰问团,慰问中国人民解放军

1949 年 8 月 7 日，民盟湖南省支部执委会机关报《民主报》正式创刊。刊头由古汉语学家杨遇夫先生题写，套红印出，显得雄浑、古朴、典雅。《民主报》由杨伯峻任社长，李幻如任总编辑，杜迈之任总主笔，欧阳敏讷任主笔，刘文炳任总经理（后改为蓝肇祺任总经理，叶克强任经理），傅紫荻、陈学舜、曹国果、冯浩然分别任采访主任、会计主任、发行主任、广告主任。

早在 1949 年 6 月，民盟湖南省支部执委会决定充分利用新闻界盟员的优势，创办报刊做形势宣传，并决定继承民盟总部的传统，以《民主报》作为报名，旋即开始筹备工作。筹备过程中，蓝肇祺提供他在长沙市吉庆街的私寓作为编辑部兼报社职工宿舍，并提供机器设备等。经费来源方面，创刊前由蓝肇祺、康德、叶克强等向香港湘籍人士募捐 500 多元港币，创刊后到 9 月 30 日，又向长沙工商界人士募捐 3 476 000 元法币（据考证，当时 100 元法币可买写字纸 1 张）；杨伯峻还通过中共湖南省委宣传部向银行贷款筹措资金。8 月 3 日，民盟湖南省支部执委会致函中共省工委，提出"为宣传革命政策，阐扬革命理论，号召人民拥护革命政府"，申请在长沙解放后出版对开日报《民主报》。此申请得到了中共湖南省工委的同意。长沙和平解放后，《民主报》又得到省军管会的批准，并由省新闻处登记注册。

《民主报》创刊，可以说是应运而生。其创刊词中说：

现在，人民已经站起来了，而且已赢得了忠诚服务于人民自己的民主革命政权。中国人民，在这新政权领导下，将依循新民主主义的指导，彻底清除一切国内外反动势力所加于人民的桎梏和落后的文化传统的残余，而建立起真正符合于人民利益的新社会秩序和进步的新文化。

本报即基于上述旨趣而创刊，我们愿以最大努力，遵循中国民主同盟的政治领导，为人民利益和人民政权而忠诚服务，以完成新民主主义的革命任务。

《民主报》创刊号专门举办了《迎解特刊》，发表了题为《迎接光明，迎接战斗》的社论。该社论指出：

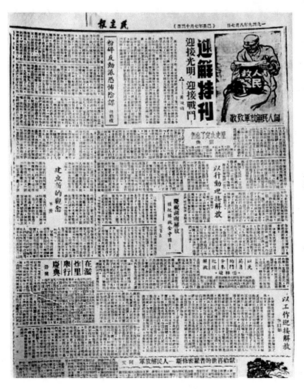

《迎解特刊》

拥有 50 万市民,在大革命时期曾经发挥过顽强战斗性的长沙,今天正式和平解放了!这是人民解放军向华南英勇进军的伟大胜利,是中国共产党的正确政策和毛泽东的英明领导的胜利,同时也是全省 3000 万人民,包括一切革命阶级,民主党派和民主人士,团结奋斗,共同争取得来的胜利!

作为湖南的省会,长沙的和平解放,乃是全省迅速完整解放的先声。同时,作为华中重镇和华南西南的枢纽,长沙的和平解放,不啻为待解放的地区提供了一个生动的范例。程潜将军和陈明仁将军的道路,乃是国民党内一切爱国分子唯一的光荣的新生道路。在这一点上,长沙的和平解放具有极重大的政治意义。

现在,湖南人民是开始翻身了。在反对蒋介石白崇禧两大战犯的斗争中,我们已经胜利了。但是,取得胜利还只是事情的初步,单单如此那是十分不够的,一定要进一步巩固胜利。就目前来说,肃清匪特,击破谣言,支援前线,建立并巩固革命秩序,乃是具有头等意义的工作。一切进步力量都要紧急动员,全体民盟同志,则当以革命的战斗热情,响应这一号召。

当时,长沙共有四家报纸。除《民主报》外,还有《新湖南报》《大众晚报》《湖南公人》。《新湖南报》为中共湖南省委机关报。《大众晚报》是民营报纸,受中共省委宣传部领导。三家报纸经协议各有侧重,《新湖南报》偏重乡村,《大众晚报》偏重职工和学生。《民主报》偏重城市,尤其是工商界、文教界。三报定期举行联席会议,互相交流办报经验。

由于经费困难,《民主报》运营一直比较艰苦。报社办公地点数度搬迁,起初在坡子街 90 号,后搬迁到吉庆街 27 号,最后搬迁到都正街清香留小院。

1950 年 11 月,《民主报》停刊。两年时间内《民主报》共出版了 482 期,日发行量最高达 4 000 多份。《民主报》大力宣传中国共产党和人民政府的方针政策,注重文教、工商报道和国际、国内时事宣传,得到了民盟中央、中共湖南省委和社会各界的充分肯定,同时也扩大了民盟的政治影响,在湖南民盟史上写下了光辉的一页。

【亲历者说】(一)

奉命赴华中局汇报的经过

刘禄铨

1949 年春,我奉中共湖南省工委的指示,在长沙搞情况调查,经常与余志宏碰头。3 月下旬,余告我,程潜已决定起义,陈明仁从汉口回湖南后,表示支持程潜。4 月,我奉省工委书记周里之命,绕道香港北上,向上级党委汇报湖南的政治、经济和军事等情况。我欣然接受了这一重大使命。

4 月 13 日,我从长沙乘火车动身,14 日到达香港。在香港等候轮船,住了十几天。4 月 27 日,我从香港乘轮北上,同船的有四川、云南等省做地下工作的同志和一些民主人士。船上挂的是韩国的国旗。一为避免发生危险,上船后,船上的负责人向我们宣布,船是开往朝鲜仁川的。船过台湾海峡后,遇台风,停船半天多。我因初次坐海船,呕吐不堪,船上又无医生,心想可能死在船上,党交给我的任务将完不成了。幸好过了一天,风浪逐渐平息,我的呕吐也停止了。5月3日下午,船抵达山东烟台,我们登了陆,在烟台停留两天。我,5日,乘汽车到潍坊,6日,从潍坊乘火车到济南,7日,华中局和四野总部负责同志的专车到达济南。我见到了华中局组织部钱瑛副部长。她叫我随她南下去河南开封。5月8日,我乘四野总部的专列火车到达开封。我口头向钱瑛副部长汇报了湖南的情况,她要我写成书面材料。我在开封将所带材料整理出一份《湖南省调查资料》(后由华中局政策研究室印发有关人员参考)。我在这份材料中将湖南统治阶级的代表人物按其政治态度分为四类:

(一)避战派,此派以程潜为代表。我对程与蒋介石、白崇禧等各方面的关系和湖南省政府组成人员的情况,作了简要的介绍,分析了他的处境和态度,汇报了他最近一段时间的表现,认为他很可能走和平起义的道路。

(二)主战派,此派以黄杰、宋希濂、刘嘉树等为代表。这派人都是蒋介石的死党,无论在言论与行动上,都是极端的,积极主战的。

(三)顽固派,这一派多为国民党CC派在湖南的中坚分子,是坚决反共的。他们没有掌握军政大权,伪装"进步",打着"革新"的幌子,成立各种组织,如"经济民主促进会""社会革命研究会""民主青年先锋团"等,企图欺骗一部分青年,在湖南解放后转入地下,进行反革命活动。

(四)动摇派,这种人在政界人物中为数不少。他们看到国民党政权必然覆灭,不愿为之殉葬,但对共产党缺乏认识和信任,存在种种思想顾虑,在两条道路中摇摆不定。对国、共两党持中立态度,有时偏向这一方,有时又偏向那一方。在解放战争胜利发展的形势下,经过我们做工作,这些人是可能倒向人民一边的。

对上述(一)(四)两种人,我们无疑应当努力争取;对第(二)(三)两种人则只有坚决与之斗争。如果我们能够争取程潜、陈明仁两将军和军政界的多数有权力有影响的人物,使少数顽固派陷于孤立,湖南和平解放是有希望的。

以上就是我向华中局汇报的部分内容。

5月16日武汉解放。18日我随四野总部及华中局乘火车到漯河,19日改乘汽车,于22日到达汉口。28日,华中局要湖南地下党派一位熟悉湖南党组织情况的同志到汉口汇报工作,钱瑛副部长决定要我即日回湖南,向省工委传达这个意见。在我动身前,华中局研究湖南问题时,我提出如何策反程潜、陈明仁起义的问题。钱瑛说:"程潜是个光杆司令,没有军权,起义能起得成吗?"我说:"陈明仁有军队。"钱瑛说:"陈明仁早几个月在武汉时,还镇压学生运动,武汉大学死了十多个学生,他仇恨共产党如此之甚,程潜能依靠他吗?"我说:"四平街战役后,陈明仁受到撤职查办的处分,他与蒋介石是有矛盾的。他与程潜是同乡,又有师生关系,已表示愿意跟程潜走。"张执一(华中局统战部部长)说:"这事可请示谭政同志一下。"于是钱副部长立即请示了四野副政委谭政,决定要我回湖南后,告诉省工委,通知程潜派代表去汉口,商谈湖南和平起义问题。

因我是从香港绕道到解放区的,穿的是西服,为便于进出武汉军管会,组织上发了一套干部制服给我。我在武汉那几天,就是穿着这套军服的。

6月2日我从汉口启程前,钱瑛副部长对我说:"你这次使命重大,一路务必小心,免得发生意外。"我回答说:"万一遇到危险,我也不怕,要牺牲就牺牲。"因我要通过火线,才能到长沙,为了避免危险,张执一部长对我说:"在战地行走,你还是穿军服的好。"那天下午。我带着和平解放湖南的重大使命乘车到达咸宁。在解放军第四十军罗卓军长处晚餐时,罗军长研究了我去湖南的路线。罗军长说:通过火线是危险的,还是绕道走水路好。6月3日,咸宁临时县政府钱县长派了一位同志到蒲圻。

4日早上,我雇了一只小船从蒲圻出发,5日下午到达新堤。当登岸时,恰巧从汉口开来的轮船正在下客,我就混在这些旅客中,住进一个旅社。旅客中有两人是国民党的官员,其中一个姓张的自称是武汉市警察局局长,另一个姓柳的职务不明,大概是个特务。他们有证件,与他们同行,通过封锁线时,可避免检查。6日我们一同乘一只小帆船赴岳阳。因为天气阴凉,刮北风,我拿出在香港买的一条毛毯为大家遮风。船到临湘境内,快要到封锁线时,我偷偷地撕毁武汉军管会的证明丢入长江。这时忽然发现同船的两个国民党官员正在议论我,说我可能是从苏联回来的,这床毯子是俄国毯子。我听了他们的话,处之泰然,故意拿出身份证和会计师执照亮给他们看,以消除他们的怀疑。

一路经过三次检查,他们都首先拿出国民党的证件给检查的士兵看,大家顺利地通过了封锁线。只是在城陵矶的一次检查中,他们仗着自己是"长官",大摆其官架子,惹起检查士兵发火,要将我们一起带上岸去。我见形势不妙,出来婉言劝解,并拿出银圆十元给士兵买草鞋用,一场风波,才告平息。

7日清晨船抵岳阳,上岸后,同船的国民党官员仍和我同住一个旅馆。我叫了几样菜,买了一瓶好酒,招待他们,说我是湖南人,应尽地主之谊,同时也是庆贺我们安抵湖南。他们都喝得有点醉意。饭后喝茶闲谈时,姓张的对我说:"老刘,你同我们同船,真使我们提心吊胆,因为我们在不久以前,得到一个情报,说共产党派了40多个干部,从咸宁去湖南搞接管。我们在新堤船靠码头时,你站在划子上,穿着一条军裤,后来我们问你是从哪里来,你又说是从咸宁来的,所以我们很怀疑你是共产党的干部。"

我立即说:"很对不起你们,使你们饱受虚惊。到长沙后,你们到我家去住好了。"下午4时许,我先到车站买好到长沙的车票后,到街上逛了一阵。7时许,车由岳阳开出,我才摆脱他们那一伙。晚上11时,我平安到达长沙。6月8日上午,我母亲去找周里书记,因他搬了家,没有会见。次日我亲自去找他,见到了张友初,我把住址告诉老张,要他转告周里书记,说我已回来了。10日上午,周来到我家,我向他汇报了华中局和四野总部负责同志要程潜派代表去汉口谈判湖南和平解放问题的意见。最初周里书记表示,如果程潜派代表到汉口去,仍要我陪去。后因程潜没有立即派代表去汉口,而我又有新的任务,就没有去了。我从

4月13日离开长沙到6月7日回到长沙,历时将近两个月,总算完成了党交给我的任务。

(本文选自政协湖南省委员会编《湖南文史资料选辑》第十四辑,湖南人民出版社1982年)

【亲历者说】(二)

湖南民盟《民主报》创办始末

杨伯峻

收读(民盟湖南省委)来信,承询有关《民主报》各项情况。已历经30余年,加以年老善忘,连日昼夜回思,仍有不少事记忆不出。仅谨就能记忆者写出,不但不完全,且亦恐多差距,尚祈多和当时知情者共同回忆,然后写完材料,以求较详而可信。

1949年初,我已重新加入中国共产党地下组织。不久,萧敏颂、李鳌、叶克强、张梓敬诸同志酝酿组织民盟湖南省支部,邀我参加。我得组织同意,得任省委宣传部部长。又酝酿组织《民主报》,我以民盟省宣传部名义出面网罗各方面人才。由李幻如同志任总编辑,蓝肇祺同志任总经理,叶克强同志任经理。民盟同志数人分任记者或编辑,其中有黎柑杞、金河(申国椿)、吴忌(后去四川)等人,又登报招聘数人。于程、陈二将军起义之日,《民主报》即创刊发行。解放大军入城,我即与中共省委宣传部副部长兼《新湖南报》负责人李锐同志联系,并得省新闻追认。《民主报》自酝酿至成立,我除向地下党领导(其中有陈克强、刘晴波诸同志)随时汇报外,并通过刘禄铨同志向临时省工委请示,得其许可。

《民主报》除卖报收入外，别无固定财源。蓝肇祺同志向外张罗，竭心尽力。我亦通过省委宣传部部长周小舟同志向银行贷款数次。全报社工作人员工作积极，虽非供给制，但待遇极微，仅能维持最低生活。全社工作人员一无怨言，二无去志，使我深为感动，亦极为内疚。且报社房屋不够，器材需加，人力需增，限于金钱，一切不能着手。因向省委第二书记金明同志提出两个方案。（甲）停办，（乙）由省委或省政府捐款补贴，同意即造预算。适拟成立省政协，《民主报》停办，可以有若干人去省政协工作，金明同志于是批示执行第一方案，由统战部刘逊夫同志经手办理结算事宜。①凡《民主报》工作人员能自觅工作者，任其自由。②不能自觅工作者，由统战部介绍工作，蓝肇祺同志任参事，即其一例，李幻如同志去有色金属管理局又一其例，黎柟杞等则随我入省政协。③报社由我当面向省委第一书记黄克诚同志说明，请其批准由省税局接收。总之，自《民主报》酝酿之初至停刊，都经过省党委认可，甚至办理，敬礼！

（此文系杨伯峻先生1984年1月15日写给民盟湖南省委机关的回忆录）

第二章

投身湖南社会主义改造和建设

（1950—1976）

中华人民共和国的成立，标志着新民主主义革命的基本结束。中国开始进入从新民主主义社会向社会主义社会过渡，并进而全面进行社会主义建设的新时期。民盟以中国人民政治协商会议通过的"共同纲领"为政治纲领，在中国共产党的领导下，积极参加新生人民政权和国家事务的管理，推动盟员和所联系的知识分子学习马克思列宁主义、毛泽东思想，努力为社会主义建设事业服务。在这一历史时期，湖南民盟积极行动，巩固和发展组织，加强自我教育和自我改造，积极投身湖南社会主义改造和建设，为实现共同纲领，恢复国民经济和巩固人民民主政权，为实现过渡时期总路线和坚持走社会主义道路而努力。

第一节　组织建设

一、整顿组织和清理盟员

1949 年 5 月 28 日，民盟总部组织委员会针对民盟被迫解散转入地下斗争后，上下组织失去正常联系的混乱情况，制订了"民盟组织工作初步整理计划"，提出对盟员逐个进行登记与审查，清洗混入民盟内的特务分子，反动党、团、警、宪中有罪恶的骨干分子,罪大恶极者,反苏、反共、反人民者以及贪污腐化者等5种人。民盟中央(1949年11月至12月民盟一届四中全会扩大会议以来,民盟总部的改称)委派中央委员李相符任华中区特派员,驻武汉指导华中区盟务和组织整理工作。根据李相符"转移工作重心,全力整理组织"的指示以及民盟一届四中全会扩大会议精神,自1949年12月起,湖南民盟对全省民盟组织展开了为期一年的组织整顿和盟员清理工作。

清理盟员方面,湖南民盟主要是重新审查登记盟员。民盟湖南省支部临时工作委员会(民盟一届四中全会扩大会议后,民盟湖南省支部委员会的改称)明确规定:凡不符合建盟条件或干部缺乏的地方组织,根据情况予以撤销;对其盟员根据自愿的原则,要求退盟的可以退盟,要求继续保留盟籍的经盟省支临工委审查,重新登记,改由盟省支直接联系。在重新登记盟员时,对下列7种人不予登记:一是有特务嫌疑者;二是曾以文字或公开谈话诋毁本盟者;三是有过重大贪污劣迹者;四是作风不正派,有招摇撞骗行为者;五是思想有严重错误,经过多次批评斗争仍不改正者;六是不遵守组织纪律达3次以上者;七是认识太差而又不肯积极学习者。而对于不适合加入民盟组织的原国民党军警人员、工人、农民、中学生,则请他们在适当时候转到适合他们的组织里去。

从1949年9月起到1950年5月底止,湖南全省核准盟籍者364人。后来,由于部分盟员调往外省或去湖南人民革命大学、湖南人民军政大学学习,或不参加组织生活,或自动退盟等,到1950年11月,湖南在籍盟员实为289人。整理期间湖南民盟在长沙、衡阳、常德、湘潭等地吸纳新盟员 30 人。

组织整顿方面,至 1950 年 11 月,全省地方民盟组织仅保留长沙市分部委员会、衡阳市分部委员会、湘潭县分部临时工作委员会及常德直属区分部。组织整理前建立的醴陵、安化、攸县、宁乡、浏阳 5 个县分部(或分部筹委会)及组织整理期间建立的道县、江华、宁远 3 个直属区分部先后被撤销。

1951 年,在整顿组织的基础上,湖南民盟新吸纳盟员 201 人,其中,文教工作者 160 人,交叉入盟的共产党员和共青团员 53 人。到 12 月底,湖南盟员总数达到 440 人。

1951 年 11 月下旬,民盟全国组织宣传工作会议进一步调整了民盟组织工作的方针、政策。根据该次会议的建议,1951 年 12 月,民盟中央先后颁布了《关于发展组织的指示》《关于转向中上层发展组织的通知》等文件,逐步确立了民盟"三个为主"(大中城市为主、中上层知识分子为主、文教界为主)的组织路线,民盟的组织工作逐步走上正轨。根据民盟中央指示,湖南民盟继续整顿组织,积极吸纳盟员。1951 年 11 月湖南民盟在宁远、零陵、道县、安化 4 个县建立直属小组。到 1952 年 10 月,湖南全省民盟组织共有 3 个市分部、15 个区分部和 54 个小组。

1951 年 8 月,民盟湖南省支部临工委安排部分盟员骨干参加了湖南省民主党派第一期干部训练班。

二、民盟湖南省第一次代表大会召开

1950 年 2 月,按民盟中央指示:民盟湖南省支部执行委员会改称民盟湖南省支部临时工作委员会(以下简称"湘支临工委"），委员 15 人,主委萧敏颂,副主委杨荣国。

1952 年 10 月 23 日至 27 日,民盟湖南省第一次代表大会在长沙召开,共有 63 名盟员代表出席。大会听取、讨论并通过了萧敏颂代表民盟湖南省支部临工委所做的《湖南盟三年零九个月来的工作总结》和大会主席团所做的《进一步巩固与发展组织,为团结教育广大的知识分子,胜利进行国家大规模的经济建设和文化建设而斗争——今后的工作任务》的报告。该报告所确定的工作任务是:进一步健全组织,大力进行思想改造,并在这个基础上有计划有步骤地继续发展组织,紧密联系群众,以具体的服务来完成民盟团结教育知识分子的任务。

大会选举产生民盟湖南省首届支部委员会,委员 15 人,萧敏颂当选为主委,杨荣国、谭丕模当选为副主委,杜迈之被任命为秘书长。支部委员会下设秘书处、组织委员会、宣传委员会、文教委员会和财务委员会,1952 年 10 月增设妇女委员会,1953 年又增设《湖南盟讯》编辑委员会。

三、民盟湖南省第二次代表大会召开和萧敏颂逝世

1955 年 7 月 13 日至 15 日,民盟湖南省第二次代表大会在长沙召开,到会代表 71 名,列席人员 11 名。萧敏颂代表民盟湖南省第一届支部委员会做《湖南民盟两年零八个月的工作总结》的报告。大会确定今后的任务是:提高革命警惕性,积极参加肃清"胡风反革命集团"和一切暗藏反革命分子的斗争,积极参加思想斗争,深入思想改造,密切联系群众,搞好岗位工作,发挥党政

的助手作用;继续巩固组织,健全基层,充实组织生活,有计划地培养骨干;开展批评和自我批评,克服骄傲自满情绪,进一步加强团结。

大会选举产生民盟湖南省第二届支部委员会,王学膺等18人任委员,其中常务委员7人,5人任候补委员。萧敏颂再次当选为主委,魏猛克、林兆倧当选为副主委——上届副主委杨荣国、谭丕模因高校院系大调整而分别调往中山大学、北京师范大学担任系主任。会议决定,支部委员会下设秘书处、组织部、宣传部。

1957年3月,民盟湖南省委会主委萧敏颂赴北京参加民盟中央工作会议,并列席全国政协会议和全国宣传工作会议。4月1日萧敏颂在返湘途中患化脓性脑炎,4月7日在湖南医学院附属医院经抢救无效,不幸逝世,年仅43岁。4月9日,中共湖南省委、省人民政府为萧敏颂举行了隆重的追悼会。在追悼会上,省长程潜主祭,省文教办公室主任华国锋介绍逝者生平事迹,对他的一生给予了高度的评价。民盟中央主席沈钧儒,副主席章伯钧、罗隆基、马叙伦、史良、高崇民联名发来唁电,对萧敏颂的逝世表示沉痛哀悼。同日,其遗体葬于岳麓山。在他的墓碑上镌刻着中共湖南省委和民盟湖南省委的挽词。中共湖南省委的挽词是:"为了祖国的民主和自由,为了社会主义事业,你曾热情工作,有很多贡献。正当盛年有为之时,你却长逝,使我们深感沉痛的损失!"民盟湖南省委的挽词是:"你是我们忠实的同志,你是我们有才能的领导者,我们将永远铭记你的劳绩。我们一定化悲痛为力量,用加倍努力工作的实际行动来纪念你。安息吧,敬爱的同志!"

1957 年 4 月,民盟湖南省委二届三次全会决定魏猛克代理民盟省委主委。

四、民盟湖南省委员会成立

1956 年 5 月,根据民盟第二次全国代表大会修改的《中国民主同盟章程》中的有关规定,民盟湖南省支部委员会改称民盟湖南省委员会。委员会下设人秘处、组织部、宣传部,后分别设立《湖南盟讯》编辑委员会、文史工作委员会、教育工作委员会、科技工作委员会、文化艺术工作委员会。

1956 年 2 月,民盟第二次全国代表大会在北京召开。大会批评在组织发展中的保守思想和关门主义倾向,要求地方组织根据需要、可能和自愿的原则,采取积极主动的态度发展组织。1956 年 4 月,民盟湖南省委在二届六次全会上根据民盟中央的要求,制定并通过《民盟湖南省委会 1956—1957 年两年工作规划和 1956—1962 年工作远景规划(草案)》,计划于 1956—1957 年,在长沙、衡阳、湘潭、常德 4 市吸纳盟员 220 至 290 名。此后一年多时间内,湖南民盟吸纳新盟员 546 人。到 1957 年"反右"斗争发生前,湖南民盟建成了 62 个支部和 41 个小组,共有盟员 1 248 人,其中,中上层人士 951 人,文教界人士 935 人。

五、民盟湖南省第三次代表大会

1958 年 6 月 20 日至 23 日,民盟湖南省第三次代表大会在长沙召开,到会代表 90 名,列席人员 30 名。会议听取了民盟湖南省委整风领导小组第一召集人周世钊代表该小组及第二届支部委员会所做的《为彻底完成盟员的个人改造和盟的组织改造，为积极实现社会主义建设的总路线而奋斗》的工作报告，审议通过了《民盟湖南省委社会主义改造规划（草案）》，号召湖南全体盟员和各级民盟组织加速进行社会主义改造。

大会选举产生了民盟湖南省第三届委员会。卢惠霖等19人任委员，其中常务委员8人，5人任候补委员。周世钊当选为主委，林兆倧、韩罕明当选为副主委——上届副主委之一魏猛克因在"反右"斗争扩大化中被划为右派分子而未进入民盟湖南省本届委员会。周世钊（1897—1976），字惇元，又名敦元，别号东园，湖南宁乡人。在湖南省立第一师范学校就读期间，与毛泽东同学五年，同住一间寝室。周世钊1918年加入新民学会，与毛泽东同为骨干会员，担任长沙修业小学教员期间，邀毛泽东到该校教历史，并为毛泽东筹建湖南学生联合会，创办《湘江评论》创造条件，提供帮助。1920年，他协助毛泽东创办长沙"文化书社"。1949年8月，周世钊率长沙教育界人士，通电毛泽东，响应湖南和平起义。1951年，周世钊在毛泽东推荐下加入中国民主同盟。1953年当选为民盟中央委员。1957年周世钊担任民盟湖南省委领导小组第一召集人。1958年起周世钊历任民盟湖南省第三、四、五届委员会主委，直至逝世。

六、民盟湖南省第四次代表大会

1960年9月24日至10月8日，民盟湖南省第四次代表大会在长沙召开，到会代表122人。大会听取并通过韩罕明代表第三届盟省委所做的工作报告。大会采取"神仙会"的方式,开展形势学习活动,传达民盟三届三中全会精神,讨论知识分子改造问题和今后的工作任务。

大会选举产生民盟湖南省第四届委员会。白玉衡等 20 人任委员,其中常务委员 7 人,5 人任候补委员。周世钊再次当选为主委,韩罕明、卢惠霖当选为副主委——上届副主委之一林兆倧因在 1958 年至 1960 年"拔白旗"运动中挨批而未进入民盟湖南省本届委员会。

七、民盟湖南省第五次代表大会

1963 年 3 月 19 日至 4 月 3 日,民盟湖南省第五次代表大会在长沙召开,到会代表 124 人。民盟中央副主席邓初民出席大会。中共湖南省委第一书记张平化接见了与会代表,并做了关于国际形势的报告。大会听取并通过了卢惠霖所做的《民盟湖南省第四届委员会工作报告》,学习了中共八届十中全会精神和民盟三届三中全会精神,进行了国际国内形势教育。会议采用"神仙会"的方式,各抒己见,畅所欲言,开展批评和自我批评,进一步巩固了思想共识。

大会选举产生了民盟湖南省第五届委员会。蒋良俊等 25 人任委员,其中常务委员 9 人,3 人任候补委员。周世钊第三次当选为主委,韩罕明、卢惠霖再次当选为副主委。

八、"文化大革命"来临,湖南民盟停止组织活动

1965 年初,江青、张春桥策划批判民盟中央副主席吴晗创作

的新编历史剧《海瑞罢官》，揭开了"文化大革命"的序幕。5月16日，中共中央政治局扩大会议在北京通过了毛泽东主持起草的指导"文化大革命"的纲领性文件《中国共产党中央委员会通知》，并重新设立中共中央文化革命小组，"文化大革命"自此正式开始。在形势压力下，民盟中央成立"文革办公室"，对吴晗做出停职决定，召开"斗争吴晗大会"，对吴晗进行揭发、批判，并号召各级民盟组织积极参加"文化大革命"。1966年8月25日，民盟中央以办公厅名义，张贴公告，宣布自即日起停止办公。不久，民盟湖南省委也停止办公。

反右斗争、整风运动后，包括湖南在内的全国各地民盟基层组织发展工作几乎趋于停顿。到1966年"文化大革命"爆发前，湖南共有盟员974人。"文化大革命"十年间，湖南民盟各级组织全部停止活动。

第二节　新政参议

一、参加湖南省首届各界人民代表会议

1950年10月15日至25日，湖南省首届各界人民代表会议在长沙召开。萧敏颂、杨荣国、杜迈之、康德、刘禄铨、朱启畴、杨伯峻、谭丕模、戚祥麟、王西彦、卢惠霖、曹国智等19名盟员作为代表出席大会。其中，萧敏颂、杨荣国、杜迈之、康德、刘禄铨是作为民主党派代表与会的。萧敏颂、杨伯峻、杨荣国、谭丕模、戚

省首届各界人民代表会议合影。三排右一为萧敏颂，二排左二为杨伯峻、左六为杨荣国、左八为谭丕模

祥麟（盟员与工商联成员交叉）在会上当选为省首届各界人民代表会议协商委员会委员。

会议通过了《湖南省人民政府一年来工作总结与今后工作任务报告》《关于军事工作的报告》《关于财经工作的报告》《为争取胜利实现今冬明春土地改革计划而奋斗的报告》及《中华人民共和国土地改革法湖南省实施办法》等各项重要决议和文件。

萧敏颂做了大会发言。他说："今天的各界人民代表会议的代表，真正是人民的代表，是与群众有联系，为群众所信任的；是真正为人民服务，替人民办事的，因此在广大人民中间享有着很高的威信。"他高度赞扬一年多来新中国、新湖南所取得的巨大成就："在这短短的时间里面，由于中国共产党和毛泽东的英明领导，在军事、政治、外交、财政经济等方面，都有巨大的成就。就本省而论，军事战线上的剿匪肃特，生产战线上的修堤防汛，都获得了辉煌的胜利。"针对会议的中心议题土地改革，他表示：

"我们在湖南民主同盟的盟员,坚决拥护这一具有伟大历史意义的革命的正义事业,并愿在中共湖南省委和省人民政府的统一领导下,投身土地改革的实际斗争,勇敢地接受考验,以便更好地锻炼自己,在为人民服务的神圣工作中尽其微薄的力量!"

二、参加土改工作

1950 年 6 月 30 日,中央人民政府颁布了《中华人民共和国土地改革法》,决定在新解放区分期分批进行土地改革,彻底废除封建制度,解放农村生产力。7 月 1 日,民盟中央发出了《关于发动盟员参加土地改革的通知》。该通知号召"在本年实行土地改革的各地区,凡有本盟组织者,应即发动盟员踊跃参加"。

1950 年 12 月 18 日,民盟湖南省支部临工委发出了《盟员土改时期守则的指示》,要求盟员积极参加和支持当地土改,不得借组织关系及自身手中的权力保护地主、富农。通知还规定了盟员在土改时期的四项守则:一是严格遵守和执行土改法令,坚持保护农民利益,不得隐藏和包庇地主,不得为地主叫嚣;二是明确划清敌我界限,不得丧失立场,不得为地主邀请说项;三是抓住一切机会为农民服务,大力宣传土改政策和法令,肃清匪特谣言,检举逃亡地主及恶霸、匪特;四是参加土改的盟员和机关干部,必须遵守中南军政委员会发布的"干部在土改时期的八项纪律"。

湖南全省有 160 名盟员参加土改工作队,他们扎根农村,访贫问苦。在参加或参观土改中,湖南盟员不同程度地提高了政治觉悟,认清了封建剥削制度的本质,增强了对劳动人民的感情。在土改运动中,也有个别盟员因未能过关而被开除盟籍。

三、声援和捐助抗美援朝

抗美援朝战争爆发后,民盟和其他民主党派联名于 1950 年 11 月 4 日发表《各民主党派联合宣言》,宣告"中国各民主党派誓以全力拥护全国人民的正义要求,拥护全国人民在志愿基础上为着抗美援朝保家卫国的神圣任务而斗争"。民盟一届六中全会做出关于支持并参加抗美援朝的决定:"今后盟的基本政治任务,就是用一切力量去支持并参加抗美援朝保家卫国的正义行动。"民盟主要领导人还多次发表声明、谈话,谴责美国在朝鲜半岛的种种暴行。

民盟湖南省支部临工委响应民盟中央号召,组织全省盟员参加抗美援朝和呼吁和平签名。并在《新湖南报》《民主报》上发表有关文章,声援中朝人民,呼吁坚决打败侵略者。1951 年 1 月,民盟湖南省支部临工委联合民革湖南省支部筹委会、民建长沙分会筹委会,发表了《各民主党派湖南地方组织拥护周外长四项建议的声明》,该声明指出:

> 周恩来外长就结束朝鲜战争与和平解决亚洲问题和联合国第一委员会提出的四项建议,完全符合我全国人民的意志,我们一致热烈拥护。
>
> 首先,事情十分明显,朝鲜战争是由于美国侵略引起来的,结束朝鲜战争的先决条件,就在于从朝鲜完全撤退美国侵略军队,并让朝鲜人民自己解决其内政问题。这一点能

够做到，朝鲜战争就自然会停止，朝鲜人民就能够获得独立。反之，这一点如果不办到，一切所谓"停战建议"都只是空说，客观上都是替美国寻求喘息的机会，为美国的侵略政策服务。

其次，美国在开始侵略朝鲜之时，并以武装部队侵入我们的台湾海峡，因此，台湾问题应该与朝鲜问题同时解决，必须遵守开罗宣言和波茨坦公告，将台湾归还中国，必须从台湾和台湾海峡撤退美国的侵略军队！

最后，有关亚洲和平的一切重要问题，必须由亚洲人民自己解决，必须经由会议的途径，而且必须不是在欧洲或美洲，而是在亚洲的中心——中华人民共和国来举行这样的会议。联合国必须接纳中华人民共和国的合法代表，由蒋匪帮的非法"代表"掳取中国在联合国的席位的非法局面必须立即结束！

帝国主义统治中国的时代已经一去不复返了！中国人民已经站起来了！一切希望真正谋取亚洲与世界和平的国家，必须也必然会重视我周恩来外长的建议。只有在这一建议的基础上，才能开辟结束朝鲜战争和平解决亚洲问题的坦途。

萧敏颂、刘禄铨分别在湖南人民广播电台发表讲话，表示湖南民盟组织和全体盟员坚决拥护世界和平，反对美国侵略朝鲜，从道义上声援所有抗美援朝卫国将士。萧敏颂在讲话中表示：

美国帝国主义疯狂地发动了侵略亚洲人民的战争，武装侵略朝鲜，援助东南亚反动统治者和殖民者屠杀各国人民，侵略我国领土台湾，不断以飞机侵入我东北山东领空，虐杀我国人民，最近更不顾中国人民的警告，将侵朝战火引向我东北边境。美国法西斯匪徒们甚至无耻地声言，鸭绿江并非中朝国界，借此制造侵略我国境的裂口。这些事实，完全证明美国法西斯匪帮是在抄袭着过去日本法西斯的老路，以朝鲜为跳板侵略中国，奴役全亚洲人民。

我们中国人民完全明白，今天全世界以苏联为首的和平民主阵营是有足够力量粉碎帝国主义势力的。美帝国主义者抄袭过去日本法西斯的老路，结果也必然是同样自取灭亡。但同时，我们也必须认识到，美国法西斯匪徒们的侵略魔掌是不会自动缩回的。美帝国主义是全人类、全亚洲人民的死敌，也是我们中国人民的死敌。敌人从那里打来，我们就要在那里消灭他。今天，我们绝不能坐视我们相依为命的朝鲜邻邦被制服于美国法西斯匪徒的血腥魔掌，全中国人民必须团结起来，在志愿基础上行动，实力援助朝鲜人民的抗美战争，以保卫我们祖国，保卫我们中国人民伟大胜利的果实。

湖南各地民盟组织，运用学习会、座谈会等多种形式，在盟员中开展爱国主义和国际主义教育，克服各种不正确的认识，增强抗美援朝必胜的信心。同时，组织盟员向群众进行宣传，作时事报告 120 余场，听众达 50 万人次。

1951年4月30日至6月11日，民盟湖南省支部临工委发动盟员为抗美援朝捐款299 880元（旧币），由中国人民银行长沙司门口办事处转汇中国人民保卫世界和平反对美国侵略委员会。6月，民盟中央响应中国人民抗美援朝总会的"六一"号召，决定捐献"民盟号"战斗机1架。民盟湖南省支部临工委于7月8日成立捐献分会，负责发动盟员捐献钱物。长沙、常德、宁远、安化等地80多名盟员共捐钱物折合人民币9 750 094元（旧币），于1952年1月24日汇交民盟中央财委会。

1953年冬，民盟湖南省支部临工委还派杜迈之、周世钊等4名盟员参加中国人民赴朝慰问团，深入前线慰问中国人民志愿军和朝鲜人民军。1952年、1953年，湖南盟员、作家王西彦两次跨过鸭绿江到朝鲜战地访问。

四、拥护镇压反革命运动

1951年2月，《中华人民共和国惩治反革命条例》公布。5月6日，民盟发言人发表谈话，拥护该条例，号召盟员协助政府坚决镇压反革命分子，以巩固人民民主专政。3月31日，民盟中央发布《为提高政治警觉严防反动及不良分子混入组织的指示》，要求各级盟组织发动和召集盟员认真学习《惩治反革命条例》，揭发反革命分子，健全组织，严格审核入盟手续，确保民盟组织的健康、纯洁。

民盟湖南省支部临工委派出4位盟员参加镇反宣传工作队，15位盟员参加公审反革命分子大会。在这一运动中，绝大多数盟员划清了敌我界限，不少盟员还检举揭发了反革命分子及其罪行。1951年7月起,在职盟员都参加了公共机构的整风审干,进一步确保了民盟队伍的纯洁性。

五、参加"三反""五反"运动

1951年12月1日,中共中央颁布《关于实行精兵简政、增产节约、反对贪污、反对浪费和反对官僚主义的决定》。12月19日,民盟中央发出《关于开展增产节约运动,进行反贪污、反浪费、反官僚主义的指示》,指出"本盟应在人民政府领导下,在各种不同的工作岗位上,为开展增产节约运动,为进行反贪污、反浪费、反官僚主义而斗争";同时发动盟员带头进行自我检查。1952年5月19日,民盟中央又发出《关于各级地方组织在"三反"运动中进行民主改革并总结工作的指示》,把"三反"运动与民盟组织建设及盟员思想改造结合起来。

1952年1月18日,民盟湖南省支部临工委、民盟长沙市分部联合成立增产节约委员会,推动盟员积极参加所在单位的"三反""五反"运动。3月下旬,民盟湖南省支部临工委又发出《深入进行"三反""五反"并结合开展盟内改造》的通知,要求盟员接受教育,进一步树立以工人阶级为领导的观点,加强马列主义、毛泽东思想的学习,进行自我教育和改造。6月,民盟湖南省支部临工委召开组织宣传工作会议,要求盟员以《中华人民政治协商会议共同纲领》(以下简称《共同纲领》)为准则,普遍开展"三反"民主检查,揭发、批判不符合《共同纲领》的思想作风与行为,与资产阶级思想划清界限,针对盟员中的个人主义、自由主义和"三害""五毒"思想展开批评与自我批评。

民盟湖南省支部临工委除直接参加民盟长沙市分部的活动外,还派出干部到衡阳、湘潭两市民盟分部具体指导工作。全省有76名盟员参加了"三反""五反"工作队。在"三反"运动中有11名盟员受到行政处分,其中有2人因犯严重贪污罪被开除盟籍。2位盟员在运动中不堪接受审查自杀。宁乡盟员黄体泽于1953年6月23日在抢修桥梁时落水殉职。

六、参加湖南省第二届各界人民代表会议第一次会议

1952年12月15日至21日,湖南省第二届各界人民代表会议第一次会议在长沙举行。萧敏颂、杨荣国、杜迈之、康德、魏猛克5名盟员作为民主党派代表参加会议,另外还有22名盟员作为其他各界代表与会。会议的中心议题是:迅速结束各项改革工作,迎接即将到来的大规模的经济建设和文化建设;代行省人民代表大会的职权,选举省人民政府主席、副主席、委员,组成省人民政府委员会。会上,萧敏颂、杨伯峻、谭丕模、周世钊、戚祥麟、胡信德、董爽秋(盟员与农工党员交叉)、李鳌、杨荣国、王恢端(盟员与民建会员交叉)当选为省第二届各界人民代表会议协商委员会委员。萧敏颂、谭丕模、陈新民、林兆倧当选为省人民政府委员。

七、参加湖南省首届人民代表大会和政协湖南省委员会一届一次全会

1954年8月10日至14日,湖南省第一届人民代表大会第一

次会议在长沙召开。会议听取了省人民政府关于1953年以来的施政工作报告，讨论了中华人民共和国第一部宪法草案，做出了拥护宪法草案的决议。萧敏颂、魏猛克、胡信德、康德、董爽秋、戚祥麟、曾昭抡、钱南浦、杜迈之、陈新民、林兆倧、周世钊、刘秉阳、谢世澂、朱启畴、屈子健、韩罕明等23名盟员作为代表参加了大会。会上，萧敏颂、魏猛克、周世钊、林兆倧、陈新民当选为省人民政府委员。会议选举林伯渠、蔡畅等50人为第一届全国人民代表大会代表，其中包括4名湖南籍盟员：曹孟君（盟员与中共党员交叉）、曾昭抡、欧阳予倩（后加入中共）、周谷城（后加入农工党）。萧敏颂在大会上做了发言。他说，一年半来，省人民政府在领导工业生产和财政经济、政法、文教各方面工作上，都取得了很大的成就。程潜主席施政报告中关于今后工作的方针任务是符合国家过渡时期的总任务和我省实际情况的。我省今年渡过了最严重的水灾，如何领导群众，增产节约，生产自救，战胜灾害，乃是全省人民最关心的大事，也是本次会议的中心议题，是我们当前最迫切的任务。最后，萧敏颂激动地表示："我们高举双手，热烈拥护中华人民共和国宪法草案！宪法草案是一面伟大的旗帜，上面写着消减剥削和穷困，建设社会主义社会，让我们把这面旗帜高高举起，让我们手牵手，肩并肩，向着这样伟大的目标奋勇前进！"

1955年2月21日，政协湖南省第一届委员会第一次全体会议在长沙举行。曾伯雄、金先杰、萧敏颂、李鳌、康德、屈子健、胡笃敬、杜迈之、林兆倧、周声汉、涂西畴、雷敢、叶雨文、唐农阶、戚祥麟、魏猛克、翟诩、罗皑岚、彭燕郊、潘世宬、黄特辉、严怪愚、朱超、姚舜生、徐钰礼、蓝肇祺、李福祥、沈友铭、刘寄踪、周世钊、陈新民、胡为柏、张德威、解毓才、李洪谟35位盟员担任第一届省政协委员,出席会议。盟员金先杰在会上做了发言。会议选举周小舟为省政协主席,周礼、唐生智、谢晋、李木庵、谢华、曹伯闻为副主席。萧敏颂、魏猛克、周世钊、陈新民、杜迈之、屈子健6名盟员当选为省政协常委。杜迈之任省政协副秘书长。

1955年4月,萧敏颂被国务院总理周恩来任命为湖南省教育厅厅长。此前,萧敏颂于1950年至1952年任长沙市教育局局长,1953年至1955年3月任湖南省教育厅副厅长。除萧敏颂外,还有一批湖南盟员相继担任政府部门、高校副厅级以上领导职务。1951年7月,易见龙担任湖南医学院副院长;1952年11月,陈新民担任中南矿冶学院院长;1955年2月,魏猛克被任命为湖南省文化局局长;1956年,林兆倧担任湖南师范学院第一副院长;1957年,涂西畴担任湖南师范学院副院长。

八、参加湖南省第二届人民代表大会和政协湖南省委员会二届一次全会

湖南省第二届人民代表大会第一次会议于1958年7月2日至10日在长沙举行。周世钊、胡信德、董爽秋、蒋良俊、钱南浦、林兆倧、易见龙、李鳌、韩罕明等24名盟员作为代表参加省第二届人民代表大会。会上,民盟湖南省委会主委周世钊当选为省人民政府副省长和第二届全国人民代表大会代表。

1959年12月14日至25日,政协湖南省第二届委员会第一次全体会议召开。廖六如、李鳌、林兆倧、钱南浦、卢惠霖、周世

钊、刘达仁、袁鹤皋、周声汉、廖鹏飞、陈植森、陈新民、董爽秋、唐农阶、朱超、潘世成、蒋昌焕、覃昭茂、马恒儒、李洪谟、胡笃敬、任邦哲、韩罕明、刘寄踪、戚祥麟、徐钰礼、姚舜生、陈敬云、吕瀚璇、邓康南、陈展猷、黎光煦、郑琼、唐晟初、欧阳扶九、李淑一、陈奎生、罗皑岚、陈兴琰、陈青莲、郑家觉41位盟员担任第二届省政协委员,参加会议。会上,周世钊当选为省政协副主席,周世钊、林兆倧、陈新民、卢惠霖、任邦哲、胡笃敬、钱南浦7名盟员当选为省政协常委。任邦哲任省政协副秘书长。

九、贯彻"三以"方针,开展"双献"运动

1958年到1960年的两年多时间里,民盟湖南省委积极贯彻中共中央"以政治为统帅,以社会主义的岗位工作为基地,以实践劳动为基础"的"三以"方针,把服务与改造结合起来,开展了献智献力的"双献"运动。1959年1月,民盟湖南省委成立了民盟湖南省社会主义改造竞赛评比委员会,由周世钊任主任。1959年6月13日至16日,民盟湖南省委召会开全省工作会议,号召全体盟员积极开展和参加"双献"运动。每年盟组织都组织元旦献礼、五一献礼和国庆献礼等多个活动,并先后多次举行"双献"经验交流会议,开展社会主义评比竞赛。

民盟湖南省委会还积极开展对外联络交流。1960年2月1日至14日,民盟湖南省委会联合民盟广东、广西(区)委员会在广州举行组织工作经验和思想收获交流大会,民盟中央主席沈钧儒出席会议。民盟湖南省委会主委周世钊在会上做了题为《高举总路线红旗,积极服务,加强改造,为实现1960年的持续

跃进而努力》的报告。1962年2月11日至19日,民盟湖南省委会又联合民盟湖北、广东、广西(区)委员会在南宁举行中南四省(区)盟员思想收获和工作经验交流大会,参加会议的代表有154人。这些活动,对于推动民盟思想建设和其他各项工作,调动盟员的积极性均起了良好的作用。

十、建言高教科技工作

1953年5月27日至6月8日,民盟一届七中全会(扩大)会议在北京举行。会议在充分讨论当时国家的形势和任务之后,确定了"以参加国家文化教育建设作为盟的中心工作"的方针,实现了民盟的工作重心在新形势下的转移。

根据形势发展要求,民盟湖南省委会积极发动广大盟员参加湖南文化教育建设工作,以高等教育为重点,主要做了三件事:一是发动盟员积极参加教师队伍思想改造,起好模范带头作用;二是在高等院校的院系调整中,发动各大学盟员起带头和保证作用,服从组织调动,克服困难,积极工作;三是在教学改革中,派出盟务干部进行调查研究,与大学的盟员教师一道,结合学校教改工作,开展教学经验座谈会和学术报告会,团结广大教师,做好教改工作。

1962年,中共中央颁发《高教工作条例》《科技工作条例》。民盟湖南省委会为配合两个条例的贯彻实施,举行了高教工作座谈会和科技工作座谈会等一系列专题会议,对两个条例的贯彻实施,提出了许多建设性意见,并写成《高教工作座谈会三十条建议》《科技工作座谈会二十条建议》,受到中共湖南省委和其他有关方面的重视。

1962 年 8 月 28 日至 31 日，民盟湖南省委召开了高教工作座谈会。中南矿冶学院、湖南大学、湖南师范学院、湖南医学院、长沙铁道学院、湖南林学院 6 所高校的盟员专家和盟外学者共 35 人应邀与会。与会盟员专家中，包括陈新民、蒋良俊、白玉衡、石任球等著名教授。会上，大家提出：光有高教工作条例还不够，还必须建立某些必要的规章制度和办事细则；树立良好的尊师风气、读书风气和学术风气，以保证提高教学质量；高等学校的各项规章制度，一方面要体现社会主义制度的根本特点，另一方面也要继承旧大学的一些好办法；要加强培养青年教师，调动教师的积极性。

十一、参加湖南省第三届人民代表大会和政协湖南省委员会三届一次全会

1964 年 9 月 17 日至 22 日，湖南省第三届人民代表大会第一次会议在长沙举行。周世钊、韩罕明、白玉衡、胡笃敬、钱南浦、蒋良俊、胡信德等 22 名盟员作为代表出席会议。会上，民盟湖南省委会主委周世钊再次当选为省人民政府副省长，胡信德、蒋良俊、白玉衡当选为省人民委员会委员。周世钊、曹国智（盟员与中共党员交叉）当选为第三届全国人民代表大会代表。

1964 年 9 月，政协湖南省第三届委员会第一次全体会议召开。任邦哲、罗皑岚、陈青莲、周世钊、曾国琦、陈寅、陈新民、蒋昌焕、陈植森、周声汉、廖鹏飞、刘达仁、黎光煦、郑琼、唐晟初、徐钰礼、欧阳扶九、陈展猷、邓康南、朱超、吕瀚璇、王学膺、蒋惠荪、

覃昭茂、马恒儒、李洪谟、韩罕明、刘寄踪、戚祥麟、潘世宬、唐农阶、董爽秋、郭品文、郑家觉、李鳌、陈奎生、李淑一 37 位盟员担任第二届省政协委员,参加会议。周世钊当选为省政协副主席,周世钊、陈新民、任邦哲、蒋昌煐 4 名盟员当选为省政协常委。任邦哲任省政协副秘书长。

【亲历者说】

参加土改同志来信

张梓敬　　刘培先　　谭　洵

我们经省土改委员会介绍到长沙县委及其土改委转介第四区(黄花区)花园乡工作,以本月 17 日午后到县委及其上委,承白乙明政委及高秘书介绍全县土改工作梗概,并承热情款待。18 日下乡,我们抵黄花区春华山,适逢四、五两区干部开会,总结过去工作并部署两区土改,听了会直政委和刘伯坚同志的报告,19 日奉派来花园乡工作。

现在全县进入第三期工作,以四、五两区为工作地区。四区又以三个乡为重点乡,花园乡系三个重点乡之一,环绕重点乡者为附点乡。在我们这一重点乡中,又以一、二两区(联组)为重点组,三、四、五三个区为附点组,采取由点到组,点面结合的方式,波浪式地开展工作。我们现在重点组(中心指挥点设在花园乡乡政府),边学边做。工作步骤是首先召开乡政府及乡农协委员会、乡农代及小组长会、民兵会、群众大会(农协会员包括在内)等一系列会议,表明来意,初步了解情况,宣传各阶属的基本政策,布置力量,随即转入广泛动员宣传,开展查租退押反破坏斗争。斗争力求避免干部或少数积极分子孤立地对地主斗争,务以个别串联并放手发动雇贫,提高其阶级觉悟,串联一人,推及全家为先决条件。斗争以暴露地主阶级的种种罪恶,表现和启发群众阶级觉悟为中心目的。反对单纯斗果实的做法,次一步骤是划分阶级及微收、没收土地、房屋及果实,最后才是分配土地、果实,总结经验,推广全面。我们现在是在准备做第一步。今日午后即将召开乡政及农协委员会,明日起召开其他会议,在这些大会中间,将穿插召开若干次小会,如教育知识分子会、团员会等。附点组午后即出发至各该附点工作,照样进行,惟不展开斗争,斗争须使重点斗争展开,取得经验以后再搞。我们或者还要迟一二天才发下去,做发动、串联雇贫农的工作。

在各种斗争中,不断整顿、巩固、发展、壮大各种组织,发现并培养、提拔终身劳苦、作风正派的雇贫农到组织里来,树立雇贫农坚强的领导核心,并不断培养、坚定其当家做主的思想,提高其领导威信,巩固其领导地位。大斗争即将到来。我们以极其热烈的心情迎接着。

我们生活得很好,每日两餐,每餐有一大钵菜,并承领导照顾,有床铺睡,其他干部则不一定有床睡,这是使我们不安的。以后,更当求与群众打成一片,借以改造自己的感情和习惯。

(本文系盟员张梓敬、刘培先、谭洵 1950 年 8 月写给民盟湖南省委会机关的信,刊发在内刊《湖南盟讯》1951 年第 1 期)

第三节　思想改造

1951 年 10 月 23 日,毛泽东主席在政协全国委员会一届三次会议开幕词中指出:"思想改造,首先是各种知识分子的思想改造,是我国在各方面彻底实现民主改革和逐步实行工业化的重要条件之一。"1951 年 11 月 11 日至 12 月 1 日,民盟中央在北京召开全国组织宣传工作会议,通过总结民盟的组织宣传工作,推动盟内思想改造运动的开展。1952 年 6 月,民盟湖南省支部召开组织宣传工作会议,会议提出:在"三反"运动的基础上,民盟今后的组织和宣传工作,必须围绕盟员思想改造这一中心环节来进行,必须与思想改造相结合;思想改造的方法主要是通过学习时事政策和理论的方式,在实践中开展批评与自我批评,用马列主义、毛泽东思想武装自己。

一、《湖南盟讯》创刊

1951 年 1 月 28 日,民盟湖南省支部临工委机关刊物《湖南盟讯》正式创刊。在《湖南盟讯》第一期中,发表了题为《贯彻六中全会方针,为发展与巩固民盟而奋斗》的代发刊词。该发刊词指出:"湖南盟的组织,历史短,基础弱,在总部的正确领导,中共湖南省委的指导帮助和全体同志的努力之下,虽然做了一些事情,也有一定的成绩,但和我们的任务比较起来,无疑是非常不相称的。我们必须大力克服迄今存在的各种缺点,争取更多更大的进步,以新的姿态来迎接新的任务!"

《湖南盟讯》的重点是宣传贯彻中共中央、民盟中央的方针、指示,推介湖南民盟各级组织、盟员的工作情况,交流盟务活动的经验。它逐步成为民盟湖南省委会对盟员开展思想政治工作的主要阵地。

该刊起初为四开小刊,不定期出版,有时增加报纸篇幅。1953年,民盟湖南省支部委员会一届二次会议决定成立编辑委员会,设专职编辑。

《湖南盟讯》第一期

1965年,《湖南盟讯》停刊。直到1984年,该刊才复刊。

二、学习和宣传过渡时期的总路线

1953年,中共中央公布了社会主义过渡时期的总路线,湖南民盟各级组织按照民盟中央的部署,采用座谈会、自学、听辅导报告等形式,组织盟员集中学习和讨论,鼓励盟员向群众宣传过渡时期的总路线,使盟员及所联系的知识分子不断提高对过渡时期总路线的认识,明确前进方向。

《湖南盟讯》关于号召盟员贯彻执行国家过渡时期的总
路线的报道

三、联络和帮扶社会知识分子

1956 年 7 月,根据民盟中央联络委员会的指示,民盟湖南省
委和民盟长沙市委(当时合署办公)联合开展社会联系工作。开
始,该联系工作由张鹤皋等负责,10 月,改由丁国泉等专职干部

负责联系。1956 年 7 月，民盟湖南省委和民盟长沙市委联合发出"开展联系社会知识分子工作的通知"，并下发"社会知识分子调查表"，要求盟员填报自己所联系的社会知识分子。民盟湖南省委选择从事或曾经从事文教工作的教授、中小学教员及工程师等 30 人作为联系对象，展开了联络和帮扶社会知识分子工作。

1956 年 8 月 29 日，民盟湖南省委举行联系社会知识分子座谈会。会后，许多社会知识分子找上门来要求联系，民盟湖南省委热情接待他们，为其中的中上层人士填写联系表格。1957 年 1 月，民盟湖南省委又联了 80 多名社会知识分子。截至 1957 年 12 月，民盟湖南省委和民盟长沙市委共联系社会知识分子 124 名。

民盟湖南省委采取学习报告会、时事座谈会等多种形式，组织社会知识分子学习中国现代革命史、中共中央文件以及国际国内形势，还对每个联系对象做家庭访问，向有关方面反映他们的情况和要求。在联系工作中，民盟湖南省委着重提高所联系对象的思想觉悟，同时也帮助解决了部分人的就业问题。

1957 年整风运动和"反右"斗争后，民盟湖南省委的社会联系工作中断，此后再也没有恢复。

四、开展反右派斗争和整风运动

1957 年 4 月 27 日，中共中央发布《关于整风运动的指示》。4 月 30 日，毛泽东亲自邀请各民主党派负责人和无党派民主人士在天安门城楼上召开座谈会，发动大家对共产党提意见。各民主党派响应中国共产党的号召，但是在整风运动的发展过程中,有极少数人对共产党的领导和社会主义制度不满,他们乘机散布一些反对共产党、反对社会主义制度的言论。6月8日,《人民日报》发表社论《这是为什么?》,反右派斗争在全国范围内展开。由于对当时阶级斗争形势的错误估计,反右派斗争严重扩大化。

1957年6月18日,民盟中央召开常委会第十三次紧急扩大会议,做出了《关于全盟开展反右派斗争并开始盟内整风的决定》,决定"立即开始在盟内整风""盟内整风应从中央做起,再由省、市一直到基层,逐步推进,在整风期间,停止发展组织"。反右派斗争就在盟内自上而下地迅速展开。

1957年6月20日,民盟湖南省委和民盟长沙市委联合召开扩大会议。会议认为,民盟中央常委会扩大会议决定在盟内展开反右派斗争并开始盟内整风是正确的。会上,有人对民盟湖南省委秘书长杜迈之的言行进行了批判,认为是右派言行。会议责成杜迈之向盟组织做出彻底的交代和检查。第二天,《新湖南》全文刊登会议发言情况,湖南民盟的反右派斗争从此展开。

1957年8月24日,民盟湖南省委召开全体会议,决定在整风期间,由民盟省委整风领导小组代行民盟省委常委会的职权。9月5日,民盟省委整风领导小组举行会议,决定扩大整风领导小组,成员包括周世钊、王学膺、李鳌、韩罕明、胡笃敬、周衍椒、陈宗麟、李人琢、张鹤皋。召集人为周世钊、王学膺、李鳌,办公室主任由李鳌兼任。

在湖南民盟的反右派斗争中,民盟湖南省委会秘书长杜迈之,民盟长沙市委副主委、长沙市教育局副局长康德被定为"杜康反党联盟"的头目,民盟衡阳市委的屈子健、聂守忠,民盟常德市委的刘文炳,民盟湘潭市委的陈公让,民盟湖南省专职干部丁国泉等人被错打成"杜康反党联盟"的骨干,遭到错误批判。

在省直各单位和各市县,一大批盟员特别是知识分子盟员被打成右派分子。如《新湖南》的编辑唐荫荪,被扣上"民盟派在党报中的坐探""党外同人报右派集团首领"的罪名,成为该报社的第一个右派分子。

1958年1月26日,民盟中央举行第十七次常委会(扩大)会议,决定对民盟中央委员、候补中央委员中划为右派分子的59人做出处理;并通过了《关于在全盟开展一般整风运动的通知》,要求"立即开展一般整风运动,以扩大反右派斗争的战果,使本盟的根本改造和成员的政治立场改造,更向前推进一步"。4月23日,民盟中央发出通知,号召全盟开展"向党交心"活动。各地民盟组织掀起了"向党交心"高潮。

1957年12月8日,民盟湖南省委整风领导小组召开全省整风工作会议,按照民盟中央的要求,部署盟内整风,集中进行一次自我教育,使盟员基本上转变政治立场;使民盟组织从一个资产阶级性质的政党转变成为社会主义服务的政治力量。

1958年12月底,湖南民盟整风基本结束。1959年2月民盟湖南省委给民盟中央的反右情况总结报告称,全省1 248名盟员中,有314名被民盟组织或其工作单位划为右派分子。"反右派斗争"的严重扩大化,伤害了许多盟员和民盟各级组织负责人,也损害了民盟在社会上的声誉。

在开展整风运动的同时,湖南各高等院校在知识分子中开

《湖南盟讯》关于"反右"的有关报道

展"向党交心""插红旗、拔白旗"运动。许多盟员又一次受到了冲击。一批有真才实学的专家、教授,被批成"教学不为政治服务""散布资产阶级思想、模糊阶级斗争""政治上反党反社会主义"的"白专道路"典型。

五、举行"神仙会",开展形势教育

从 1960 年开始,民盟湖南省委在各级组织推广"神仙会"进行自我教育,实行"三自三不",即"自己提出问题,自己分析问题,自己解决问题,不抓辫子,不戴帽子,不打棍子",鼓励盟员敞开思想,自由辩论。这对于开展盟员思想教育,帮助盟员正确对待经济生活的暂时性困难,调动盟员的积极性,都产生了良好的效果。

1960 年,中共中央纠正"左倾"错误,贯彻统战政策,提出在党外人士中要"采取和风细雨"的方式,进行国内形势教育,使民主党派成员和广大知识分子能心情舒畅,畅所欲言,以调动他们为社会主义服务的积极性。民盟湖南省委和各市委召开了 12 次大型的"神仙会",各地民盟基层组织还召开小型、定期或不定期的系列神仙会,进行国内外形势教育。"神仙会"对消除民盟成员普遍存在的思想顾虑,调动盟员为社会主义服务的积极性,帮助盟员提高信心,克服三年暂时困难,起到了良好的作用。

六、开展"三个主义"思想教育

1962 年至 1963 年,湖南民盟各级组织按照民盟中央的指示,推动盟员贯彻中共八届十中全会精神,学习马列主义和毛泽东思想,开展一次爱国主义、国际主义和社会主义的思想教育活动(简称"三个主义"思想教育)。1963 年 8 月 24 日至 26 日,民盟湖南省委和民盟长沙市委举行联席扩大会议,专题研究推动"三个主义"思想教育活动。会议要求:盟员在思想改造过程中必须坚持阶级斗争的观点，以毛泽东思想为指导，通过社会实践和业务实践更好地为社会主义服务，把服务与思想改造结合起来，过好社会主义关。

1963年10月，民盟广东、广西、湖北、湖南四省（区）盟员思想收获和工作经验交流会筹备会议在长沙举行。会后，民盟湖南省委会主委周世钊与会议代表一起参观了韶山毛泽东故居。

"三个主义"思想教育活动坚持了3年。1965年春，在"左倾"思潮的影响下，又展开了批判所谓统战工作中的"投降主义""修正主义"以及检查所谓阶级斗争"大反复"活动。

七、"文化大革命"期间周世钊"进谏"毛泽东

1966年"文化大革命"开始后，湖南民盟各级组织先后被迫停止活动，名存实亡。

在此期间民盟湖南省委会主委周世钊也被红卫兵抄家，身心受到摧残。他对许多问题不能理解，对许多做法存有疑虑。1966年7月间，他致函毛泽东，要求"面谏"。毛泽东复函称："不必来京，事情可以合理解决。"

1972年，"文化大革命"势头不减。周世钊毅然赴京，10月2日见到毛泽东时，周世钊谏陈三个小时，最后面交了一封长信。全信近4 000字，从8个方面提出了自己的建议。该信提出：

——林陈黑帮利用"文化大革命"运动，背着主席，排挤异己，扩大黑帮。很多水平高、能力好、有斗争历史、有工作经验而又忠于职守、卓著成绩的党内和党外的老干部被他

们假借各种名义以残酷斗争、无情打击，扣薪降职者有之，遣送回籍者有之，至今仍有很多人不得平反，不予复职，造成各方面工作的困难，损失极大。亟应进一步贯彻您的指示，落实干部政策，并由中央组织检查团分赴各省市进行检查。

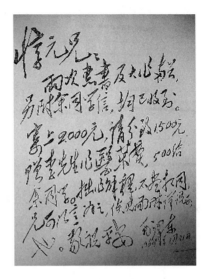

1964年，毛泽东致周世钊的信

——林陈为了破坏主席的知识分子政策，对文化界、教育界、科技人员、医务人员、各类大小知识分子都加以臭字的谥号……统统称为臭知识分子。一些年龄稍大、家庭出身较差，而工作经验、教学经验都较好，文化水平专业水平都较高的人常被斥为反动学术权威、反动资产阶级知识分子，强令其退职退休，用一切办法排遣出去……

——主席素来特别重视青年培养教育问题，但经林贼的阴谋破坏，共青团、少先队等组织完全瘫痪。学校教师、工厂干部对管教青年学生、青年徒工也大大放松。下乡上山的青年学生，社队也不重视思想教育工作，差不多可以说，广大青年处于很少有人管教的状态。……窃为以共青团、少先队的工作应该恢复，并提高质量。

——窃以为理工科大学要特别重视提高教学质量……

文科大学中是否指定几个有条件的设置历史研究所（或单独设立），招收大学毕业生中文史学习比较有基础的入学，用适当长点的时间，研读古今文史名著。章学诚谓：六经皆史。……目前能胜任这种研究所教师的老人已不多，再过几年将更难物色。因此能早为之，便利较多。至于近代史和世界史当然也更为重要。

——青年工人、农民和学生除政治理论外没有更多的书可读。窃以为"五四"以来一些比较好的书可以经过审查开放一部分，同时文教领导部门应组织力量编写新的读物，凡革命斗争故事，革命先进人物，战斗英雄，劳动模范，革命知识分子，好的村史、家史和一切好人好事，都应以生动浅显和笔端带感情的文字写出来。历史上的民族英雄、农民革命的英杰，一切好的发明家、工程技术人员、艺术家、哲学家、文学家、科学家、医药家、教育家也可以一分为二地写出具有教育作用的部分……另外，还应编写一些有关农业基础知识、工业基础知识、气象常识、史地常识等等自然科学和社会科学常识读本，以提高读者的文化科学知识。

——我们看到一些基层干部除以私人关系开后门的作风颇为严重之外，又每每以派性和私隙作祟，借机会报复、打击别人，也由于官僚主义作风严重，对于应该处理的群众提出的要求，搁置不予处理，以种种借口把提出要求的人推出门了事。……窃以为中央和省市可考虑设置这类报告或控诉的机关，负责对所提问题深入调查，做出结论，经过有关上级的审核批示解决问题。

这年国庆节,毛泽东在天安门城楼上接见了周世钊和王季范。谈到统战工作问题时,毛泽东表示:"再过一个时候,统战工作要恢复,政协工作要恢复,民主党派工作也要恢复。因为统战工作不仅过去是我们党的三大法宝,而且现在和将来永远是我们党的三大法宝。"周世钊不无忧虑地说:"还恢复它干什么啊!现在庙也没有了,和尚也没有了,也没有人去烧香了。"毛泽东回答:"庙可以重修嘛,我出香火钱。"(《毛泽东和周世钊的交往》,《中国统一战线》2002 年第 2 期,第 38 页)

在当时的政治气候中,周世钊如此大胆进谏,把矛头指向"文化大革命",这是需要极大的勇气的,这充分体现了民盟人追求真理、心忧天下的优良传统。

1974 年四五月间,周世钊在北京医院住院治病。毛泽东曾决定约见周世钊。后来,周世钊在给其亲属的信中写道:"因为得到通知,暂时没有时间接见,决定早点回家。"后因毛泽东身体欠佳,这次约见没有实现。1975 年 10 月,周世钊再次住进北京医院,起初被安排在二层。毛泽东曾派他的保健医生前去诊治,保健医生回到中南海后向毛泽东做了汇报,告知周世钊病情较重,于是毛泽东嘱其安排周世钊住进北京医院三层高级领导人病室(316 室)。1976 年初,周世钊病稍愈返湘。数天后,周世钊又因病住进湖南医学院附属第二医院。此时,他重病缠身,但仍在思考国家大事,多次说过要给毛泽东写一封长信。由于身体状况严重恶化,他只给毛泽东写了一封短信。4 月 20 日凌晨,周世钊病逝。4 月 26 日下午,周世钊追悼会在长沙举行,时任全国人大常委会委员长朱德、国务院总理华国锋等送了花圈。当日,新华社公开发表了周世钊病逝的电讯通稿。次日,《人民日报》和中央人民广播电台等各大媒体刊播了有关消息。

在"文化大革命"期间,广大盟员仍然坚信中国共产党的领导,没有动摇坚持走社会主义道路的决心。

第三章

恢复省级组织，服务"四个现代化"建设

（1977—1989）

1977 年 10 月,中共中央统战部向各民主党派传达了党中央关于各民主党派、工商联恢复活动的指示。是年冬,各民主党派中央临时领导小组成立,着手恢复中央和地方组织。

　　1979 年 6 月和 10 月,邓小平在政协全国委员会五届二次会议和全国政协、中央统战部招待会上,分别做了《新时期的统一战线和人民政协的任务》以及《各民主党派和工商联是为社会主义服务的政治力量》的重要讲话,提出"在中国共产党的领导下,实行多党派的合作,这是我国具体历史条件和现实条件所决定的,也是我国政治制度中的一个特点和优点",为新时期中共领导的多党合作事业奠定了新的理论基础。

　　1982 年 9 月,中共十二大报告把"长期共存,互相监督,肝胆相照,荣辱与共"作为新时期多党合作的基本方针和处理中共同民主党派关系的基本原则。至此,"八字方针"发展为"十六字方针"。

　　1987 年 10 月,中共十三大正式提出了"共产党领导下的多党合作和政治协商制度"这一概念,并且把完善这个制度作为政治体制改革的一项重要内容。

第一节 全面恢复组织活动

1977 年 10 月 18 日,中共中央关于各民主党派、工商联恢复活动的指示下达后,民盟中央随即酝酿成立了临时领导小组。1978 年 10 月至 1979 年 3 月,民盟中央临时领导小组先后在上海、广州、天津召开了华东六省(市)、中南六省(区)、西南五省(区)以及华北、东北、西北十一省(市、区)盟务工作座谈会,交换情况和意见,总结经验教训,研究了民盟基层工作的恢复及如何在新形势下把民盟工作的着重点转移到服务"四化"建设上来。多党合作事业和民盟工作终于迎来了新的春天。

一、民盟湖南省委临时领导小组成立

在中共湖南省委的重视和领导下,1977 年 11 月,民盟湖南省委临时领导小组成立。卢惠霖任组长,胡笃敬、蒋良俊、韩罕明为小组成员。随即,长沙、衡阳、湘潭、邵阳、常德相继成立了民盟市委临时领导小组。1980 年,民盟湖南省委机关从临时办公地点搬到长沙市彭家井巷 32 号。

1979 年 3 月 14 日至 17 日,民盟湖南省和长沙市临时领导小组全体成员,原民盟省委委员,长沙市委常委以及衡阳、湘潭、邵阳、常德等地的盟组织负责人和长沙大专院校、中小学盟组织负责人共 61 人在湘江宾馆举行了湖南民盟工作会议。会议学习了中共十一届三中全会公报,传达了民盟中南、西南八省区盟务座

1980年，民盟湖南省委机关工作人员在新办公区留影

谈会精神，会议提出，要全面肃清极"左"影响，把民盟的工作重点转移到社会主义现代化建设上来。

民盟湖南省委临时领导小组成立以后，迅速开展工作，医治长期以来极"左"路线造成的创伤，使湖南民盟组织很快恢复了生机。民盟湖南省委，一是对全省现有民盟组织和盟员情况进行调查摸底，并以湖南师范学院民盟支部为试点，进行基层组织的整顿和恢复工作，短短两年多时间里，恢复和建立64个支部和直属小组，全省盟员恢复到945人；二是积极开展形势教育，发动和召集盟员学习中共十一届三中、四中全会以及全国人大、全国政协会议精神，开展统一战线再教育，号召盟员"团结一致向前看"，同时讨论和研究在新形势下湖南民盟各级组织和广大成员如何实现工作重点转移的问题；三是积极落实中共中央和国家政策，推动盟员重返国家的政治生活，纠正冤、假、错案；四是举办学术讲座，以实际行动推动广大盟员把工作转移到服务"四化"建设上来。

二、民盟湖南省第六次代表大会

1979 年 10 月 11 日至 22 日,民盟第四次全国代表大会在北京召开,大会强调要把民盟的工作重点转移到为"四个现代化"服务上来。这次大会标志着民盟进入一个新的发展阶段。湖南民盟 11 位代表出席了会议。

1980 年 2 月 4 日至 9 日,民盟湖南省第六次代表大会在长沙召开。与会代表 130 人,代表全省 950 名盟员。这是湖南民盟经过"文化大革命"后恢复组织活动以来召开的第一次代表大会。大会审议通过了卢惠霖代表民盟湖南省委临时领导小组所做的工作报告,传达学习了民盟第四次全国代表大会精神和湖南省五届人大二次会议、政协湖南省委员会四届三次会议精神。大会根据民盟四大的精神,结合湖南民盟的具体情况,提出如下几项任务:积极动员盟员和所联系的知识分子为现代化建设贡

湖南民盟参加民盟第四次全国代表大会代表在北京火车站合影

献力量;贯彻"长期共存,互相监督"的方针,积极参加政治生活,为发扬社会主义民主做出贡献;推动成员学习马列主义、毛泽东思想,在改造客观世界的同时,不断地改造主观世界;扩大团结面,广泛团结爱国知识分子;继续整顿组织,适当发展组织,充实干部队伍。大会号召全省盟员,在民盟中央和中共湖南省委的领导下,坚持四项基本原则,维护安定团结的政治局面,认真贯彻中共十一届三中全会"解放思想,开动机器,实事求是,团结一致向前看"的方针,统一思想,整齐步伐,同心同德,鼓足干劲,力争上游,为把我国建设成为一个具有现代农业、现代工业、现代国防、现代科学技术的社会主义强国而奋斗,为台湾早日回归祖国,完成祖国统一大业而奋斗。

大会选举产生了民盟湖南省第六届委员会。卢惠霖当选为主委,蒋良俊、魏猛克、韩罕明、胡笃敬当选为副主委。32 人任委员,其中常务委员 12 人,另有 3 人任候补委员。

三、民盟湖南省第七次代表大会

1983 年 12 月 14 日至 25 日,民盟第五次全国代表大会在北京举行。会议所确定的今后民盟的任务和方针是:在总结全盟实践经验的基础上,进一步贯彻中共十二大精神,开创民盟工作的新局面,为实现以经济建设为中心的 80 年代三大任务,做出新的更大的贡献。这次大会标志着民盟开始实施以经济建设为中心的工作重心转移,进入新的历史时期。

1984 年 2 月 11 日至 17 日,民盟湖南省第七次代表大会在长沙召开,与会代表 150 人,代表全省 1 547 名盟员。大会学习了中国共产党第十二次全国代表大会精神和民盟第五次全国代表大会精神,审议并通过了蒋良俊代表民盟湖南省第六届委员会所做的题为《团结起来,遵循中共十二大路线,深入贯彻民盟五大精神,为开创湖南民盟工作新局面而共同努力》的工作报告。大会所确定的以后五年的工作任务是:坚持四项基本原则,遵循"长期共存,互相监督,肝胆相照,荣辱与共"的方针,在国家政治生活中继续发挥积极作用;做建设社会主义精神文明的促进派,自觉抵制和清除精神污染;积极参与智力开发、咨询服务和智力支边;加强民盟的思想建设工作;加强民盟组织建设。大会号召湖南民盟各级组织和全体盟员更加紧密地团结在中共中央周围,沿着中共十二大指引的方向,贯彻民盟五大精神,坚持四项基本原则,高举爱国旗帜,为进一步全面开创我省民盟工作新局面,为完成80年代三大任务,为在20世纪把我国建设成为社会主义"四个现代化"强国而努力奋斗。

大会选举产生了民盟湖南省第七届委员会。陈新民当选为主委,蒋良俊、杜迈之、胡笃敬、王振华当选为副主委。46人任省委委员,其中常务委员15人。

1987年4月24日,民盟湖南省代表会议增选陈常铭等8人为省委委员;25日,民盟湖南省委七届七次全会增选王步标、秦本杰、李慰萱、曹曾祝、董来炜为常务委员,增选曹曾祝、李慰萱为副主委。

四、民盟湖南省第八次代表大会

1988年3月8日至12日,民盟湖南省第八次代表大会在长沙召开,出席代表162人,代表全省2822名盟员。大会学习了中国共产党第十三次全国代表大会精神,审议并通过了王振华代表民盟湖南省第七届委员会所做的《在中共十三大精神指引下,为进一步开创湖南民盟工作的新局面而奋斗》的工作报告。大会所确定的今后五年的工作任务是:以经济建设为中心,坚持四项基本原则,紧密结合改革开放的实际需要,进一步贯彻"长期共存,互相监督,肝胆相照,荣辱与共"的方针,积极参加政治协商、民主监督,更好地发挥民盟的政党作用;加强自身的组织建设和思想建设,健全机关制度,加强基层工作;继续积极参加两个文明建设,做好"三胞"联谊工作;认真筹备"长江荆江段和洞庭湖地区综合治理第二次学术讨论会",积极参加费孝通主席倡导的"小城镇和新型城乡关系学术讨论会"等各项工作,进一步开创民盟工作新局面,迎接民盟第六次全国代表大会的召开。

大会选举产生了民盟湖南省第八届委员会。陈新民再次当选为主委,王振华、曹曾祝(专职)、李慰萱、陈寅当选为副主委,杨国勋被任命为代理秘书长。49人任省委委员,其中常务委员17人。

民盟湖南省委员会从第八届起设立顾问委员会,王石波等20人担任顾问(第十次代表大会决议决定,不再设顾问委员会,也不再设顾问)。

五、民盟组织稳步发展

"文化大革命"前夕,湖南共有盟员974人。在"文化大革命"中,湖南民盟各级组织被迫停止活动,大批盟员遭受批斗和迫害。民盟湖南省委临时领导小组成立以后,即着手恢复、整顿原有基层组织。到1982年2月召开民盟湖南省第六次代表大会时,全省有基层组织64个,有盟员945人。大会决定,坚持以文教界(着重于高等院校)人士为主,以中上层为主,以大中城市为主的原则,发展组织;吸收新盟员要注重质量,坚持"四项基本原则",不让"三种人"(即跟随林彪、江青一伙造反起家的人,帮派思想严重的人,打砸抢分子、严重违法犯罪分子和被共产党清除出去的人)混进民盟组织。到1981年12月底,全省共吸纳新盟员117人。

1983年12月,民盟第五次全国代表大会通过新的《中国民主同盟章程》。此后,湖南民盟各级组织按照稳步发展与巩固相结合的原则,更加注重吸收中上层知识分子,重视提高盟员素质,注重盟员的界别分布以及年龄结构,全省盟员面貌焕然一新,成为服务"四个现代化"建设的一支生力军。

1978年至1988年,湖南先后新建了民盟岳阳市委会、民盟株洲市委会、民盟益阳市委会、民盟湘西自治州委会4个市级组织。至1989年12月,全省共有民盟长沙、衡阳、湘潭、常德、邵阳、岳阳、株洲、益阳市委和湘西自治州委9个市级组织,基层支部160个,直属小组7个,盟员3 396人。其中高教界占23.9%,普教界占42.1%,科学技术界占10.4%,医药卫生界6.0%,文化艺术界占4.5%,政府机关占4.8%,公有制经济界占4.0%,民主党派机关占1.6%,法律界占0.9%,民营企业界占0.4%,新闻出版界占0.3%,群众团体占0.1%,平均年龄53.08岁。

第二节　协助政府落实知识分子政策

1978 年 11 月,中共中央组织部发出《关于落实党的知识分子政策的几点意见》。12 月 28 日,民盟中央成立落实政策小组与办公室。随着"四化"建设的发展,知识分子问题日益突出。1982 年 1 月 30 日,中共中央发出《关于检查一次知识分子工作的通知》。2 月 17 日,民盟中央举行四届八次常委会议,决定把协助政府做好贯彻落实知识分子政策的工作列为民盟的工作重点之一。会议还决定成立以楚图南为组长的"知识分子工作研究小组"。

一、协助改正错划右派分子

1957 年反右派斗争严重扩大化,民盟首当其冲,湖南民盟中有 314 名盟员被错划为右派分子,11 人被划为反革命分子。这些错划为右派分子的盟员经各级中共党委复查,绝大部分予以改正。1979 年 4 月,民盟湖南省委临时领导小组宣布,撤销对已经批准改正的盟员曾经所做的盟纪处分,恢复其政治名誉。民盟湖南省委临时领导小组向上述盟员逐个发函,鼓励他们"团结一致,振奋精神,努力工作,为加速社会主义现代化建设做出新贡献"。1980 年 4 月 10 日,民盟中央发文,宣布撤销 1958 年 1 月对时任民盟中央委员陈新民的盟纪处分。1980 年 7 月 15 日,民盟湖南省委临时领导小组召开常委会议,宣布为罗典熙等 61 名

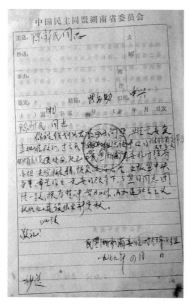

民盟湖南省委临时领导小组关于撤销对陈新民处分的通知

曾被开除盟籍的盟员恢复盟籍。1980 年 10 月 12 日,民盟湖南省委临时领导小组召开第二次常委会议,宣布撤销对屈子健等 10 名错划为右派分子的盟员曾经所做的盟纪处分,恢复其名誉。

1979 年 4 月到 1984 年,湖南民盟各级组织共协助各单位改正错划右派分子 314 人;得到改正的盟员均被撤销了在盟内所受的纪律处分,政治上得以平反,心情愉快地为"四个现代化"服务。

二、协助落实知识分子政策

1982 年到 1986 年,民盟湖南省委成立了落实知识分子政策调查研究小组,协助中共各级组织落实知识分子政策,开展拨乱反正,平反冤、假、错案工作。他们 5 年内共接待上访 403 人次,与各有关单位联系 526 次,转出书面材料 205 件,召开调查会 30 多次,调查盟员 345 人,调查所联系的知识分子 74 人,了解到要求解决的问题 247 个,先后为 200 多人落实政策,还协助 100 多人解决了住房分配及搬迁、工资调整、夫妻分居等问题。其中他们重点解决了影响较大的原民盟攸县分部盟员待遇问题、原民主报社工作人员离休待遇问题。

由民盟湖南省支部委员会主办的《民主报》于1949年8月7日创刊,1950年12月7日停刊。在民主报社工作过的100余人,其待遇比当时的供给制还低。1978年以后,根据有关文件规定,在民主报社工作的同志(指1949年9月30日以前参加工作的29人),可以享受离休待遇,民盟湖南省委经过反复核查和确认,为原在民主报社工作过的有关同志出具证明,使他们得以办理离休手续,享受到应有的待遇。

三、妥善解决"两教授上书事件"

1982年,民盟湖南省委根据民盟中央的指示,成立"中共知识分子政策落实调查组",于5月10日至21日在湖南大学进行了细致的调查,调查认为湖南大学在改正错划右派分子(27人全部得以改正,受牵连的13人被平反)、教师职称评定、住宅、夫妻两地分居以及子女就业等方面,为知识分子政策的落实作了不少工作。调查还发现湖南大学在对待教师兼课、著书获取报酬方面存在"左倾"的错误做法。民盟湖南省委把调查情况向民盟中央、政协湖南省委员会、中共湖南省委统战部做了汇报,引起各方面的关注,扭转了湖南大学的"左倾"错误。

在民盟湖南省委协助湖南大学落实知识分子政策的过程中,发生了著名的"两教授上书事件"。

1982年5月,民盟湖南省委以主委陈新民为组长的调查组到湖南大学调查知识分子政策落实情况,得到民盟湖南大学支部的密切配合。6月,民盟湖南省委将调查报告上报民盟中央、中共湖南省委统战部和湖南省政协领导。在湖南省政协常委会议上，担任常委的盟员们关于湖南大学问题的发言引起激烈争辩。7月，湖南省政协派调查组到湖南大学调查，民盟湖南省委派人参加，进一步了解到该校在落实知识分子政策过程中存在的问题，建议中共湖南省委和该校主管部门机械工业部采取措施加以解决。12月，民盟中央召开落实知识分子政策调查汇报会，民盟湖南省委代表关于湖南大学有关问题的汇报，再次引起民盟中央和中共中央统战部等有关部门的重视。

1983年1月，《人民日报》《光明日报》专门派记者到湖南大学采访，时任湖南省政协委员、民盟湖南省委会委员、民盟湖南大学支部主委的石任球和该校农工民主党党员彭肇藩联合写信，反映情况。2月23日，《光明日报》发表了《湖南大学"左倾"思想至今没有认真清理》的报道；2月24日，《人民日报》在头版显著位置上以《湖南大学知识分子政策远未落实》为题，刊登了石任球教授、彭肇藩副教授的来信和题为《落实知识分子政策还要做很多工作》的社论。同日，中央人民广播电台播发该信和社论。一石激起千层浪，知识分子政策落实问题引起了党政领导和社会各界的强烈关注。中共湖南省委书记毛致用在接受记者采访时表示，发表两教授的来信，不仅对推动湖南大学清理"左倾"思想是件大好事，对全省落实知识分子政策也是一个很大的促进。国家机械工业部党组做出决定，责成湖南大学肃清"左倾"思想影响，认真落实知识分子政策，处理遗留问题。中共中央派驻湖南机构改革工作组组长刘雪初在中共湖南省委领导陪同下，专程到湖南大学石任球教授家访问，并与石任球、彭肇藩等一起座谈,听取意见。中共湖南省委专门成立了检查落实知识分子政策办公室,向湖南大学和省内其他高校派出工作组,推动了全省知识分子政策的落实工作。

1983 年 2 月 24 日,《人民日报》刊载石任球来信,震动全国

1984 年 3 月,《人民日报》再次发文总结和肯定了石任球等人的公开信对知识分子政策落实工作的推动作用。事过多年之后,胡耀邦同志回到湖南,时任湖南省政协副主席的杨第甫与胡耀邦同志谈起了"两教授上书"事件。杨第甫说:"1983 年,湖南大学落实知识分子政策,我们省政协写的调查报告由于得到你的支持,不仅推动了湖南省委落实知识分子政策的工作,也推动了全国。当时湖南大学的教授石任球、彭肇藩在《人民日报》上发表一封公开信,反映湖南大学落实知识分子政策情况,影响了全国各大学,有些教授写信鼓励和慰问他们,说是替他们说出了要说的话。石、彭两教授接到各地大学教授的信件数以百计。"

耀邦同志说:"我们就是要尊重知识,尊重人才。几十年来,在'左'的路线干扰下,知识分子受迫害,我们有责任为他们平反,使知识分子充分发挥他们的学识和才干,为建设社会主义祖国服务。"

2009 年,湖南省开展新中国成立 60 周年湖南统一战线"十大事件""十大人物"评选活动,"党外人士致信《人民日报》推动知识分子政策落实"(即"两教授上书事件")被列入候选事件。

【亲历者说】

湖南大学落实知识分子政策经过

张禹勤

根据中共十一届三中全会拨乱反正的精神,1982 年民盟中央要求各级组织调查知识分子政策落实情况,据此,当时民盟湖南省委会常务副主委杜迈之率领工作组于 5 月 10 日去湖南大学进行调查。从调查中工作组了解到湖南大学落实政策还存在一些问题,特别是该校把教育部明文规定的教师兼课问题,列为该校经济领域阶级斗争的十大表现之一加以登记检查。这一做法,引起了教师们的强烈不满。

在 7 月的政协湖南省常委扩大会上,民盟湖南省委会常委杜迈之、谢世澂在小组和大会发言时指出,把教师兼课列为阶级斗争的一种表现的做法是不妥的。他的发言引起了两方的争论,一方以湖南大学前党委书记、校长为代表,另一方则是各民主党派负责人和多数常委,争论异常激烈。

中共湖南省委书记、省政协主席周里同志对此事十分重视，省政协常务副主席杨第甫同志带领了一个由各民主党派负责人和有关人员参加的代表性广泛的调查组去湖大调查。这次调查从党内、党外，教师、职工，正面、反面进行了解。应该说，这次调查是比较客观的，实事求是的。我有幸参加了这次调查，并与省委统战部党派处负责人邱裕钧同志一道访问了湖大民主党派负责人和成员，如民盟湖大支部主委石任球同志、农工湖大支部主委彭肇藩同志等，广泛听取了意见。这次调查使民盟更加了解了情况。

政协调查之后，省文教办某负责人也组织了一批人到湖大进行调查。在 12 月举行的政协常委会上，这位负责人居然公开指责："政协对湖大的调查有 85% 的水分。"许多常委批评了文教办这位负责人的错误意见。于是这个问题再次引起了争论。两种看法两次争论到底谁是谁非？湖大落实政策到底有无问题？这个问题还有待进一步解决。

1982 年 12 月，民盟中央召开了落实知识分子政策汇报会，由各省、市、自治区民盟秘书长参加。这个会不过 30 人，却引起了党中央有关部门的高度重视，中共中央组织部、宣传部、统战部各派了一位或几位同志来听取情况，《人民日报》《光明日报》和《中国日报》(英文版) 都派记者参加，民盟中央主席、在京副主席和部分常委出席这个会议。当汇报湖南情况时，我扼要汇报了杜迈之在政协湖南省常委会的发言以及由此而引起的对湖南大学落实政策的两种观点和两次争论的情况，民盟中央领导李文宜、千家驹都肯定了湖南这一工作做得好。民盟中央当时的秘书长叶笃义说:"杜迈之立了一功。"

1983 年 1 月的一天,《光明日报》派杨智翰、张祖璜等 3 位同志持民盟中央介绍信,来湖南向我说明:《光明日报》总编辑收到了高天(民盟中央常务副主席)转来你们汇报的湖大落实政策的材料,我们是来湖南了解情况的。

10 多天之后,杨智翰等 3 位同志再次到民盟机关告诉我:"我们在湖大调查的内容与你们的基本相同,我们掌握的情况与你们的基本相同,我们的观点与你们的基本相同。"我问他今后怎么办,他说还要回报社研究,大概有两种处理办法,一种是小搞,以读者来信方式加以披露,另一种是大搞,以头版头条新闻发表。

1983 年 2 月 23 日和 24 日两天,《光明日报》《人民日报》分别以头条新闻在重要位置发表了石任球、彭肇藩两教授的公开信,标题是:《湖南大学"左倾"思想至今没有认真清理》和《湖南大学知识分子政策远未落实》。这一报道,为政协的争论做了很好的结论。

《光明日报》《人民日报》的文章发表以后,湖大广大教职工,奔走相告。湖大党委进一步落实了知识分子政策,解决了很多过去没有解决或没有解决好的问题,极大地调动了知识分子的积极性。中共湖南省委成立了以组织部副部长柏原为首的检查落实政策小组,对各高等院校及有关单位进行了检查推动。湖大落实政策的工作推动了全省落实政策的工作。

在湖大落实政策的过程中,石任球、彭肇藩两教授敢于仗义执言,敢于反映情况,敢于提出批评建议,他们还能顶着压力向《人民日报》和《光明日报》写信,他们在湖大落实政策中起了很大的作用,赢得了大家的尊敬。山西、黑龙江等省的一些教授,写信向他们表示慰问和敬意。

湖大落实政策的过程是一个政协、民主党派相互配合,发挥政治协商,民主监督作用的过程。对政协在这一工作中的作用,人们至今仍在交口称颂。

(本文选自《湖南文史增刊》,1990年12月出版)

第三节　重新在国家政治
生活中发挥作用

中共十一届三中全会以后,统战工作拨乱反正,重新焕发了活力,并且顺应新形势的发展需要,得到了进一步加强。1980年2月12日,在民盟中央、民盟北京市委联合举行的"迎春茶话会"上,中共中央政治局委员、组织部部长胡耀邦在肯定了民盟的光荣革命传统、知识优势和作风正直、诚实之后,鼓励民盟同志要"敢字当头,敢于反映情况,敢于提意见,敢于抓工作,敢于帮助我们共产党纠正缺点",鼓励民盟积极参政议政,和中国共产党合作,一起把国家的事办好。他的讲话使全盟受到极大的鼓舞。1982年1月,时任中共中央主席(中共十二大后改称总书记)的胡耀邦在当年全国统战工作会议上又把"长期共存,互相监督"的多党合作方针,扩充为"长期共存,互相监督,肝胆相照,荣辱与共"。同年9月,"长期共存,互相监督,肝胆相照,荣辱与共"

作为多党合作方针被写进中共十二大报告。这一切，表明了中国共产党领导的多党合作不仅得到了恢复，而且进入了一个崭新的时期。

民盟湖南省委在中共湖南省委的领导下，迅速重返国家政治生活舞台，为促进湖南"四个现代化"建设发挥作用。民盟湖南省委主要领导应邀参加中共湖南省委、省人民政府和中共湖南省委统战部召开的民主协商会、座谈会、情况通报会，就国家和地方的大政方针、人事安排以及改革开放振兴湖南经济等重大问题提出意见和建议。担任各级人大、政协职务的盟员认真履职，参与政治协商，积极建言献策；担任各级政府、司法部门实职以及担任特约监督职务、省人民政府参事室参事、省文史馆馆员的盟员，勤奋工作，忠于职守，积极参与国家事务的管理。

一、当选各级人大代表，参与国家和地方大政

1978 年至 1989 年，湖南盟员中有 50 人次担任全国和省级人大代表。其中，担任全国人大代表的有 8 人次，担任省人大代表的有 42 人次。

1978 年 2 月，卢惠霖当选为第五届全国人大代表；1983 年 6 月，卢惠霖、陈寅、蒋良俊、杨应修、彭燕郊（1985 年在反资产阶级自由化运动中被撤销代表资格）当选为第六届全国人大代表；1988 年 4 月，陈寅、肖端林、董来炜当选为第七届全国人大代表。

1977 年 11 月，卢惠霖、蒋良俊、胡信德等 15 名盟员当选为湖南省第五届人民代表大会代表，陈新民、胡信德当选为省人大常委，陈新民当选为省人大常委会副主任。

湖南省五届人大部分盟员代表合影。图中前排左三为陈新民、后排左四为魏猛克、后排右四为蒋良俊

1983年4月,胡笃敬、蓝肇祺、陈志恪等16名盟员当选为湖南省第六届人民代表大会代表,陈新民再次当选为省人大常委会副主任。

1988年元月,陈新民、张作功、陈志恪等11名盟员当选为湖南省第七届人民代表大会代表,陈新民第三次当选为省人大常委会副主任。

二、担任各级政协委员,积极建言献策

1978年至1988年,湖南盟员中有186人次担任全国和省政协委员。其中,担任全国政协委员的有5人次,担任省政协委员的有181人次。

1978年2月,陈新民、董爽秋、袁鹤皋担任第五届全国政协委员;1983年6月,陈新民担任第六届全国政协委员;1988年4月,陈新民担任第七届全国政协委员。

1977 年 11 月,韩罕明、任邦哲、蒋昌煐、周声汉、徐家齐、杨卓然、陈宗麟、罗则尧等 32 名盟员担任政协湖南省第四届委员会委员,后增补杜迈之、石任球、彭燕郊、戴惠静、任长龄等 25 名盟员为委员。陈新民、卢惠霖、杜迈之、任邦哲、蒋昌煐、周声汉、黎光煦、袁鹤皋、屈子健、赵天从、谢世澂、胡为柏 12 名盟员当选为常务委员,陈新民、卢惠霖当选为省政协副主席。杜迈之任省政协副秘书长。

1983 年 4 月,游孟高、盛承师、郑仲皋等 68 名盟员担任政协湖南省第五届委员会委员。后增补萧艾、刘湘陵、衷仁保、金庆达、杨明清 5 名盟员为省政协委员。卢惠霖、韩罕明、胡笃敬、杜迈之、李鳌、石任球、王振华、黎光煦、王恢端、曾令衡、赵天从、谢世澂、周秉钧、见百熙、蒋昌煐 15 名盟员当选为省政协常委,卢惠霖当选为省政协副主席。杜迈之、李鳌任省政协副秘书长。

1988 年 1 月,王振华、王影、丁时祺等 50 名盟员担任政协湖南省第六届委员会委员,后增补杨国勋为委员。王振华、李鳌、李慰萱、胡笃敬、曹曾祝、蒋良俊、萧艾、王步标、华永庄、陈永密、曾令衡、熊范伍 12 名盟员当选为常务委员。李鳌任省政协文史资料研究委员会副主任。

三、妥善解决"长沙树脂厂污染监督案"

1978 年,在政协湖南省委员会四届三次全会上,盟员黄修本提出请解决"长沙树脂厂污染监督案",要求有关部门加以重视。1981 年,黄修本又联合长沙交通学院盟员、人大代表术讷以及长沙树脂厂附近的人大代表、政协委员,邀请长沙市环保监测单位对树脂厂的污染情况进行调查,以充分的依据向省、市、区三级人大、政协会议提出此案。1982 年,黄修本再次联合 60 多个单位上书,要求长沙树脂厂搬迁。同时,邀请有关医师向长沙树脂厂职工宣传劳动保护法、劳动卫生条例,得到了他们的支持。到1983 年,长沙树脂厂改进了炼制高锰酸钾、丙烯酸树脂的方法,但仍有污染现象。黄修本等继续努力,走访国家城乡建设环境保护部和《人民日报》《健康报》。1984 年 10 月,《中国环境报》以《呼吁了十年,拖延了十年》为题在头版头条报道长沙树脂厂污染问题,城乡建设环境保护部出面与湖南省有关方面磋商,使该厂停止生产丙烯酸树脂,但污染问题并没有彻底解决。1986年,在政协湖南省委员会五届四次会议上,黄修本再次联合民盟组全体成员,向大会提交相关提案,引起省政协的极大重视。经与有关部门协商,1987 年 6 月,湖南省人民政府指定专项贷款160 万元用于改造长沙树脂厂,长沙市人民政府专门行文,要求长沙树脂厂停产改建,该厂污染问题最终得到解决。

四、关注教育改革与发展

湖南民盟各级组织一直非常重视发挥知识分子的作用和振兴教育的问题,多年来坚持将教育领域作为参政议政的重点,组织力量深入开展调查研究,反映各方面意见,督促中共党委和政府有关部门重视和付诸实施。

1982 年,根据民盟中央的部署,湖南民盟组织协助各级中共党委开展了"怎样办好城市中学"的专题调查。民盟省委及民盟长沙、湘潭、常德等市委一起,配合人大、政协完成了这次调查;

先后召开各种类型的座谈会数十次，提交调研报告，就城市中学的办学指导思想、中等教育结构改革、教学质量的提高、教育经费的增加等方面提出了数十条建议。12月下旬，民盟省委还派代表参加了民盟中央召开的"怎样办好城市中学"调查研究工作汇报会。不久，民盟中央向中共中央、国务院提出了关于改革城市中学的建议，受到重视。

1985年9月6日，民盟湖南省委举行庆祝第一个教师节（9月10日）暨表彰从事教育工作40周年盟员老教师大会，向全省220位从事教育工作40年以上的盟员教师颁发了荣誉证书，赠送了纪念品。此后，民盟湖南省委每年都举行教师节庆祝活动。

1986年7月，在民盟湖南省委的指导下，民盟湘潭市委发起组织民盟长沙、衡阳、常德、邵阳、株洲、岳阳6个市委召开"普教改革研讨会"。该会议起草了《关于加强教育和实行九年义务教育的建议》，向省教育委员会提出了关于把基础教育摆到战略重点地位等5个方面20多个问题及相应建议。

1986年，民盟湖南省委会主委陈新民建议在《义务教育法》中增加培养"四有新人"的内容，被全国人大采纳。他还邀请时任省教委主任的周忠尚、湖南师范学院院长林增平、长沙铁道学院副院长侯振挺、湖南师范学院教授周炎辉及盟内外专家座谈高教改革。针对高教界存在的"大锅饭""平均主义""统招统分"等问题，他提出要进行高教体制改革，将学校办社会转变为社会办学校等建议。

1987年，民盟湖南省委对省会400多名知识分子进行抽样调查，并召开座谈会，积极反映当时中年知识分子和中小学教师的生活和工作状况,为促成知识分子特别是中小学教师待遇问题的逐步改善发挥了作用。

第四节　召开"两湖会议",推动
洞庭湖综合治理

一、费孝通第一次来湖南考察洞庭湖地区

1986 年 11 月 5 日,应政协湖南省委员会的邀请,全国政协副主席、民盟中央副主席费孝通来湖南,出席全国政协在长沙召开的"部分省、自治区、直辖市人民政府办理政协委员提案工作座谈会"。6 日开始,他在省人民政府省长熊清泉、省政协副主席尹长民等的陪同下,对洞庭湖地区的经济发展作了为期 7 天的考察。他先后考察了岳阳市、华容县、南县、沅江市、桃源县和常德市等市、县的经济作物种植和乡镇企业发展情况。

11 月 14 日,民盟湖南省委联合湖南省政府办公厅、省政协办公厅、省科协,在省军分区礼堂举办了费孝通教授专题报告会。会议的主题是"动员农民投资办企业,使手头钱成为生产力"。报告会上,费孝通提出:湖南洞庭湖区的农业基础比江苏太湖地区还要好,这里水利设施、科技推广、经济作物布局等方面具有许多优势。这么好的农业基础为商品经济的发展创造了有利条件,只要因地制宜,用商品经济引导农业发展,在 20 世纪末农业翻两番完全可能。他指出:无工不富、无商不活,洞庭湖

区的经济发展应该走自己的路,农业里面可以出工业。就"农民有了钱怎么用"这个问题,费孝通做了深入剖析,指出湖南经济应当从封闭体系走向开放体系,应当着眼于市场需要进行生产,动员农民花钱投资办企业,使农民手头的钱成为生产力。费孝通的报告,提出了"农业里面出工业"的著名观点,为后来我省提出并实施"以工业为主导建设农业强省"的经济发展模式,提供了重要参考。

长江荆江段、洞庭湖地区综合治理学术研讨会

二、召开两次"两湖会议",为洞庭湖综合治理鼓与呼

1987年11月5日至9日,在费孝通的大力倡导下,由民盟湖南、湖北省委承办,"长江荆江段和洞庭湖地区综合治理学术研讨会"在长沙蓉园宾馆召开(以下简称"两湖会议")。来自湖南、湖北及北京的65名盟内外专家、学者与国家科委、水利部等6个部委及湖南、湖北两省有关部门的负责人参加了会议。会议

收到论文 46 篇。民盟中央主席费孝通、副主席冯之浚、秘书长吴修平等莅会指导。

研讨会上,与会学者建议,洞庭湖地区综合治理要赶快采取应急措施。在治理上应坚持"全面规划,综合治理;南北兼顾,江湖两利;以泄为主,蓄泄兼筹"的方针。要大力开展水土保持工作。与会学者还指出,三峡水库的建设是荆江洪水治本的关键措施之一,希望加速论证,及早落实,并主张湖南、湖北两省"团结治水,江湖两利",当前两省必须抓紧加固加高堤防和蓄洪区的安全设施建设。大会集中各有关方面专家学者的智慧,提出《关于长江荆江段和洞庭湖地区综合治理学术研讨会纪要》(以下简称《纪要》)。《纪要》建议:国家尽早开工三峡工程;成立长江荆江段和洞庭湖地区开发整治领导小组,由国家统一规划,综合治理;建立清障法规和洪水预案。《纪要》引起水利部和长江水利委员会重视,并为长江荆江段和洞庭湖地区的综合治理提供了智力支持。

1989 年 11 月 13 日至 17 日,第二次"长江荆江段和洞庭湖地区综合治理学术研讨会"在武汉召开,全国政协副主席、民盟中央副主席钱伟长和民盟中央副主席冯之浚及有关专家学者出席会议。民盟湖南省委发动盟员提交了关于洪道整治、堤防加固及非工程性防洪措施等方面的学术论文 16 篇。

第五节　为"四个现代化"建设
开展社会服务

改革开放以来,广大知识分子长期被压抑的爱国热情得到了极大释放,他们积极投身国家现代化建设。作为知识分子政党的中国民主同盟,及时将工作重点转移到了为国家现代化建设服务上来。民盟湖南省委根据民盟中央的统一部署,在推动盟员做好本职工作的同时,积极发挥群体智力优势,开展面向社会的为"四化"服务活动,在讲学、办学、支边扶贫、科技咨询等方面进行了卓有成效的工作。

一、开展智力帮扶,支援老少边穷地区经济建设

自 1982 年起,民盟湖南省委组织盟员分期分批支援湖南革命老区、少数民族地区、边远地区和贫困山区的经济文化建设和智力开发。1984 年,民盟湖南省委和民盟长沙、湘潭、常德、邵阳市委的负责人及专职干部 7 人,在政协湖南省委员会、中共省委统战部和省民委联合召开的扶贫工作会上承担了智力支边项目22 项。民盟省委组织以 110 多位盟员老教师为主的三个支边培训团,分别赴湘西、怀化、邵阳等地培训教师。在将近一年时间里,为湘西土家族苗族自治州培训了 5 个班的高中教师,为怀化新晃侗族自治县、邵阳城步苗族自治县和隆回县少数民族地区的教师开展培训、技术咨询等 10 多个项目,共培训教师近1 000

人次。同年,民盟省委组织湖南农学院、长沙农业学校等单位的盟员教师及技术人员,在湘西土家族苗族自治州办班培训农业技术人员及农业管理干部 318 名,在新晃侗族自治县举办畜牧兽医人员培训班和家用电器培训班,培训学员 200 多人。

1985 年,以民盟湖南农学院支部为主的农业科技讲学团在湘西土家族苗族自治州考察时,发现保靖、凤凰、龙山等县水稻黑粉病严重,盟员陈寘教授牵头与农学院植保专业研究组和保靖县植保植检站一道,历时 3 年,研制出防治办法,遏制了病虫害,确保了当地农业丰收。

二、开展办学培训,为社会培养急需人才

湖南民盟各级组织根据中共中央、国务院"动员社会力量举办各类学校""面向社会,广开言路,多方办学"的指示,充分发挥民盟在教育方面的人才优势,积极开展办学培训,为社会培养了一大批急需人才。

1978 年,邵阳市盟员陈新宪开办了"日语补习班"。他用自己仅有的两间住房作课堂,自编教材,没有花国家一分钱,不要分文报酬,坚持教学数年,为国家培养了一批日语人才。民盟湖南省委总结、推广了他的办学经验,各地民盟组织办学热潮迅速高涨。到 1982 年年底,湖南民盟组织和盟员共创办业余学校 15 所,其中民盟组织单独举办的有 5 所,民盟组织与其他民主党派组织合办的有 1 所,盟员个人举办的有 9 所,在校学生 3 300 多人。

这些业余学校中比较有代表性的是长沙东风业余大学、长沙业余围棋学校。

1980年10月,盟员开办了长沙东风业余大学。开设大学四年制中文、英语、财会等系,大专两年制的外语班以及一年制的中国古典文学班、工商班等34个班,学生1 500多人。1983年,民盟湖南省委接管该校,更名为"长沙业余文法学院"。1989年8月,民盟省委成立由22名盟内外知名人士组成的长沙业余文法学院董事会并通过会章,陈新民任董事长。1997年5月该学院被批准为高等教育国家学历考试试点单位。学院共培养学生2.8万余人,多次被评为湖南省和长沙市社会力量办学先讲单位。

1987年5月,民盟湖南省委出资筹建了长沙业余围棋学校。10月,聂卫平来校讲学,并被聘请为名誉校长。该校着力培养少儿棋手,多次在全市性、全省性、全国性比赛中夺取到好名次,并为省队、国家队输送了多名专业棋手,促进了湖南围棋事业的发展。

1987年10月,聂卫平(左三)应邀来长沙业余围棋学校讲学

除直接办学以外,湖南民盟各级组织和盟员还受相关单位委托,承办了各类培训班、职工文化补习班。如民盟省委咨询服务处就承担了长沙市二轻局铸造技术人员的培训任务。民盟常德市委先后承办了市粮食局、市商业局、市汽车运输公司、市塑料二厂等单位的技术培训和文化补习任务。

湖南民盟各级组织和盟员,还通过讲学、举办学术讲座服务于社会。

1984年起,民盟湖南省委邀请民盟中央领导和著名专家学者钱伟长、千家驹、陶大镛、冯之浚、厉以宁等来湘讲学,受到热烈欢迎。民盟省委还组织盟内专家学者陈新民、卢惠霖、胡笃敬、石任球、杨应修、盛承师、郑其龙等去湘潭、株洲、常德、岳阳和吉首等地讲学。其中,卢惠霖关于优生学的学术讲座、陈新民关于考察西德和美国高等教育情况的学术报告等引起轰动。

1984年,民盟湖南省委及民盟长沙、湘潭、邵阳市委派出42位盟员到吉首、城步、通道、江华少数民族地区讲学、考察,开展了师资培训工作。随后又组织了民盟湖南农学院支部农业科技讲学团和民盟湖南医学院支部医学讲学团,分赴湘西、常德等地开展讲学和培训活动。

据不完全统计,湖南民盟各级组织及其成员先后举办各类学校60余所,共培养社会急需人才近10万人;开展科技培训等讲学活动700余次,听众达20万人次。

三、开展科技服务,助推国家经济建设

1979年起,民盟湖南省委积极开展工业、农业、医疗卫生和

1987年，民盟中央钱伟长（左一）副主席应邀来长沙讲学，陈新民（右一）主委陪同

教育等领域的科技咨询服务。1982年10月，民盟省委成立了科技咨询服务处，积极发动和组织科技咨询、科技服务活动，为国家经济建设做出了较大贡献。

民盟湖南省委发动盟员专家到基层去、到工厂去、到生产一线去，帮助全省乃至外省的许多企业、工厂解决了技术中的难题和工作中的问题。民盟省委先后帮助长沙工具厂进行技术攻关，帮助长沙市二轻局培训铸造技术人员，帮助长沙锅炉厂解决锅底胚原料问题，均取得显著成效。湖南师范学院盟员彭任，为株洲市茨菇塘化工厂改进生产氯化锌的原料设备和工艺流程，降低成本10%以上，产品远销东南亚和西欧国家。湖南大学盟员萧至刚赴江苏无锡扣件厂开展科技服务工作，积极为之改革工艺，改进技术，培训人员，把该厂从濒临倒闭中救活，产值和利润实现了较大的突破。

1984 年至 1987 年,民盟湖南省委先后成立了光明科技开发公司、光明电子研究所、光明化工研究所、光明建筑设计事务所,依托专业机构开展科技开发、科技咨询和科技服务。

此后,民盟湖南省委还先后创办了多个科技类和文化服务类公司或研究机构,如 1989 年和 1990 年,先后创办东方民间艺术开发研究院、长沙科技文化服务社、盟省委机关印刷厂等实体。

四、举办为"四化"服务成果展览

1981 年下半年,民盟湖南省委举行了为"四化"服务经验交流会和汇报展览。在此基础上,1982 年 6 月 21 日至 24 日,民盟湖南省委与其他党派省委及省工商联在长沙联合举办"湖南省各民主党派工商联成员为'四化'服务成果展览"。

这次展览重点展出了陈新民、卢惠霖、潘世宬、胡信德、胡为柏、见百熙、杨应修、陈祐鑫等 128 位盟员专家在为"四化"服务中所取得的重大成果。当时,湖南盟员中共有教授 53 人,在全省 137 位教授(1981 年 10 月统计)中占 37%;有博士生导师 7 人,在省会长沙各高等院校(军事院校除外)12 位博士生导师中占 58%。盟员中,荣获全国性金奖的有 4 人,荣获国家级、省部级重大科学技术奖的有 29 人,获评全省特级教师的有 5 人,获评各级劳动模范和先进工作者的有 66 人,可谓英才济济、群星璀璨。湖南民盟的此次展览在当时引起了轰动,前来参观者达 11 000 多人次。该展览中部分盟员的成果介绍如下。

陈新民,著名冶金学家,中国科学院学部委员,中南矿冶学院教授,曾任湖南省人大常委会副主任、民盟湖南省委会主委。

他主持的《氯化镁水合物热分解的综合研究》等两篇论文获得冶金部一类论文奖。

卢惠霖,著名遗传学家,湖南医学院教授,曾任政协湖南省委员会副主席、民盟湖南省委会主委。他带领研究团队首次制定并发表了《中国人体细胞姬式显带染色体的鉴别及其模式图》。卢惠霖与他人合著的《人类染色体病的诊断与预防》获原卫生部重大科技成果甲等奖。

陈祜鑫,知名血吸虫病防治专家,湖南医学院教授,曾任湖南省血吸虫病防治所第一任所长。1981年,其研究成果分别荣获全国科学大会奖和全国医药卫生科学大会奖,在民盟第四次全国代表大会期间陈祜鑫就其为"四化"服务的经验作书面发言。民盟湖南省委曾做出《关于向陈祜鑫同志学习的决定》。

潘世宬,知名病理生理学家、肿瘤研究专家,湖南医学院教授。其1978年出席全国科学大会、全国医药卫生大会、湖南科学大会,均被评为先进个人。1979年其被评为全国劳动模范。1982年,潘世宬在美国西雅图第十三届国际肿瘤会议上宣读论文《诱发大白鼠鼻咽癌的实验结果》,受到各国专家重视。

胡为柏,知名选矿学专家,中南矿冶学院教授,曾任该院选矿系主任。胡为柏1979年以来曾四次去美国、日本讲学或出席国际会议,曾被聘请在美国内华达州国际选矿学会细粒分会担任专题组主席并主持会议。

赵天从,知名有色冶金专家,中南矿冶学院教授,承担国家科研项目《湿法炼铅》取得突破性成果,出版《锑冶金学》。

见百熙,知名选矿药剂专家,长沙矿冶研究所研究员。其与人合作成功研制的"混合甲苯胂酸"等四种浮选药剂,四次获得全国科学大会奖和冶金部科技成果奖。其专著《浮选药剂》获全国优秀科技图书奖。

李慰萱,知名数学家,中南铁道学院教授。其在单变量序列搜集理论,组合数学与图论方面的研究成果在国内外有较大影响,曾获 1978 年铁道部科技大会奖、1980 年湖南省重大科技成果奖、全国总工会职工自学成才奖。

杨应修,知名国画家、湘绣工艺美术大师。其大型湘绣国画《草泽雄风》在广交会展出后,港澳报刊争相报道。

李立,著名金石书画家,湖南高等轻工业专科学校教授。其多次到日本、泰国以及中国台湾、香港举办个人展,进行艺术交流。

1986 年,民盟湖南省委在召开"为'四化'服务经验交流会"的基础上,组织民盟为"四化"服务先进典型汇报小分队,赴长沙、株洲、湘潭、邵阳、衡阳、常德、岳阳等市向文教科技界的广大知识分子和青年学生进行巡回演讲,在省内产生了较大的反响。

五、积极开展"三胞"联谊工作

据民盟湖南省委 1984 年 12 月底统计:省直与"三胞"有联系的盟员 220 人,共联系"三胞"390 人,其中有 135 人在台湾,131 人在美国,40 人在港澳,84 人在海外其他国家和地区。他们有的在台湾担任国民党"国大代表""立法委员",有的经商担任公司经理、董事长,有的从事科技工作,任教授、研究员,还有画家、歌唱家等艺术家,也有极少数半工半读的研究生。108 名盟员所联系的 135 位台胞和去台人员中,有"国大代表"2 人,"立法委员"4 人,有"少将"以上军衔的 12 人,其余为工程师、经理、研究员。1984 年 4 月,民盟湖南省委成立"三胞"联谊工作委员会,委员 9 人,申恩荣任主委。1988 年 5 月,"三胞"联谊工作委员会改选,委员 9 人,郑仲皋任主委。

民盟省委"三胞"联谊工作委员会成立后,积极开展"三胞"联谊活动,积极促成盟员出国出境探亲访友,热情接待海外"三胞"回乡寻根祭祖。至 1990 年年底,其先后接待回湘探亲的"三胞"40 多人次,此外还促成 40 多名盟员外出讲学和探望"三胞"。这些工作,推动了大陆与港澳台以及海外的科技文化交流。

1981 年 5 月,盟员黄曼西得知,台湾方面为纪念辛亥革命 70 周年,邀请其姑父著名历史学家、美籍华人薛君度博士及其夫人黄德华(黄兴三女儿)赴台。她立即向中共湖南省委统战部报告了这一情况,并由该部报告了中共中央统战部。中共中央副主席邓小平得知这一消息后,马上向薛、黄夫妇发出了回国参加纪念辛亥革命 70 周年的邀请信。不久,薛、黄夫妇回国,在北京、武汉、长沙等地参加纪念活动,并婉言拒绝了台湾方面的邀请。

在民盟湖南省委的推动下,陈新民、胡为柏、李慰萱、张庆营、陈芨、李立等 8 名盟员应邀到境外讲学,参加学术会议,举办书画展览。1984 年 4 月,李立赴香港举办个人金石书画展,香港报纸纷纷报道展览盛况,影响较大。1990 年 11 月,他又赴台湾举办个人书画展,先后在台北、新店、嘉义、苗栗 4 县展出,获得好评。此举被誉为"开海峡两岸文化交流之先河",为两岸文化交流和促进祖国统一做出了贡献,受到中共湖南省委和省人民政

1989年，张庆营（左一）教授赴台湾，应台湾"中央研究院"院长吴大猷（右一）邀请，参观了"中央研究院"

府的赞扬。李立还先后赴联邦德国、芬兰、泰国等举办过书法展。

不少盟员利用个人关系，说服和促成其亲朋好友，来湘兴办企业或捐资助学。1985年9月，在盟员的推动下，美国马里兰大学教授、联合国工业发展组织顾问彭万硕博士回湘探亲，为长沙县五中捐款20 000美元，为长沙县福临镇开物小学捐款2 000美元。1990年，经盟员张庆营教授"穿针引钱"，香港企业家张斌先生投资110万元人民币，与岳阳县合资兴办"湘永服装厂"，当年8月正式投产。同年，盟员促成了台湾企业家朱训先生回大陆，向其家乡常德市官仓镇捐资150万元人民币，兴建了1所学校和1座文化馆。

第四章

贯彻中共中央多党合作重要文件精神，推动民盟参政履职的制度化、规范化

（1990—2006）

1989 年 12 月,中共中央颁布了《关于坚持和完善中国共产党领导的多党合作和政治协商制度的意见》,第一次明确提出各民主党派是共同致力于社会主义事业的参政党。1993 年 3 月,全国人大八届一次会议把"中国共产党领导的多党合作和政治协商制度将长期存在和发展"写入宪法。2005 年 2 月,中共中央颁发了《关于进一步加强中国共产党领导的多党合作和政治协商制度建设的意见》。2006 年 3 月,中共中央颁发了《中共中央关于加强人民政协工作的意见》。这一系列重要文件的出台,标志着中国共产党领导的多党合作和政治协商制度日臻完善,步入制度化、规范化和程序化的新阶段。

　　从 1990 年 1 月至 2007 年 5 月,民盟湖南省委先后召开第九、十、十一、十二次代表大会。在这一时期,湖南民盟工作突出思想政治建设,强化参政议政,优化社会服务,进入了一个新的历史阶段。

第一节　加强政治理论学习

一、学习中共中央文件

1989 年 12 月 30 日,中共中央《关于坚持和完善中国共产党领导的多党合作和政治协商制度的意见》(中发〔1989〕14 号文件)(以下简称《意见》)颁发。这是我国多党合作史上的一件大事,标志着中国共产党领导的多党合作和政治协商制度开始步入制度化、规范化和程序化的轨道。民盟湖南省委迅速组织各级组织和广大盟员学习,掀起学习和贯彻《意见》精神的热潮。1990 年 3 月,民盟湖南省委在长沙召开全省组织宣传工作会议,就学习和贯彻《意见》精神对盟务专职干部进行培训。

1999 年 9 月,为纪念中共中央《关于坚持和完善中国共产党领导的多党合作和政治协商制度的意见》发表 10 周年,民盟湖南省委会专职副主委陈幼平带队,深入到长沙、娄底、邵阳、益阳、湘潭、永州等地,就湖南省开展多党合作的实践和经验以及《意见》精神的落实情况进行了调研。10 月 10 日至 12 日,民盟湖南省委在长沙召开了"民盟部分省(市)多党合作理论研讨会",邀请了来自北京、上海、广东等 8 省(市)50 多位盟内外领导和专家参加会议。民盟中央副主席吴修平全程出席。会议就如何进一步推动中国共产党领导的多党合作和政治协商制度的发展和完善进行了深入探讨。

2005 年 3 月，中共中央《关于进一步加强中国共产党领导的多党合作和政治协商制度建设的意见》（以下简称"5 号文件"）颁发。这是继 1989 年 14 号文件之后又一个关于多党合作的具有里程碑意义的文件。民盟湖南省委迅速发动和组织盟员，掀起了学习 5 号文件的热潮。

2004 年年底，民盟湖南省委组织部开展了系列学习、调研和纪念活动。

2005 年 6 月，中共湖南省委组织部、统战部在中共湖南省委党校举办了"湖南省多党合作专题研究班"，集中学习 5 号文件精神。民盟湖南省委会主委谢佑卿出席开学典礼。民盟湖南省委会专职副主委陈幼平、副主委乐寿长和李利君参加了学习。陈幼平在座谈会上做了"认真学习领会 5 号文件精神，切实加强民主党派自身建设"的学习交流发言。

二、学习邓小平理论、"三个代表"重要思想、科学发展观以及中共十四大、十五大、十六大精神

1992 年 1 月 18 日至 2 月 21 日，改革开放总设计师邓小平赴武昌、深圳、珠海和上海视察，发表了重要谈话，在全国引起强烈反响。邓小平"南方谈话"标志着中国改革进入一个新阶段。民盟湖南省委迅速掀起了认真学习，全面贯彻落实小平同志重要讲话精神的热潮。5 月，召开民盟市（州）委主委、专职副主委和秘书长会议，组织集中学习邓小平"南方谈话"，并就如何加强民盟自身建设，为加快改革开放和经济建设服务进行了研讨。10 月，民盟省委发出通知，要求全省民盟各级组织和全体盟员认真

学习邓小平"南方谈话"和中共十四大精神以及《中共中央关于建立社会主义市场经济的决定》，领会关于加快改革，扩大开放以及防止"左倾"的基本精神。

从1993年起，民盟湖南省委便确定把学习邓小平同志建设中国特色社会主义的理论作为思想建设的主要任务，1994年年初，编印了《〈邓小平文选〉（第三卷）学习问答》，发放到全省民盟各级组织，引导盟员阅读原著，掌握"解放思想、实事求是"的精髓。1999年12月，民盟湖南省委和民盟湘潭市委联合举办了"湖南民盟学习邓小平理论经验交流会"。2000年4月，在民盟中央举行的"民盟学习邓小平理论经验交流会"上，民盟湖南省委以《用邓小平理论指导搞好盟的思想建设》为题，对湖南民盟各级组织学习邓小平理论的情况作了较全面的总结，并介绍了经验。会后，民盟湖南省委组织盟内专家赴长沙、株洲、衡阳等9个民盟地方组织和多个省直基层组织，就学习邓小平理论进行宣讲。

1999年是我国政治领域的一个多事之秋。民盟湖南省委和全省民盟各级组织继续坚持将思想建设作为自身建设的首要任务来抓，认真学习邓小平理论和中共十五届三中、四中全会精神以及中共中央总书记江泽民在全国政协成立50周年大会上的重要讲话，进一步增强政治意识、大局意识和责任意识。在这一年里发生的三次重大政治事件（以美国为首的北约悍然用导弹袭击中国驻南斯拉夫大使馆；台湾分裂势力猖獗；国内"法轮功"活动猖獗）面前，民盟湖南省委、全省民盟各级组织和广大盟员立场坚定、旗帜鲜明，以实际行动拥护中共中央、国务院采取的果断决策,发挥了民盟作为参政党应有的作用。民盟省委主委谢佑卿发表讲话,谴责北约的暴行。民盟省委还与其他民主党派省委联合给美驻华使馆寄去了抗议信,民盟省委机关与全省各地、各级民盟组织纷纷举行抗议活动。民盟省委还召开会议,举行座谈,对李登辉蓄意分裂祖国的罪恶本质进行了严厉批驳,对"法轮功"进行了深入批判。

2002年11月,中国共产党第十六次代表大会胜利召开。大会总结过去5年的工作和13年的基本经验,阐述全面贯彻"三个代表"重要思想的根本要求,提出全面建设小康社会的奋斗目标。民盟湖南省委及时部署,认真组织,在全省民盟各级组织和广大盟员中迅速掀起了学习贯彻中共十六大精神和"三个代表"重要思想的热潮。

2002年12月,民盟中央召开了"民盟学习'三个代表'重要思想座谈会",民盟湖南省委在会上做了题为《认真学习"三个代表"精神,努力加强民主党派思想建设》的书面发言。2004年7月,民盟省委所有副主委参加了中共中央统战部在中央社会主义学院举办的学习"三个代表"重要思想专题研究班;民盟各市(州)委领导和骨干51人参加了中共湖南省委统战部在省社会主义学院举办的"三个代表"重要思想学习研讨班和党外中青年代表人士培训班;民盟省委还组织宣讲组,先后赴长沙、株洲、常德、永州等地民盟市委及省直基层组织开展学习"三个代表"重要思想宣讲活动。

2005年是抗日战争胜利60周年。9月,民盟湖南省委、民盟长沙市委联合举行纪念抗战胜利60周年大会,同时举办纪念抗战胜利 60 周年书法作品展,缅怀抗日英烈和民盟先驱们为抗战胜利所做出的不可磨灭的贡献。

三、开展纪念中国民主同盟建立 50 周年、60 周年及民盟湖南省级组织成立 50 周年活动

1991 年是中国民主同盟建立 50 周年,民盟湖南省委开展了一系列纪念活动。3 月 20 日,民盟湖南省委在长沙市少年宫举办了一次省会盟员书画家笔会;4 月 25 日,在长沙市工人文化宫举行了庆祝中国民主同盟成立 50 周年联欢会;5 月 5 日,在长沙举行了庆祝中国民主同盟建立 50 周年纪念大会。全省盟员代表、民盟湖南省级组织部分创始人和健在的历届主委和副主委等 500 余人出席。省人大常委会副主任、民盟省委主委陈新民讲话。省人大常委会主任刘夫生、省政协主席刘正,中共省委副书记杨正午等省党政领导出席致贺。大会对 1989 年至 1991 年荣获省(部)级以上奖励和荣誉称号的 197 名盟员进行了表彰。此外,民盟湖南省委还举办了"湖南民盟的光辉历程"大型盟史图片展览,开展了"爱我民盟"征文活动。

1999 年是民盟湖南省级组织成立 50 周年,全省各级民盟组织积极响应民盟省委"以实际行动创优异成绩,纪念湖南建盟 50 周年"的号召,开展了形式多样的纪念活动。1 月 10 日,民盟湖南省委在长沙举行庆祝民盟湖南省级组织建立 50 周年纪念大会。时任民盟中央副主席谢颂凯与省党政军领导和省政府部分委、办、厅、局及省兄弟民主党派、省工商联负责人到会祝贺,全省盟员代表 800 多人参加会议。省人大常委会副主任、民盟省委

主委谢佑卿做报告。会议表彰了民盟长沙市委、岳阳市委、湘西自治州委3个先进市(州)委、民盟中南大学委员会等34个先进基层组织以及59名优秀盟员和74名优秀盟务工作者。此外,民盟湖南省委还出版了《湖南民盟五十年》纪念册,摄制了专题宣传片,召开了"改革开放20周年,湖南建盟50周年"理论研讨会。全国人大常委会副委员长、民盟中央主席费孝通欣然为湖南民盟省级组织建立50周年纪念活动题词:"湖南民盟五十年。"

2001年是中国民主同盟成立60周年。民盟湖南省委举办了老盟员座谈会、书画笔会等一系列纪念活动。3月19日,民盟省委在长沙召开了庆祝中国民主同盟成立60周年大会。中共省委副书记、省人大常委会副主任郑培民代表中共省委、省人大常委会、省人民政府、省政协向大会表示祝贺。省人大常委会副主任、民盟省委会主委谢佑卿做报告。会议表彰了民盟湖南大学委员会等40个先进基层组织、乐寿长等61位优秀盟员、陈孝珊等70位优秀盟务工作者。

四、成立统战理论研究会,持续开展统战理论研究

自1989年中共中央《关于坚持和完善中国共产党领导的多党合作和政治协商制度的意见》等有关多党合作重要文件的颁布以来,民盟湖南省委开始注重和加强统战理论研究,先后多次召开统战理论研讨会,在盟内培养了一批统战理论研究骨干分子,为成立统战理论研究组织打下了坚实的基础。

1990年7月18日,民盟湖南省委统战理论研究会成立会在

民盟湖南省委统战理论研究会成立会议现场

长沙举行。会议审议通过了《民盟湖南省委统战理论研究会章程》,推选了研究会常务理事和正副理事长、秘书长。科学社会主义研究专家、湖南师范大学教授周作翰被推选为理事长。不久,研究会还在长沙、岳阳、邵阳、湘西自治州设立了4个分会。

1994年12月,民盟湖南省委统战理论研究会召开理事会议。会议选举产生了第二届理事会,周作翰续任理事长。1995年,民盟湖南省委统战理论研究会以分会的名义,加入湖南省统战理论研究会。

1998年12月、2003年9月,民盟湖南省委统战理论研究会先后两次举行理事会换届会议,哲学专家、湖南师范大学教授杨君武连续被推选担任第三、四届理事长。

民盟湖南省委统战理论研究会的成立,标志着湖南民盟统战理论研究工作进入了一个新阶段。研究会主要围绕民盟如何发挥参政党作用,提升参政议政能力,提高广大盟员的政治思想素质,加强民盟的自身建设等问题进行探讨,对统一战线工作和多党合作工作中普遍性的理论和实际问题给予理性的回答。

自 1990 年成立以来,民盟湖南省委统战理论研究会每年都举行一次以上研讨会,有时还受民盟湖南省委委托承办重要专题研讨会。

1991 年 6 月,为纪念中国共产党成立 70 周年和中国民主同盟成立 50 周年,民盟湖南省委统战理论研究会和社会科学工作委员会联合举办了"中国共产党领导的多党合作"专题研讨会,并创办了《统战理论研究》(内部资料),不定期印发给各位研究会成员。

1998 年 12 月,民盟湖南省委统战理论研究会举行"纪念中国改革开放 20 年和湖南民盟省级组织成立 50 周年"统战理论研讨会。

民盟湖南省委统战理论研究会成立后,一批骨干成员致力于统战理论和参政党理论研究,取得了丰硕成果。1991 年,周作翰撰写的论文《论邓小平同志对毛泽东统一战线思想的继承与发展》在《求是》发表。1993 年,周作翰、赵习文分别在湖南省纪念毛泽东 100 周年诞辰理论研讨会上宣读论文《邓小平对毛泽东统一战线理论的继承和创新》《试论中国共产党领导的多党合作和政治协商制度产生的历史必然性》。1996 年,杨君武执笔的《党外青年知识分子关注的若干问题》由中共湖南省委统战部报送中共中央统战部,随后,中共湖南省委统战部在湖南各民主党派省委组织处长会议上印发和组织研讨了该文;他的另一篇论文《党外青年知识分子的人生价值观》被推荐参加了中央社会主义学院的理论研讨会。由常务理事集体研究,周作翰与张海蒲执笔的《湖南省民主党派为现代化建设服务的途径和经验》,由中共省委统战部选送中共中央统战部。1998 年,谢佑卿撰写的《中国新型政党制度初探》获得湖南省统战理论研究优秀成果二等奖。2001 年,成臻铭撰写的《新时期多党合作回顾与展望》、李光前撰写的《认真学习"三个代表"精神,努力加强民主党派思想建设》分别获得"全国新世纪统战理论研讨会"二等奖与三等奖。2002 年,杨君武、周俊敏、成臻铭执笔的论文《民主党派组织发展现状探析》获得中央统战部颁发的全国统战理论研究优秀成果三等奖。2003 年、2004 年,杨君武撰写的《社会主义政治文明与多党合作制度》《加强和完善我国多党合作制度运作的制度化研究》先后由中共省委统战部报送中共中央统战部,分别获得中共中央统战部一局(党派局)统战理论研究成果一等奖、湖南省统战理论研究优秀成果特别奖。2004 年至 2007 年里,研究会发动成员积极开展研究,每年收到论文和调研报告均在 30 篇以上。以研究会理事为主体的湖南民盟统战理论研究人员在此期间获得湖南省统战理论研究优秀成果一、二、三等奖多项。

五、组织学习和培训,加强盟员思想政治教育

为学习和贯彻中共中央〔1989〕14 号文件精神,民盟湖南省委突出加强思想建设,将开展盟员培训作为思想政治教育的一项重要内容,举办了各种形式的培训班和学习班,还积极推荐盟员参加民盟中央、中共中央统战部、中共省委统战部以及各级社会主义学院举办的培训班和学习班。

1990 年 8 月,民盟湖南省委工作会议暨八届十一次常委(扩大)会议通过了《专职干部培训计划》《盟员思想教育计划》《关于建立人事工作小组和人才后备队伍的意见》,就组织盟员学习和培训,加强盟员思想政治教育进行了规划和部署。

1994 年 10 月,民盟湖南省委在长沙举行全省中青年盟员座谈会。13 位中青年盟员就弘扬民盟光荣传统,加强民盟自身建设,争当跨世纪优秀人才等发言进行了讨论。

1994 年、1995 年、1997 年,民盟湖南省委先后在井冈山、长沙、衡山等地举办新盟员学习班,省直基层近 200 位新盟员参加了学习。

1999 年 7 月,民盟湖南省委在省社会主义学院举办了民盟湖南省委首期中青年骨干培训班;2001 年 7 月,又在该院举办了第二期中青年骨干培训班。这些培训班重点就中国共产党领导的多党合作和政治协商制度、民盟优良传统、民主党派参政履职和自身建设等进行专题学习和培训。2005 年 7 月,民盟湖南省委第三次在省社会主义学院举办了中青年盟员骨干培训班,来自全省 13 个市级组织和各省直基层组织的 63 位盟员参加了培训。

六、主办《湖南民盟》等内刊,创办湖南民盟网站,加强宣传工作

1990 年 6 月,民盟湖南省委开始编印《工作简报》和《湘盟信息》,发放到民盟市(州)组织和省直基层组织。主要报道民盟省委的重要活动,宣传民盟市(州)组织和省直基层组织的盟务工

作,指导全省民盟工作。《工作简报》开始为不定期刊物,后固定为月刊,至2007年6月共编发174期。

1992年1月7日,《湖南盟讯》改名为《湖南民盟》。《湖南民盟》为内部季刊,融政治性、指导性、综合性和可读性为一体,设"参政议政""理论研究""地方盟务""盟员风采""盟史回顾""'三胞'联谊""人物采访"等栏目。

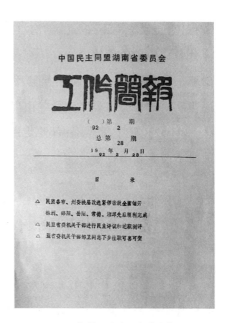

1992年第2期《工作简报》

至2007年6月,《湖南民盟》共出刊75期。

1992年7月,为贯彻落实邓小平同志"南方谈话"精神,充分发挥民盟在教育、科技、文化等方面的智力优势,经湖南省新闻出版局批准,民盟湖南省委创办了《同舟》杂志。后因政策等方面的原因,《同舟》停办。

自1993年起,民盟湖南省委开始编印不定期内刊《学习资料》,下发到民盟市(州)组织和省直基层组织,对广大盟员进行政治形势教育。

20世纪80年代末至90年代初,民盟湖南省委还试办过《师范教育》(全国公开发行),后因政策原因而停办。

1996年10月,中南地区民盟第二次宣传工作会议在岳阳市举行,来自民盟河南、湖北、湖南、广东、广西、海南6省(区)委员会分管宣传工作的领导和宣传部部长共30多人与会。全国政协副秘书长、民盟中央副主席吴修平,政协湖南省委员会副主席、民盟湖南省委会主委谢佑卿等出席。

2005年7月,民盟湖南省委网站正式开通,网络实名是:中国民主同盟湖南省委员会。

第二节　认真履行参政议政职能

1989年年底,中共中央颁发的《关于坚持和完善中国共产党领导的多党合作和政治协商制度的意见》(以下简称《意见》),明确将各民主党派定位为参政党,参政议政从此成为民主党派的主要职能。为贯彻《意见》精神,自1994年起,中共湖南省委、省人民政府每年都就关系湖南省国计民生和社会发展的重大问题,邀请各民主党派省委和省工商联开展调查研究,形成了"省委出题、党派调研、政府采纳、部门落实"的参政议政模式。民盟湖南省委积极贯彻中共中央、中共省委的决策,将参政议政作为自己的首要任务,紧紧围绕中共省委、省人民政府的工作中心,深入调研,积极建言献策,为湖南省的经济与社会发展做出了应有的贡献。

一、深入开展专题调研,着力提升建言献策质量

自1994年起,民盟湖南省委每年根据中共省委提出的调研

课题,深入开展专题调研,不断提升建言献策质量,打响"盟字号"参政议政品牌。民盟湖南省委先后向中共省委、省人民政府提交了40余篇调研报告,提出意见与建议400多条。所提大部分建议得到中共湖南省委、省人民政府的充分肯定和采纳。

1994年,民盟湖南省委就湘西州农村初中教育问题开展调研。在年底召开的湖南省首届各民主党派省委和省工商联参政议政调研成果汇报会上,民盟省委提交了调研成果并发言,得到了时任中共湖南省委书记王茂林、省人民政府省长陈邦柱的重视和批示。

1995年,民盟湖南省委就"我省国有资产流失及其防治对策"等组织调研,向中共湖南省委、省人民政府提交了调研报告。时任中共湖南省委书记王茂林做出批示,随即省人民政府采取了整改措施。不久《新华社内参》刊登了《我国国有资产流失的十条渠道》,其内容主要摘自民盟湖南省委的调研报告。

同年,民盟湖南省委会主委谢佑卿应中共湖南省委邀请,参加湖南省赴苏皖经济考察团并任副团长。考察归来后,他在中共湖南省委常委扩大会议上发言,提出了学习苏、皖两省先进经验,解放思想、治散、创新等5点思考,得到了会议的肯定。

1996年,民盟湖南省委提交了《关于开发九嶷山舜文化旅游的研究》的调研报告,得到了省计委、省旅游局的高度重视。不久,省计委、省旅游局拨款100万元用于舜帝陵正殿修复,同时,会同当地政府进一步论证,完善开发规划,抓好开发的各项前期工作。

1997年,民盟湖南省委组织开展了"调整优化长沙商贸流通

1996年，各民主党派省委和省工商联参政议政调研成果汇报会合影

产业结构""加快发展湖南省国有科研设计院所"等重点课题调研，在12月中共省委召开的各民主党派省委和省工商联参政议政调研成果汇报会上，基于这两个课题调研成果的发言得到时任中共湖南省委书记王茂林的高度评价。

1998年，民盟湖南省委组织开展了"债券融资""城镇住房产业发展"两个重点课题调研，提交了《有效发挥债券融资功能，加快湖南省经济发展》和《组建住房合作社，发展湖南省城镇住房产业》两份高质量调研报告，得到了中共湖南省委、省人民政府的高度重视。

1999年，民盟湖南省委组织开展了"以县城扩容为重点，加快湖南省农村城市化和农村人口非农化"和"建立风险投资体系，加快发展湖南省高新技术产业"两个重点课题调研，分别形成了切合实际的调研报告。报告中的部分建议被纳入《湖南省国民经济和社会发展"十五"规划》和《湖南省城镇化发展"十五"规划》。

同年11月，民盟湖南省委组织盟内有关专家、学者就湖南如何应对加入世界贸易组织进行了深入的调查研究,形成了很有参考价值的调查报告。在中共湖南省委统战部组织编写的《后发与先声》一书收录的 36 篇调研文章中,民盟成员主持和参与的有 9 篇。

2000 年,民盟湖南省委就"湖南如何应对加入世界贸易组织""长株潭三市高新技术产业一体化发展"和"发展湖南省民办高等教育"等重点课题组织调研。在年底中共湖南省委主持召开的各民主党派省委和省工商联参政议政调研成果汇报会上,谢佑卿主委代表民盟湖南省委做了题为《利用入世契机,加快湖南产业结构调整》的发言,提出了"发展高新技术产业""办好岳麓山大学科技园,发挥高校和科研院所在发展高新技术产业的枢纽骨干作用"等建议,得到了省计委等省市有关政府部门的采纳和落实。

2001 年,民盟湖南省委就"巩固和发展我省农村义务教育成果"开展调研,在年底召开的各民主党派和省工商联参政议政调研成果汇报会上,做了书面发言,就解决我省农村义务教育存在的主要问题提出了 8 条建议与对策,被省教育厅、省计委、省财政厅采纳落实。同年,民盟湖南省委还就"加快湖南省环洞庭湖地带农村小城镇健康发展""加入 WTO 对湖南零售业的影响"等课题开展了调研。

2002 年,民盟湖南省委围绕"城市建设融资问题"和"农村剩余劳动力转移"两个重点课题开展专题调研。在年底的中共湖南省委、省人民政府召开的各民主党派省委和省工商联参政议政调研成果汇报会上,提交了《关于湖南省城市建设融资中的问题与对策建议》和《关于推进湖南省农村剩余劳动力转移的意见与建议》两个调研报告,并重点就"城市建设融资问题"向省党政领导做了发言。

2003年,民盟湖南省委组织开展了"完善行政执法""民营企业养老保险""高速公路沿线重点城镇建设"三个重点调研,提交了《完善行政执法责任制严格评议考核和执法过错追究,优化湖南省经济发展环境》《对完善湖南省民营企业养老保险的建议》《关于加快高速公路沿线重点城镇发展的对策建议》三个调研报告,并在年底中共湖南省委、省人民政府召开的各民主党派省委和省工商联参政议政调研成果汇报会上做了发言。

2004年,民盟湖南省委重点就"'十一五'期间湖南省绿色食品产业链的构建与优化""重视整治农村市场秩序,切实维护农村消费者权益"以及"统筹解决农民工子女城区入学问题"三个重点课题开展调研,并在年底中共湖南省委、省人民政府召开的各民主党派省委和省工商联参政议政调研成果汇报会上提交了调研报告。谢佑卿主委代表民盟湖南省委做了题为《"十一五"期间湖南省绿色食品产业链的构建与优化对策建议》的发言。

2005年,民盟湖南省委重点就"湖南卷烟产业发展"等重点课题开展调研。在年底中共湖南省委、省人民政府召开各民主党派省委和省工商联参政议政调研成果汇报会上,谢佑卿主委代表民盟湖南省委做了题为《中部崛起背景下湖南卷烟产业创新发展研究》的发言,受到中共湖南省委、省人民政府和中央有关部门的高度重视,有关建议被纳入我省"十一五"规划中。其中关于"将长沙卷烟厂和常德卷烟厂整合"的建议完全被采纳:2006年11月,两厂实现战略重组,组建新的湖南中烟公司,被国家烟草专卖总局领导赞誉为率先实现了我国烟草行业真正意义上的强强联合。

2006年,民盟湖南省委重点就"湖南省社会主义新农村建设若干问题研究"与各民主党派省委、省工商联开展联合调研。在2007年1月各民主党派省委、省工商联参政议政调研成果汇报会上,谢佑卿主委代表民盟湖南省委做了题为《努力完善我省农村商品市场体系,促进新农村建设》的发言。中共湖南省委书记张春贤对本调研课题的阶段性成果做了专门批示。

1999年3月,中共湖南省委办公厅、政策研究室、统战部联合召开会议,对湖南省各民主党派省委和省工商联1994年至1996年参政议政专题调研取得优秀成果的单位和个人进行了总结表彰。民盟湖南省委组织调研的《湖南省国有资产流失及其防止对策》《关于湖南省社会保险若干问题研究》《关于加快九嶷山舜文化旅游开发的意见与建议》三个课题分别获得优秀成果一、二、三等奖;民盟湖南省委获得调研组织奖。2000年12月,在中共湖南省委统战部组织的湖南省各民主党派和省工商联"1997—1999年度参政议政调研成果"评比中,民盟湖南省委选送的《以县城扩容为重点,加快湖南省小城镇建设》获一等奖,《关于调整优化长沙市商贸流通产业结构的意见》和《有效发挥债券融资功能,加快湖南省经济发展》获三等奖,民盟湖南省委获组织奖。2005年2月,中共湖南省委统战部组织对2000年至2002年参政议政专题调研成果评比表彰,民盟湖南省委荣获全省参政议政调研工作优秀组织奖,《关于推进农村剩余劳动力转移的意见与建议》荣获全省参政议政调研成果评比二等奖。

二、运用人大、政协等平台协商议政、建言献策

这一时期,民盟湖南省委会主要负责人积极参加中共湖南省委、省人民政府、中共省委统战部召开的民主协商会、座谈会和情况通报会,就国家和地方的大政方针等重大问题积极建言献策。担任各级人大代表、政协委员职务的盟员运用大会发言、提案等形式参政议政,反映人民群众的意见和要求。

在八、九、十届全国人大历次会议和全国政协八、九、十届历次会议上,我省盟员、全国人大代表肖端林、余孝良、赵培英、贾明忠、罗宽、谢佑卿、陈本忠、丁松、鲁立彬、王阳娟以及全国政协委员乐寿长、李利君等,围绕建设社会主义新农村、中部崛起、和谐社会、教育、医疗与社会保障、反腐倡廉等重大问题积极建言献策,忠实履行职责,发挥了积极作用,产生了良好的社会反响。全国人大常委谢佑卿多次反映农村义务教育投入不足,建议国家考虑对贫困地区的学杂费实行全免,在国力逐渐增强的情况下,还可以将全免的范围扩大,直到实现真正意义上的义务教育。其建议被国务院《政府工作报告》采纳。鲁立彬代表提出加强对文化遗产的保护,丁松代表做了关于婚姻法修正案的发言,其中大部分建议被相关部门采纳。2000 年 3 月,在全国政协九届三次会议上,民盟湖南省委调研成果《加快小城镇建设,拉动内需,促进中国农村城市化进程》被民盟中央采用为全国政协大会书面发言。

值得一提的是，乐寿长和李利君两位全国政协委员具有很强的参政意识和较高的参政能力，多次在全国政协会议上做口头发言和书面发言，积极撰写和提交高质量提案，产生了较大的影响。1995 年 3 月，在全国政协八届三次会议上，乐寿长做了题为《关于培育和发展技术市场的建议》的大会发言，这是湖南盟员首次登上全国政协讲台。此后，在全国

1995 年 3 月，乐寿长在全国政协八届三次会议上发言

政协八届五次会议、九届三次会议上，他又先后作了《反对行业垄断，加速科技进步》《关于强化实施依法治国基本方略的思考》的大会发言。他撰写的《建立面向 21 世纪的高教经费投入基金制度》，被评为全国政协优秀提案。李利君先后在全国政协会议上发言两次，在有中央政治局常委参加的全国政协界别联组会议上发言 6 次。她有 20 多篇提案和发言被收入全国政协所编选的《把握人民的意愿》《挖掘人民的意愿》等文集中，3 篇提案作为参考示范提案被印发给全国政协委员参阅，其中《完善党风廉政责任制，确保责任制的落实和有效发挥作用》《修改完善招投标法，加大依法打击工程建设商业贿赂力度》被评为全国政协优秀提案。

　　在湖南省第六、七、八、九届人大历次会议与政协湖南省委员会第六、七、八、九届历次会议上，湖南各位盟员人大代表、政

协委员就湖南经济建设和社会发展积极协商议政、建言献策,先后做大会发言 40 余次,撰写提交建议、提案 900 多篇,大多引起省委、省政府和有关职能部门的重视,很多意见、建议被采纳,为促进党委、政府的科学决策发挥了积极作用。

1990 年 1 月,在政协湖南省委员会六届三次会议和湖南省人大六届三次会议上,民盟省委做了题为《实行"北羊南养"、在湖南山区稳步发展绵羊生产》的大会发言,引起中共湖南省委、省人民政府重视,建议被湖南省人民政府采纳。

1993 年 4 月,在政协湖南省委员会七届一次会议上,民盟湖南省委会副主委张作功牵头提出了《关于完善国有企业三次承包法的建议》,引起有关部门的高度重视,得到认真办理。该提案当年被评为优秀提案。

1994 年 4 月,在政协湖南省委员会七届二次会议上,民盟湖南省委提交《关于农业在推向市场的改革过程中,应加强对粮食生产和粮农利益的保护》的提案。湖南省农业厅和省粮食局对此提案高度重视,在保护粮田、农业生产及粮食流通等方面采取了有力措施,促使所提问题得到逐步解决。该提案当年被评为优秀集体提案。

1995 年 1 月,在政协湖南省委员会七届三次会议上,民盟湖南省委会主委谢佑卿建议将"科教兴湘"列入湖南省国民经济和社会发展"九五"规划的总体指导思想中并就此开展调查研究。湖南省政协委托他主持此项调研,后形成并提交了《关于科教兴湘若干重要问题的建议案》,其中大部分建议被中共湖南省委、省人民政府采纳。

1996 年 2 月,在政协湖南省委员会七届四次会议民盟界别讨论会上,盟员谈政生提出液化石油气质量越来越差的问题,引起与会委员的共鸣。他们纷纷要求就此问题写一份提案,提案写成后踊跃签名。该提案引起了省市政府有关部门的高度重视。湖南省质量技术监督局组织长沙市质量技术监督局、市公用事业局、省煤气燃具质量监督检验授权站,邀请省人大财经委、省政协提案委和省市有关新闻单位的记者,对长沙市向社会供应液化石油气的站点进行了一次专项检查。针对检查中发现的严重问题,省质量技术监督局会同长沙市政府有关部门制定了九条整改措施。省会主要新闻媒体对这次检查作了采访报道。

　　1997 年 1 月,在政协湖南省委员会七届五次大会上,乐寿长、柳思维代表民盟湖南省委分别做题为《突出舜文化特色,加快九嶷山旅游资源开发》与《建设经济强省必须实施跨世纪名牌发展战略》的大会发言。

　　1998 年,在政协湖南省委员会八届一次会议上,盟员汤可敬等委员提出了关于"解决中小学教育经费严重不足"的提案。省教委根据该提案制定了《湖南省教育经费筹措管理办法》,并且积极引进外资,狠抓中小学布局调整,一年内全省调减中小学 2 079 所,由此节约建校经费 5.4 亿元、人员经费 1.1 亿元,缓解了教育经费不足所造成的矛盾。

　　1999 年 3 月,在政协湖南省委员会八届二次会议上,民盟省委以及 30 位盟员委员共提交提案 51 份。民盟湖南省委会专职副主委陈幼平代表民盟省委做了题为《加快昭山开发和建设,推进长株潭经济一体化》的大会发言。

2000 年 1 月,在政协湖南省委员会八届三次会议上,民盟省委专职副主委陈幼平做了题为《建立风险投资体系,加快发展湖南省高新技术产业》的大会发言。盟员贾明忠等关于加大湘西民族教育经费投入的提案,得到省教育厅、省财政厅的高度重视。两厅共同决定对湘西自治州原定 100 所定点初中建设资金中尚欠的 1 800 万元尽快拨付到位,对新一轮义务教育工程建设资金和省级普教专项经费的安排,继续向少数民族地区和贫困地区重点倾斜。

2001 年 1 月,在政协湖南省委员会八届四次会议上,民盟湖南省委做了题为《加快湖南省"一点一线"发展步伐,努力推进长株潭高新技术产业一体化进程》的大会发言,并提交了《关于加快发展湖南省民办教育的意见和建议》等 4 份集体提案。3 名盟员获得优秀提案奖。

2002 年 1 月,在政协湖南省委员会八届五次会议上,民盟湖南省委会专职副主委陈幼平做了题为《贯彻落实两个〈决定〉(《中共中央国务院关于深化教育改革全面推进素质教育的决定》和《国务院关于基础教育改革与发展的决定》),促进湖南省农村义务教育事业的发展》的大会发言,湖南省人民政府主要领导对此做了重要批示。

2003 年 1 月,在政协湖南省委员会九届一次会议上,民盟湖南省委提案《加快湖南省县城和重点小城镇建设与发展,真正使之成为吸纳农村剩余劳动力的大渠道》被评为优秀集体提案。

2005 年 1 月,在政协湖南省委员会九届三次会议上,民盟湖南省委和省兄弟民主党派省委、省工商联联合提出了《加快培育优势产业链,着力提升我省工业化水平的建议》的提案,被列为该次大会"一号提案"。

2006年1月,在政协湖南省委员会九届四次会议上,民盟湖南省委会副主委何清华代表民盟省委做了题为《提高自主创新能力,夯实湖南工业化基础》的发言,时任中共湖南省委书记张春贤、省长周伯华分别做了重要批示。在这次会上,民盟省委的提案《加大对农村市场的打假力度,切实保护农村消费者合法权益》获评优秀集体提案。

2007年1月,在政协湖南省委员会九届五次会议上,民盟湖南省委联合其他6个民主党派省委和省工商联共同提出的《加快我省新农村建设的对策建议》提案被列为本次大会的"一号提案"。民盟湖南省委会专职副主委汤浊代表民盟省委做了题为《加强我省城市污水垃圾综合治理的建议》的大会发言。

2004年,中共湖南省委统战部组织开展了"百名党外专家学者献计献策活动",民盟湖南省委积极响应,多名盟员专家所提意见建议受到重视,获得"优秀建议奖"。

2006年,为迎接中共湖南省第九次党代会的胜利召开,民盟省委向全省各级民盟组织和广大盟员发起"迎接党代会,共谋新发展"献计献策活动。全省盟员近千人参与了活动,提出了许多具有较强针对性和可操作性的意见与建议。其中,柳思维、杨鹏程等盟员的建议或被省党政领导做出批示,或在"献计献策专报"刊出。盟员与他人合作的《建设长株潭产业人才集群》受到中共湖南省委表彰,荣获一等奖。

这一时期,全省担任省市级以上有关部门特邀(约)检察员、监察员、审计员、教育督导员等职务的盟员共 180 余人,其中省级 7 人。他们尽职尽责,积极发挥监督、咨询、联络作用,沟通和促进了政府部门和司法机关同人民群众的联系,协助加强了依法行政和勤政廉政建设。

三、组织举办专题论坛和研讨会议

这一时期,民盟湖南省委积极实施参政议政工作"走出去""请进来",多次主办和参加全国性的参政议政专题论坛、专门会议,在与全国民盟同人的互相学习交流中进一步提升建言献策水平。

1993 年 10 月,民盟湖南省委承办了民盟中南六省第三次经验交流会。会议在大庸市(现张家界市)举行,来自广东、广西、河南、湖北、湖南、海南和特邀与会的上海、四川等省(市、区)的 120 多位盟员代表出席。会议重点就参政议政工作与民主党派自身建设进行了深入探讨和交流。全国人大副委员长、民盟中央主席费孝通莅会并讲话。会议期间,费孝通还会见了中共大庸市委负责人,就湘西地区的建设和保护提出三点希望:一是将开门见山变为"开门见财";二是要培养一批"长翅膀不飞走的凤凰";三是要"保护性地开发"旅游资源。

1996 年 11 月 4 日至 13 日,民盟湖南省委在长沙举办了民盟部分省市第九次高教改革研讨会。来自北京、上海、天津、安徽、辽宁、福建、江苏、浙江、河北、四川等 11 个省(市)民盟组织共 36 名代表参加了会议。研讨会收到论文 37 篇,就教育体制改革,学生素质教育,教师队伍建设,多媒体现代化教育手段的推广等问题进行了深入研讨。全国人大常委会副委员长、民盟中央主席丁石孙莅会。会议形成了《关于当前我国高等学校深化教学改革的若干建议》。

民盟部分省市第九次高教改革研讨会与会代表合影

2003 年 11 月 16 日至 19 日,由民盟湖南省委承办的民盟基础教育研讨会在张家界市成功举行,来自北京、天津、河北、内蒙古、辽宁、上海、江苏、浙江、安徽、福建、山东、河南、湖北、四川、贵州、陕西、青海、宁夏、新疆等 25 个省(市、区)民盟组织的 71 位代表出席了会议。会议收到论文 77 篇,主要围绕贯彻中共十六届三中全会精神,修改和完善教育法和教育法规,加强农村义务教育,普及高中阶段教育和优化师资等问题进行了深入研讨,提出了"加大中央和省级财政对农村义务教育的投入,保障弱势群体和不发达地区子女义务教育的权利,促进农村义务教育持续健康发展;调整人才培养结构,构建结构合理、特色鲜明、与普通教育互补、与市场需要和劳动就业相结合的现代职业教育体系;调整投资结构,均衡发展基础教育"等富有建设性的建议。

全国政协副主席、民盟中央常务副主席张梅颖等民盟中央领导出席会议并讲话。

这一时期,民盟湖南省委还积极参加民盟中央举办的一系列参政议政论坛、会议。如2005年5月,民盟湖南省委会主委谢佑卿参加了在武汉市举办的"中部崛起战略论坛";同年8月,民盟湖南省委会专职副主委陈幼平等参加了在内蒙古呼和浩特市举行的"2005北方生态论坛",并在会上做了题为《中国绒山羊产业对北方生态的影响与对策》的大会发言;2006年11月,民盟湖南省委会专职副主委汤浊等参加了在安徽省合肥市举行的"民盟部分省市基础教育研讨会",做了题为《关于湖南革命老区农村义务教育发展中的问题与对策建议》的大会发言;2007年10月,民盟湖南省委会专职副主委汤浊等参加了在厦门市举办的"高等教育研讨会",做了题为《高等教育领域的一些问题的思考和建议》的大会发言。

第三节　为全面建设小康社会
办好事、办实事

进入90年代以后,民盟湖南省委发挥智力优势和人才优势,整合盟内外资源,扎实做好社会服务工作,为全面建设小康社会办好事、办实事。

1990年12月,民盟湖南省委举行了"民盟湖南省盟务工作和做实事、做好事经验交流暨表彰大会",表彰了长沙市、湘西自治州、岳阳市 3 个先进市（州）委，30 个先进基层组织和 25 位先进个人。2006 年 9 月，在中共中央统战部召开的各民主党派、工商联、无党派人士为全面建设小康社会做贡献经验交流暨表彰大会上，民盟湖南省委会副主委何清华获评为先进个人，民盟湖南农业大学委员会获评为先进集体。

一、开展智力支边扶贫

1990 年以后，民盟湖南省委把社会服务的重点放在智力支边扶贫上，先后 5 次派专家、教授到怀化市、湘西自治州等贫困地区进行选点考察，最终确定将湘西自治州、怀化市、大庸市（后改名为张家界市）作为支边扶贫重点，开展了大量卓有成效的工作。民盟湖南省委社会服务部获得政协湖南省委员会、省民委、中共省委统战部评选的"智力扶贫先进单位"称号。

1991 年，民盟湖南省委承接了湘西自治州 11 个支边项目，大力培养当地发展经济的"造血"功能。1992 年，民盟省委确定吉首市矮寨镇为对口扶贫点，邀请专家前往考察，挖掘了当地资源优势，帮助该镇开发经济项目。同年 6 月，民盟湖南省委与政协湘西州委员会、吉首大学联合创办"湘西自治州科技开发与人才培训中心"，培养当地不飞走的"凤凰"。先后举办了 5 期培训班，培养了一批实用性人才。1994 年年初，民盟湖南省委帮助吉首市矮寨镇制定了扶贫方案，并从该镇招收了 26 名女青年到民盟省委所办的长沙文法学院附属宝石加工厂学习劳动技能。

1992 年，民盟湖南省委与怀化市芷江侗族自治县垅坪乡达成协议，参与该乡工业小区和农业基地的开发，助力芷江脱贫致富。1995年4月，民盟湖南省委派遣机关干部赵为济赴芷江县挂职担任芷江县县长助理。民盟湖南省委组织了多名湖南农学院专家赴芷江进行技术指导，帮助该县四大茶场全部进行技术改造，取得了显著成效。1995年，由该县开发的芷江特产云雾茶获得"湘茶杯"金奖。到1997年年底，该县4大茶场茶叶产量由1994年的6 000多千克增加到30 000千克，总产值由7万余元增加到近100万元。由挂职干部赵为济分管的蔬菜产业也获得较大发展，成为芷江县农业支柱产业之一。芷江县进而成为湖南西部最大的蔬菜生产地，并于1996年被省蔬菜办确定为全省的蔬菜基地县。

1992年3月，民盟湖南省委派相关人员赴大庸市开展智力支边扶贫工作，启动了立体农业综合开发示范和推广根治烟叶花叶病专利技术等项目的研究和实施。1999年，民盟湖南省委派出机关干部徐智、刘春阳到张家界市永定区沙堤乡和阳湖坪镇挂职。2000年年初，民盟湖南省委与各盟市（州）委达成联合扶贫共识，确定张家界市永定区沙堤乡板坪村为联合扶贫点。两年中，指导沙堤乡制订了《沙堤乡小城镇建设规划》，出面为沙堤乡筹集资金10万元重建板坪村小学，筹集3万元修建包公山村小学，安装程控电话170部，协助阳湖坪镇筹资34.7万元整修集镇街道。

从20世纪90年代末开始，民盟湖南省委将"送科技下乡，推广科学养殖"作为智力扶贫的一个重点项目，积极组织、持续展开，取得了突出成效。1998年6月，民盟湖南省委与政协湖南省委员会、省科协以及湖南农业大学饲料研究中心联合举办了"送科技下乡活动",在浏阳市共举办了22期养殖技术培训班,使千余位老区百姓学到了脱贫致富的实用技术。民盟湖南省委还大力支持盟员专家创办的长沙绿叶生物科技有限公司,推广其"135保健养猪技术"和"千人创业工程",取得了良好的社会效益。至2007年年底,民盟湖南省委先后在全国19个省区的450多个县(市)免费举办培训班1000余期,培训养殖专业户12万余次,赠送资料45万多册。全国有超过1000万头生猪应用了"135保健养猪技术"。

2006年5月,民盟湖南省委在长沙召开了民盟部分省市科学养殖座谈会。来自北京、上海、四川、贵州等14个省(市)的民盟社会服务工作负责人、有关专家40余人参加了会议。全国人大常委会法制工作委员会副主任、民盟中央副主席李重庵出席会议并讲话。会议就"135保健养猪技术"和"千人创业工程"推

民盟部分省市科学养殖座谈会现场

广及合作进行了洽谈,并就新形势下民盟如何围绕建设社会主义新农村开展社会服务工作进行了探讨和交流。

二、开展"盟津合作"与石江村帮扶

在民盟湖南省委的智力扶贫工作中,最有代表性、取得显著成效的是"盟津合作"与石江村帮扶。

1989 年,民盟省委与津市市政府开始探讨实施"盟津合作"。这年 7 月,津市遭受特大洪水灾害。民盟省委向全省盟员发出了《广泛动员,捐献钱粮,支援津市抗灾救灾》的紧急通知,为灾区募捐人民币 1 万余元、粮票近万斤。

1990 年,民盟湖南省委与津市市政府正式签署了"盟津合作"协议。在省人民政府的支持下,津市市被确定为民盟省委科技支边扶贫点。民盟湖南省委组织盟内专家,安排技术项目,对津市市进行了重点支援。1991 年,民盟湖南省委和津市市政府签订了《稻谷良种推广技术服务协议书》《红薯良种推广技术服务协议书》《蔬菜病虫害防治技术服务协议书》三份协议书,分别在津市保河堤镇、李家铺乡、阳由乡实施,每年直接经济效益约150 万元。

1993 年,民盟湖南省委与津市市政府签订了《科技经济友好合作协议书》,并从机关选派了青年干部邹卫到津市挂职,建立了更加巩固的长期合作关系。民盟湖南省委领导多次赴津市考察,帮助该市取得外贸进出口资格权,帮助引进资金 800 万元投入技改项目,挽救了濒临破产的津市市热电站。从 1989 年到1995 年 6 年中,民盟湖南省委先后为津市市引进港资 200 万美元,帮助该市办起了一批蔬菜大棚、乡镇企业。此外,还帮助该市引进了聚氨酯原子灰生产技术和果蔬脆片加工技术;在北京、上海40多家科研院与该市之间牵线搭桥,建立技术合作关系。

2003年9月,民盟湖南省委确定将省级贫困村浏阳市龙伏镇上源村(后改名为石江村,现改名为龙伏社区)作为定点扶贫村。从2003年到2007年,民盟湖南省委倾力对石江村进行全面帮扶,指导和帮助该村做了一系列实事:一是帮助调整产业结构,发展经济。组织湖南农业大学盟员专家为石江村提供"135保健养猪技术",使全村养猪户由4户增加到60多户,户户创收;组织省烟草专卖局盟员专家赵松义等指导大力发展烟叶种植、烤烟生产,种植烟田达到600多亩,创收前景乐观;还为村里引进科技示范项目——红提种植项目。二是帮助改善基础设施建设。为该村争取资金,修好一条3.6公里长的水泥路,还帮助修复了水利设施,解决了农田灌溉问题。三是支持发展教育事业。发动盟员献爱心,资助该村考上大学的学生和中小学在读贫困学子,还向石江小学捐赠课桌椅100多套。四是协助落实库区移民。在民盟湖南省委的帮助下,将该村洞庭黄水库库区16户特困户迁移到合适地点,解决了一个多年来的老难题。五是大力帮助发展文化事业。多次组织盟员专家开展"三下乡"活动,丰富了村民的文化生活。按照建设社会主义新农村的总体要求,帮助村里建立健全了老协、科协、妇协等社会组织。

2005年,石江村摘掉了贫困村的帽子,民盟湖南省委随后将其建设成社会主义新农村联系点。2006年5月,中共湖南省委统战部在石江村召开了湖南各民主党派省委社会服务工作座谈会,一致肯定了民盟湖南省委三年来致力帮扶石江村的工作,石江村村民真正从帮扶中得到了实惠。

三、积极开展社会办学和科技咨询工作

这一时期,民盟湖南省委继续发挥民盟在教育方面的人才、智力和资源优势,积极开展社会办学工作。1993年,民盟湖南省委成立教育领导小组,加强对全省民盟组织社会办学的宏观指导,争取政府更多的重视与支持。湖南民盟各级组织认真贯彻国家的教育方针,坚持以培养社会主义市场经济合格人才为宗旨,教书育人成绩斐然,多次被评为湖南省社会力量先进办学、助学单位,得到了中共湖南省委、省人民政府以及各级教育行政部门的充分肯定和社会各界的普遍赞誉。

截至2006年年底,我省各级民盟组织和盟员共主办(主管)26所学校,其中国家承认学历的大专学校8所、中专学校5所、文化补习和职业职称培训类学校5所。这些学校所设置的专业主要有:法律、财会、经贸、文秘、外语、旅游、电子技术、计算机应用等。它们为国家培养了各类不同层次的大量人才,其中大专以上层次的学员10 600人,中专层次的学员5 075人,参加各类职业培训的学员5 046人,参加文化补习的学院学员38 578人。学员们毕业后在改革开放事业和国家、地方经济建设中发挥了积极作用,做出了一定的贡献。据不完全统计,被国家录用提干的有1 350人,晋升中级以上职称的有1 030多人,担任科级以上管理职务的有180多人。还有不少学员毕业后继续深造,攻读本科、研究生学位或出国留学。

在民盟湖南省委主办的学校中,比较有影响的有长沙业余文法学院、长沙业余围棋学校、长沙光明职工中等专业学校、湖南工商财贸学校等。2001年,长沙业余文法学院、长沙光明职工中等专业学校、湖南工商财贸学校三校合并,改名为湖南信息管理专修学院。该学院共培养学生2.8万余人,曾多次被评为湖南省和长沙市社会力量办学先进单位。

为充分发挥民盟的人才和智力优势,民盟湖南省委还积极创办实体,开展科技咨询工作。先后创办了东方民间艺术开发研究院、长沙科技文化服务社、盟省委机关印刷厂、苍松机电研究所、精细化工研究所、创意广告公司、湘长食品贸易公司、华南工贸总公司、三环边境贸易公司、湖南光明信息公司等经济实体。1998年,根据财政部、国家工商行政管理局、国家经济贸易委员会、国家税务总局联合下发的《清理甄别"挂靠"集体企业工作的意见》精神,民盟湖南省委所办实体于20世纪90年代末相继脱钩或停办。

第四节 全面提升组织建设科学化水平

1989年年底,湖南全省共有盟员3 971人,市(州)委员会10个,省直支部(含小组)243个。进入20世纪90年代,民盟湖南省委认真贯彻《民盟中央关于加强自身建设的若干意见》,结合湖南民盟实际,制定了《民盟湖南省组织发展规划》《民盟湖南省后备干部队伍建设规划》,全面提升组织建设科学化水平。先后召开第九、十、十一次全省代表大会,顺利实现政治交接。截至2007年12月,湖南共有盟员7 109人,盟员平均年龄53.9岁。全省共有13个市(州)组织、4个县市级组织、268个基层组织(其中省直基层组织53个)。

一、召开民盟湖南省第九、十、十一次代表大会,顺利实现政治交接

1991年2月,民盟湖南省委八届四次全会增补杨国勋、张作功为副主委;12月,张作功调入民盟省委机关任专职副主委。

1992年8月18至20日,民盟湖南省第九次代表大会在长沙召开。与会代表166人,代表全省4 113名盟员。大会学习了邓小平“南方谈话”等重要讲话,审议并通过了张作功代表民盟湖南省第八届委员会所做的工作报告,通过了大会决议。会议认为,20世纪90年代是我国社会主义现代化建设的关键时期,今后的5年是我国经济迅速发展,再上一个新台阶的重要时期。祖国和平统一大业也将出现新的局面。会议要求湖南民盟各级组织,在今后一个时期里,要把深刻领会和全面落实邓小平同志重要讲话精神,当作一项首要任务来抓,充分调动广大盟员为改革开放和经济建设服务的积极性、主动性和创造性,与中国共产党和全国人民紧密地团结在一起,进一步解放思想、转变观念、认清形势、坚定信念,牢牢把握中共的基本路线,为维护安定团结的政治局面服务,为社会主义现代化建设和改革开放服务,为健全社会主义民主和法制服务,为促进“一国两制”、和平统一祖国服务,为全面完成参政党肩负的各项历史使命而努力奋斗。

民盟湖南省第九次代表大会选举产生了民盟湖南省第九届委员会。陈新民第三次当选为主委,王振华、张作功(专职)、乐寿长当选为副主委,赵习文被任命为秘书长。49人任省委委员,其中14人为常务委员。大会还聘请卢惠霖、胡笃敬、杨国勋等27人为顾问,推选18名盟员为民盟第七次全国代表大会代表。

1992年12月23日,陈新民主委在民盟第七次全国代表大会上突发心脏病逝世,享年80岁。因其晚年多次申请加入中共,逝世后不久,他被中共湖南省委追认为中共党员。1993年4月,民盟湖南省委九届四次常委会推举王振华为代主委;9月,民盟省委九届二次全会同意推举王振华为代主委,选举谢佑卿、王影为副主委。1994年1月,民盟湖南省委九届三次全会选举谢佑卿为主委,推举王振华为名誉主委。

1997年5月18日至20日,民盟湖南省第十次代表大会在长沙召开。与会代表190名,代表全省4 839名盟员。大会审议并通过了张作功代表民盟湖南省第九届委员会所做的工作报告。会议认为,过去的5年,民盟省委会领导全省盟员认真贯彻中国共产党的基本路线,以开拓、务实、进取的精神,努力实现民盟湖南省第九次代表大会确定的各项任务,在参政议政、民主监督和为两个文明建设服务以及自身建设等方面的工作都取得了可喜的成绩。大会提出,今后5年,民盟湖南省委将高举邓小平建设中国特色社会主义理论的旗帜,发挥群体作用,提高专委会工作水平,进一步搞好参政议政;认真贯彻《中共中央关于进一步加强社会主义精神文明建设的若干重要问题的决议》,加强宣传、思想工作;为适应参政议政、发挥参政党作用的需要,进一步做好组织发展和干部培训工作;立足本职,面向社会,努力为两个文明建设做贡献。

民盟湖南省第十次代表大会选举产生了民盟湖南省第十届委员会。谢佑卿再次当选为主委,王振华被推选为名誉主委,陈幼平(专职)、张作功、乐寿长、王影、周宏灏当选为副主委,赵习文被任命为秘书长。56人任省委委员,其中20人为常务委员。大会还推选13名盟员为民盟第八次全国代表大会代表。

2002年6月8日至10日,民盟湖南省第十一次代表大会在长沙召开。与会代表192人,代表全省5 864名盟员。大会学习了"三个代表"重要思想,审议并通过了谢佑卿主委所做的题为《开拓创新,与时俱进,为新世纪的宏伟事业而努力奋斗》的工作报告。会议认为,过去的5年,民盟省委会领导全省盟员认真贯彻中国共产党的基本路线,以开拓、务实、进取的精神,在参政议政、民主监督和为两个文明建设服务以及自身建设等方面的工作都取得了可喜的成绩。大会所确定的以后5年的工作任务是:切实加强自身建设,努力提高思想政治素质,自觉接受中国共产党的领导,不断完善参政党工作机制,同心同德,扎实工作,开拓进取,为巩固和完善中国共产党领导的多党合作和政治协商制度,为推进湖南的社会主义现代化建设做出更大的贡献。

民盟湖南省第十一次代表大会选举产生了民盟湖南省第十一届委员会。谢佑卿第三次当选为主委,王振华被推选为名誉主委,陈幼平(专职)、张作功、乐寿长、李利君、何清华当选为副主委,陈幼平兼任秘书长。55人任省委委员,其中19人为常务委员。大会还推选26名盟员为民盟第九次全国代表大会代表。

2006 年 2 月 24 日,民盟湖南省委十一届五次全会召开,同意已调民盟中央担任组织部副部长的陈幼平同志辞去民盟省委副主委、秘书长、常委、委员职务的请求。会议补选汤浊为民盟省委常委、副主委,补选杨维刚为民盟省委副主委。

二、省直基层组织建设和地方组织建设进入快车道

1992 年 6 月,民盟湖南省委成立了民盟省委直属基层组织工作委员会(简称省直工委),作为民盟湖南省委的派出机构,实施对省直基层组织的领导,协助处理基层组织提出的问题。专职副主委张作功兼任省直工委主委。

1998 年 11 月、2000 年 12 月,民盟湖南省委先后召开了省直基层组织工作现场经验交流会和全省基层组织工作会议,交流推介了基层工作经验,探讨了基层工作的新思路,并且制订了《中国民主同盟湖南省基层组织工作条例(试行)》。

1999 年、2001 年,民盟湖南省委两次召开表彰大会,对在两个文明建设中做出突出贡献的先进地方组织、先进基层组织、优秀盟员和优秀盟务工作者进行了表彰。

2001 年,在民盟湖南省委的指导下,全省 11 个市(州)民盟组织顺利进行了换届,实现了政治交接。一大批政治素质好、业务能力强、热心盟务工作的盟员骨干进入市(州)组织领导班子。各市(州)民盟工作出现了新的起色,面貌焕然一新。

从 1990 年到 2007 年,湖南民盟地方组织再一次迎来了一个快速发展的黄金时期。张家界、益阳、永州、娄底、怀化等市先后

建立民盟市级组织。

1989年,国务院批准大庸设立地级市。1990年5月,民盟大庸总支成立。1994年3月,民盟大庸市第一次代表大会召开,选举产生民盟大庸市第一届委员会,申康如当选为主委。1994年4月,大庸市更名为张家界市,民盟大庸市委相应更名为民盟张家界市委。

益阳早在1949年7月就成立民盟益阳县筹委会,后撤销,1984年成立民盟省委直属益阳支部。1988年11月,民盟益阳市(县级)委员会成立。1995年6月,民盟益阳市(地级)第一次代表大会召开,选举产生了民盟益阳市第一届委员会,汤可敬当选为主委。

永州早在1949年年初就建立了民盟宁远、江华、道县分部,后来停止了活动。1988年10月成立民盟省委直属永州支部。1996年8月,民盟永州市第一次代表大会召开,选举产生了民盟永州市第一届委员会,钱荣棠当选为主委。

娄底早在1949年7月就成立了民盟蓝田支部,后因地域变更停止活动。1988年其恢复民盟活动。1997年5月娄底成立民盟省委直属娄底支部。2000年5月,民盟娄底市第一次代表大会召开,选举产生民盟娄底市第一届委员会,邹明玉当选为主委。

1997年5月,民盟省委直属怀化支部成立。2001年7月,民盟省委直属怀化总支委员会成立。2004年3月,民盟怀化市第一次盟员会议召开,选举产生民盟怀化市第一届委员会,武思元当选为主委。

2005年1月,民盟湖南省委在长沙召开了首次党盟合作座谈会。民盟湖南省直基层组织各所在单位分管统战工作的党委副书记、统战部部长参加了会议。这一做法坚持了多年,对推进党盟合作起到了很好的作用。

在民盟湖南省委的不懈努力下,省直基层组织建设和地方组织建设成绩显著,得到了中共中央统战部、民盟中央的充分肯定和多次表彰。2005年9月,在民盟中央于成都召开的民盟基层组织建设经验交流暨表彰大会上,民盟长沙市委、民盟娄底市委被评为"全国基层组织建设先进单位",民盟湖南农业大学委员会、民盟长沙矿冶研究院支部、民盟株洲工学院支部、民盟岳阳市四中支部获"全国先进基层组织"光荣称号。2006年,民盟湖南省委荣获民盟中央颁发的"机关建设工作优等奖"。

三、积极加强民盟人才队伍建设

1990年5月,为进一步加强湖南民盟各级组织领导班子建设和人才队伍建设,民盟湖南省委成立了"湖南民盟人事工作小组",建立了人才档案库,切实加强了骨干盟员的政治安排、实职安排和社会安排。同时,民盟湖南省委积极推动全省各市(州)民盟组织建立"人才考察小组",推动湖南民盟的人才建设和可持续发展。

1990年至2007年,湖南盟员中先后有83人次担任各级人大代表,551人次担任各级政协委员。在各级政府、司法机关担任副处级以上领导职务的有34人,担任各级特邀监察员、检察员、审计员、教育督导员等的有7人。

1993年1月,8名盟员当选为湖南省第八届人民代表大会代表,出席湖南省八届人大一次会议。同年1月,43名盟员担任政协湖南省第七届委员会委员,王振华、曹曾祝、张作功、乐寿长、王步标、陈永密、邹捷中7名盟员当选为省政协常务委员。曹曾祝任省政协副秘书长。在政协湖南省七届二次会议上,新任民盟省委主委谢佑卿被补选为省政协副主席。

1998年1月,12名盟员当选为湖南省第九届人民代表大会代表。在湖南省九届人大一次会议上,民盟湖南省委会主委谢佑卿当选为省人大常委会副主任,王影、宋惠平(女)当选为省人大常委会委员,谢佑卿、鲁立彬、王阳娟3位盟员当选为全国人大代表。同年1月,48名盟员担任政协湖南省第八届委员会委员,后又增补肖克宇、杨君武、唐未兵3名盟员为省政协委员。在政协湖南省八届一次会议上,陈幼平、张作功、乐寿长、周宏灏、傅治同、申康如、邹捷中7位盟员当选为省政协常委。陈幼平任省政协副秘书长,乐寿长任省政协经济科技委员会副主任。

2003年1月,5名盟员当选为湖南省第十届人民代表大会代表。在湖南省十届人大一次会议上,民盟湖南省委会主委谢佑卿再次当选为省人大常委会副主任。谢佑卿、王影当选为省人大常委。同年1月,34名盟员担任政协湖南省第九届委员会委员,出席政协湖南省九届一次会议。陈幼平、乐寿长、周宏灏、谭世延、何清华、邹捷中、张正奇、肖克宇、戴晓凤、乐根成10名盟员当选为省政协常委。陈幼平任省政协副秘书长,乐寿长任省政协经济科技委员会副主任。

在实职安排方面,一批盟员相继走上各个层次的领导岗位。杨维刚任省国土资源厅副厅长,赵松义任省烟草专卖局总农艺师,黄献民任省政协副秘书长,李兰君任邵阳市副市长,唐未兵任湖南商学院院长,陈洪任中南林业科技大学副校长,彭晓任湖南工程学院副院长,曾阳素任邵阳学院副院长。在各级政府部门、司法机关担任副处级以上领导职务的有 34 人。

四、盟员建功立业捷报频传

1990 年至 2007 年,湖南广大盟员立足本职岗位建功立业,为我国和我省经济建设与社会发展做出了贡献,很多盟员荣获各种国家级、全国性、省部级奖励与荣誉。据不完全统计,湖南盟员荣获各级各类奖励和荣誉称号合计10 756人次,其中省部级以上奖励和荣誉称号2 178人次。

在科技方面,1997 年,湖南省首次评选出中华人民共和国成立以来的 80 位"科技之星",卢惠霖、陈新民、叶雨文、易见龙、赵天从、潘世宬 6 位盟员榜上有名。2005 年 12 月,盟员周宏灏当选为中国工程院院士,全国人大常委会副委员长、民盟中央主席蒋树声,全国政协副主席、民盟中央常务副主席张梅颖联名向他发来贺信。此外,李春阳、叶梅新等参与的研究成果获国家科技进步一等奖;周宏兵、张轩杰、佘济云、袁兴中、刘红玉等获国家科技进步二等奖;李义兵获第八届中国青年科技奖。

在教育方面,杨鹏程获"全国首届高校百名教学名师"称号;王家勇、杨鹏程被授予"全国模范教师"称号;宋迎清、刘亚云、李晓渊被评为全国优秀教师。值得一提的是,著名商业经济学家、湖南商学院教授柳思维,为人师表,恪尽职守,同时积极参政履职,先后主持承担湖南省、长沙市有关部门的委托课题 10 多项,

60 多次为湖南省经济发展提供调研成果、政策建议和专题汇报，被誉为"湖南谋士"。2003 年 7 月，民盟湖南省委做出《民盟湖南省委关于开展向柳思维同志学习活动的决定》。

在社会科学方面，知名民族源流史专家何光岳，自学成才，发表大量专著和论文，总计上千万字，被中央电视台"东方之子"栏目采访报道，其《东夷源流史》荣获第二届国家教育图书二等奖。中国古典文献学专家余明光教授的《黄帝四经今注今译》获 1994 年全国古籍整理二等奖。古汉语专家汤可敬教授编写的《新编古代汉语》获全国第二届普通高校优秀教材奖。

文艺方面，知名戏剧作家颜梅魁先后获中国戏剧"文华奖"、中国电影"华表奖"、全国优秀电视艺术片奖、"金鸡奖"最佳故事片奖等多项奖励。相声表演艺术家任军（艺名大兵）两次获得中央电视台"观众最喜爱的春节晚会节目"曲艺类二等奖，连续当选为湖南省曲艺家协会理事会主席。

还有众多盟员在各自的岗位上默默耕耘、建功立业。何清华被中共中央统战部、各民主党派中央评为"为全面建设小康社会做贡献"先进个人。陈孝珊被中共中央统战部、国家民委授予"全国智力支边扶贫先进个人"荣誉称号。孟繁英被评为 2005 年度全国十大民间禁毒人士并受到公安部表彰。李利君、李兰君、李玲光荣出席了在北京举行的第四次世界妇女大会。

第五节　加强机关建设

1979 年民盟湖南省委恢复活动后,其职能部门初设组织部、宣传部和人事秘书处(含办公室),1988 年增设社会服务部;1991年调整为办公室(含人事秘书处)、组织部、宣传部(含理论政策研究室)和社会服务部;1997 年调整为办公室(人事处)、组织处、宣传处(研究室)和社会服务处。

民盟湖南省委机关的办公地点几经变迁。中华人民共和国成立前在长沙惜字公庄办公,之后搬到湘春路安庄挂牌办公,1951 年搬到丰盈西里青石井 12 号,后来又先后搬到黄兴南路的苏家巷以及湘春路的彭家井 32 号。1992 年,在中共湖南省委、省人民政府的高度重视和关怀下,民盟湖南省委机关与其他五个民主党派省委机关一起,搬迁到长沙市爱民路省民主党派大楼。新办公大楼位于岳麓山下、湘江之滨,环境优美,交通便利,包括民盟省委机关在内的湖南省各民主党派省委机关的办公条件大大改善。

1995 年起,民盟省委机关工作人员正式纳入国家公务员参照管理系列,按照《国家公务员管理暂行条例》加以管理。2006年起,《中华人民共和国公务员法》正式施行。根据该法,民主党派与中国共产党、人大、政府、政协、审判、检察七类机关,纳入国家公务员范围。民盟省委机关工作逐步实现了制度化、规范化、程序化。

2003 年 3 月,全省盟务工作会议在长沙宁乡县召开。民盟湖南省委会副主委陈幼平对 2002 年我省民盟主要工作作了简明扼要的总结,对 2003 年的工作做了全面部署。会议以分组讨论的形式交流总结了 2002 年市(州)盟务工作的成绩和经验。

2005 年 10 月,民盟湖南省委承办了民盟中南六省(区)第十次盟务工作会议。会议在长沙举行,来自民盟河南、湖北、湖南、广西、广东、海南 6 省(区)委的 50 余位盟务工作者及特邀的民盟内蒙古自治区委的盟务工作者参加了会议。全国政协副主席、民盟中央常务副主席张梅颖出席会议并讲话。会议围绕学习贯彻科学发展观和中共〔2005〕5 号文件精神,加强民盟自身建设,提高参政议政能力进行了深入探讨和交流。

民盟湖南省委机关一直得到中共湖南省委、省人民政府、省政协领导的高度重视和亲切关怀。2005 年 2 月 1 日,政协湖南省委员会主席胡彪,中共湖南省委常委、统战部部长石玉珍等领导,走访慰问了民盟省委机关。2006 年 1 月 23 日,中共湖南省委书记、省人大常委会主任张春贤,在省政协主席胡彪,中共湖南省委副书记谢康生,中共湖南省委常委、统战部部长石玉珍,湖南省委常委、秘书长于来山,湖南省人大常委会副主任、民盟湖南省委会主委谢佑卿等陪同下,走访了民盟省委机关,向机关干部和广大盟员致以新春的问候。

这些年,我的参政议政实践

戴晓凤

参政议政是民主党派的主要任务之一。对于一个长期在教学与科研岗位上工作的民盟盟员、省政协委员来说,参与参政议政活动的主要途径就是通过民盟组织与政协两大平台,以提案或社情民意信息等形式向各级政府反映问题,提出合理化建议。近些年,作为民盟湖南省委会常委及省政协常委,我一直尽自己的最大努力,参与参政议政活动,并有一些体会。

一、以自己的专业研究为基础提出专业性针对性强的建议

我是金融学教授,政府的投融资问题一直都是我关注的问题。自 2000 年开始,各地政府都开始了大规模城市基础设施建设,城市建设资金不足成为城市建设的瓶颈。为此各级政府都相应采取了多种融资方式,由于融资机制不完善,引来融资风险隐患。为此,我专门对城市建设融资机制问题进行了大量的调查与基础性研究,并先后争取到了教育部与省科技厅的基金资助。通过研究发现,我国城市建设融资机制不合理已经成为制约城市发展的大问题。在我的提议下,盟省委将"城市建设融资问题"作为 2002 年的重点调研课题。我作为课题负责人,与课题组成员先后到常德、郴州、湘潭等市进行调研,其研究成果《城市建设融资问题与建议》,在年底中共省委召开的各民主党派和工商联参政议政调研成果汇报会上我做了民盟省委的汇报发言。在政协湖南省九届一次全会上,盟省委参政议政处也根据

研究报告的主要内容,分别做了三个提案。其中 147 号提案《关于加快城市建设融资与偿还机制的改革的建议》是当年省政协由主席亲自督办的十个提案之一,2002 年 7 月 18 日,省政协阳宝华副主席率提案督办组亲自到省建设厅督办此提案。

2003 年,随着城市建设的不断深入发展,土地使用补偿成为城市建设中的新问题。城市的发展使得一部分农民失去了土地使用权,引发了一些社会矛盾。因此,为了很好地解决城市建设中土地征用与补偿矛盾,我着手进行了有关土地信托方面的调查与研究,认为:"现有土地使用制度阻碍着农业资本的流入,农业产业化进程中所必需的资本积累难以形成,拥有土地使用权的人缺乏资本和技术,拥有资本或技术的人无法顺利将资本、技术与土地相结合,这是'三农问题'的核心问题!"因此我建议"引入现代土地信托制度,建立县、乡(镇)、村三级信托服务体系,负责土地使用权供求登记和信息发布、土地流转中的中介协调和指导鉴证、土地流转后开发项目的跟踪服务和依法协助调处纠纷"。2004 年年初,根据研究结果,我为盟省委向政协二次全会提交了一份集体提案《推行土地信托制度,加快农村土地使用权流转》。并就此由民盟省委副主委陈幼平代表盟省委在政协湖南省九届二次全会上做了大会发言。湖南卫视与湘声报都做了专题报道。

二、关注身边问题,及时发现有意义的话题并深入研究

2004 年夏天,我刚从英国回来,一天在报纸上看到一则报道,反映四川省某乡政府的债务危机。由此我开始关注有关地方政府的债务问题,发现此类报道已经很多。那么我省情况如

何？通过调查了解，我省地方政府的债务问题也到了刻不容缓的程度，如果不引起足够的重视，将导致政府的债务危机，并将逐级向上蔓延。因此，在省政协九届三次全会上，我为民盟省委提交了《关于我省地方政府的债务问题与建议》的集体提案。该提案作为湖南省财政厅当年两个重点解决的提案之一，由厅长李有志亲自带队，到债务问题严重的衡南县进行现场督办。

2006年，省内一家油脂生产企业要我做一个有关我国食用植物油的发展状况研究，我和课题组成员先后到了常德、衡阳、湘潭等地进行调研。通过调查发现，我省植物油原材料在品种、产量等方面具有非常重要的资源优势，但是却没有很好地发挥出来。因此，在完成企业要求的任务外，我专门写了一个《抓住机遇，深化改革，构筑我省植物油料资源优势，打造食用植物油产业链》的报告，该报告作为盟省委向九届政协五次全会的集体提案。这个提案转到林业厅后，林业厅领导非常重视，先后召开三次党组会议研究。2007年6月28日上午，湖南省林业厅党组书记、厅长葛汉栋，副厅长李定一，总工程师柏方敏等一行9人，专程到民盟省委机关就提案作答复，并与盟省委主委杨维刚、副主委汤浊、陈洪率机关干部举行了座谈会，提出要充分利用民盟人才优势，加强彼此合作。会后双方签署了会议备忘录。

三、积极参加民盟和政协组织的调研活动

2007年年初，省政协九届副主席李贻衡亲自主持，对我省湘菜产业发展情况进行调研。我作为调研组成员，认真投入到我省湘菜产业发展研究中。经过一年的调查研究，我们认识到湘菜是我省最具优势的食品资源，通过发展湘菜产业，可以很好地将农业、农产品加工业及相关物流配送等产业发展起来,并由此打造出我省的优势产业。在政协十届一次全会上,我提交了《推动"两园"建设,打造我省湘菜产业化集群》的提案,引起了省领导的高度重视。省委书记、省人大常委会主任张春贤亲自批示:"请宪平同志阅示,湘菜发展利财利人,且潜力巨大,应支持研究,加大引导支持的力度,壮大湘菜产业的发展。"省委常委、副省长徐宪平也批示:"请省发改委会同商务厅、农业厅认真办理,有关办理情况望及时向省政府报告。"

四、立足本职工作,为本单位的发展献计献策

2007年,湖南大学统战部与人事处联合举办了民主党派为学校"献金点子"活动。在这次活动中,我共提交了五个建议,其中《关于购置国外期刊数据库的建议》《关于"专家论证"问题》和《关于学生食堂的调研情况与建议》分别获得一、二、三等奖,并因此而获得民盟支部的组织奖,我们支部也成为获奖最多的民主党派支部之一。参政议政工作中,我们把关注社会问题与单位的发展相结合,相得益彰,能不断丰富我们的参政议政实践,提高我们的参政议政水平。

第五章

深度参政，助推"四化两型"建设
和富饶、美丽、幸福新湖南建设
（2007—2017）

2007 年 11 月,我国政府首次发表了《中国的政党制度》白皮书,再次强调多党合作要贯彻"长期共存,互相监督,肝胆相照,荣辱与共"的"十六字方针"。

2015 年 5 月,中共中央召开了中央统战工作会议。习近平总书记在会上做了重要讲话,该讲话成为新时代指导我国统一战线事业发展的纲领性文献。同时,《中国共产党统一战线工作条例(试行)》颁发施行。这是中国共产党关于统一战线工作的第一部法规,标志着我国多党合作制度进一步深化、成熟。

2007 年 6 月,民盟湖南省第十二次代表大会召开,选举产生了以杨维刚为主委的新一届委员会。2012 年 6 月、2017 年 6 月,民盟湖南省委先后召开民盟湖南省第十三次、第十四次代表大会,杨维刚继续担任主委。2007 年到 2017 年,是湖南经济快速发展的重要时期,也是湖南民盟深度参政,助推"四化两型"建设和富饶、美丽、幸福新湖南建设的有为时期。

第一节　加强思想宣传工作,夯实共同思想基础

这一时期,民盟湖南省委始终把思想建设放在突出位置,积

极探索思想宣传工作的新内容、新方式、新载体,进一步巩固了多党合作的政治思想基础。民盟湖南省委多次荣获民盟中央颁发的"民盟思想宣传工作先进集体"和思想宣传工作方面的其他荣誉称号。

一、加强政治学习,开展主题教育活动

民盟湖南省委建立了政治学习常态机制,主委会议、常委会议、全会等盟内会议先学习、后议事。发动、组织各级民盟组织和广大盟员深入学习科学发展观和习近平新时代中国特色社会主义思想,学习贯彻中共十七大、十八大、十九大精神,及时传达每年全国"两会"精神;组织民盟省委领导班子成员积极参加中共湖南省委统战部主办的"暑期谈心活动""同心会客室""同心大讲堂"以及"看巨变、凝共识、促发展"等活动,不断增强中国特色社会主义道路自信、理论自信、制度自信、文化自信,切实增强政治意识、大局意识、核心意识、看齐意识。

从 2007 年到 2017 年,按照民盟中央的部署,民盟湖南省委先后开展了"政治交接学习教育活动""坚持和发展中国特色社会主义学习实践活动""树立和践行社会主义核心价值体系活动"三大主题教育活动,取得了显著成效。

2007 年 8 月,民盟湖南省委召开十二届一次常委会,通过了《关于开展政治交接学习教育活动的实施方案》,在全省民盟部署开展以"坚持走中国特色社会主义政治发展道路"为主题的政治交接学习教育活动。组织民盟省委常委等骨干盟员赴四川、重庆参观邓小平故里和张澜故居,开展革命传统教育,缅怀、学

习民盟先贤。召开了省直基层组织政治交接学习教育动员会议,同时将民盟湖南师范大学委员会、民盟湖南大学委员会、民盟衡阳市委等作为政治交接学习教育活动试点单位,以点带面,深入推广政治交接学习教育活动。

2010年起,民盟湖南省委组织开展了树立和践行社会主义核心价值体系活动。组织民盟湖南省委会主委班子成员和各市(州)民盟主委参加了中共省委统战部在省社会主义学院举办的"树立湖南统一战线和践行社会主义核心价值体系专题研究班"学习;组织各级民盟组织班子成员参加了"身边的感动——树立和践行社会主义核心价值体系先进人物事迹报告会"。在民盟省委网站开设专栏,及时报道各级民盟组织深入开展树立和践行社会主义核心价值体系的新经验和好方法,刊登有关学习心得、理论文章、研究成果和先进盟员事迹。民盟湖南省委主要负责人还多次参加民盟基层组织举行的树立和践行社会主义核心价值体系专题学教活动,并与盟员谈心,给盟员讲课。全省广大盟员积极响应、热情参与,通过学习和讨论,领会了社会主义核心价值体系的重大意义和时代内涵,初步明确了树立和践行社会主义核心价值体系的目标、定位、主题和原则,在思想上形成广泛共识。

2013年11月起,按照民盟中央的部署,民盟湖南省委在全省展开了坚持和发展中国特色社会主义学习实践活动。2016年,民盟省委荣获民盟中央"坚持和发展中国特色社会主义学习实践活动优秀单位",民盟长沙、岳阳、娄底、湘潭市委,民盟湖南师大委员会、湘雅二医院支部、山河智能支部、湖南机电职业技术学院支部被民盟中央评为"坚持和发展中国特色社会主义学习实践活动先进单位"。

2016年,按照中共湖南省委统战部的统一部署,民盟湖南省委在全省各级民盟组织和全体盟员中展开了"两学一助"即"学系列讲话、学优良传统、助推新湖南建设"的学习教育活动。

在这一时期,民盟湖南省委每年还以重大纪念活动为契机,开展丰富多彩的思想宣传工作。2008年,民盟湖南省委举行了纪念中共中央发布"五一口号"60周年大型报告会和纪念改革开放30周年活动;2009年,开展了纪念新中国成立60周年、人民政协成立和多党合作制度确立60周年活动;2011年,以纪念中国共产党成立90周年、中国民主同盟成立70周年为契机,举行了"同心同行报告会",还举办了盟员书画创作笔会、"我与民盟"征文等活动;2013年,以纪念中共发布"五一口号"65周年为契机,举行了征文、座谈会等多种纪念活动;2015年,在湖南韶山干部学院举办了湘鄂豫皖四省盟务专干联合培训班,深入学习了《中国共产党统一战线条例(试行)》和习近平总书记在中央统战工作会议上的重要讲话精神。

二、加强盟史整理,开展民盟优良传统教育

民盟湖南省委自觉地把加强民盟优良传统教育作为思想建设的主要抓手,通过开展庆祝民盟成立,纪念民盟先贤,加强盟史整理,以民盟传统铸魂,以民盟精神育人,引导广大盟员特别是青年盟员深入了解民盟前辈以天下为己任,以人民为中心的责任意识和担当精神,进一步坚定坚持中国共产党领导,走中国

特色发展道路的政治信念。

2009 年是民盟湖南省级组织建立 60 周年,民盟湖南省委组织举行了一系列纪念和庆祝活动。1 月 8 日,民盟湖南省委召开了纪念民盟湖南省级组织建立 60 周年大会,民盟中央副主席温思美,中共省委常委、统战部部长李微微,民盟省委主委杨维刚等出席会议并讲话。会上表彰了全省民盟先进集体与个人,还举行了"继承光荣传统,再创民盟辉煌"盟史巡回展,举办了"和共和国同行'我与民盟'报告会"和老盟员座谈会,编辑出版了《湖南民盟 60 年》大型画册。

2010 年 12 月 3 日,民盟湖南省委召开了纪念费孝通诞辰 100 周年座谈会。中共省委常委、统战部部长李微微,民盟省委主委杨维刚以及老同志熊清泉等出席了座谈会并讲话。费孝通曾先后六次到湖南考察,为湖南的发展奉献了智慧和心血。大会号召继承和发扬费老精神,为富民强省做出新贡献。

2011 年是中国民主同盟成立 70 周年。11 月 30 日,民盟湖南省委举行了纪念中国民主同盟成立 70 周年大会。民盟中央副主席温思美,中共省委常委、统战部部长李微微,省政协副主席、民盟省委主委杨维刚等出席大会并讲话。大会向 45 位中华人民共和国建立前加入民盟的老盟员和 34 位从事民盟专职工作 20 年以上的盟务工作者颁发了荣誉证书。

2012 年 11 月 25 日,民盟湖南省委举行了纪念陈新民诞辰 100 周年座谈会。民盟中央副主席李重庵,中共省委常委、统战部部长李微微,省人大常委会副主任肖雅瑜,省政协副主席、民盟省委主委杨维刚等出席座谈会。大会号召学习陈新民先生热爱祖国、情系人民的崇高品德；与中国共产党风雨同舟、真诚合作的坚定信念；勤于钻研、勇攀高峰的科学精神以及倾心教育、甘为人梯的大家风范。

2013年10月16日，民盟湖南省委联合湖南大学、湖南师范大学在岳麓书院举办了纪念涂西畴诞辰100周年座谈会。民盟中央副主席温思美，省人民政府副省长李友志，省政协副主席、民盟省委主委杨维刚，省政协副主席、民建省委主委赖明勇等出席座谈会。

2014年是民盟湖南省级组织建立65周年，民盟湖南省委组织开展了一系列纪念活动。9月25日，隆重举行了纪念民盟湖南省级组织成立65周年大会，民盟中央副主席龙庄伟出席大会并讲话。9月19日，杨维刚主委撰写的《知我盟史、铸我盟魂，弘扬传统、开创未来》一文在《人民政协报》发表。此外，民盟湖南省委还举办了文艺汇演、书画展、纪念湖南民盟先贤萧敏颂、刘禄铨诞辰100周年座谈会等活动。

中共十二大后，湖南民盟部署加强对湖南盟史资料的抢救、收集、整理和研究工作，先后编撰了《湖南民盟概述》《湖南民盟大事记》等重要盟史资料。2013年9月，民盟省委十三届五次常委（扩大）会议研究决定，着手编撰"湖南盟史丛书"。成立了以民盟省委主委杨维刚为主任、专职副主委赵为济为执行编审的"盟史丛书编审委员会"以及副主委杨君武为主编的"盟史丛书编撰委员会"。编撰委员会下设盟史收集和编撰办公室（简称"盟史办"），傅小松任盟史办主任。会后正式启动了"湖南盟史丛书"的编撰工作。该丛书第一辑包括《湖南民盟史》《湖南民盟人物》《湖南民盟重要文献》三卷,约100万字。到2017年年底,第一辑编撰工作基本完成。

2017年,民盟湖南省委又启动了"费孝通与湖南"研究,组织有关专家赴永州开展"重走费老之路"调研活动,收集整理费老六次来湖南的相关资料,着手编撰《费孝通在湖南》一书,已完成初稿。

三、打造湖南民盟形象标志"三部曲",建设参政党文化

自2008年起,民盟湖南省委提出打造湖南民盟形象标识"三部曲":音乐性标志、文字性标志和图像性标志。当年即开展"湖南民盟之歌"征集工作,最终确定由民盟湖南省委会副主委杨君武教授作词、盟员音乐家张伯序作曲的《再创民盟荣光》作为"湖南民盟之歌"。2009年1月,《再创民盟荣光》在民盟湖南省级组织成立60周年庆典上第一次公开演唱,获得了广大盟员的一致好评。

湖南民盟图像性标志

2013年,民盟湖南省委在全省盟员中开展了"湖南民盟精神表述语"征集活动,先后征集到表述语300多条,通过提炼汇总、组织专家评审,最终确定盟员傅小松提交的"心忧天下、立盟兴湘"为湖南民盟精神表述语,得到全省盟员

的广泛认同。

2016年开始，民盟湖南省委又在全省盟员中开展了"湖南民盟图像性标志"征集活动。2017年3月，通过作品海选、盟员微信投票和专家评选，盟员曹海强的作品在多次吸纳专家建议的基础上，经反复修改，最终被确定为湖南民盟图像性标志。至此，湖南民盟自2008年起至2017年，历经10年，圆满完成了湖南民盟形象标志"三部曲"，成功打造了一个具有鲜明特色的湖南民盟政党文化体系。2017年，这项工作荣获中共省委统战部颁发的湖南省统战工作实践创新成果奖。

四、实施统战理论研究课题招标制度，加强参政党理论研究

2009年、2015年，民盟湖南省委统战理论研究会两次换届，组建第五届、第六届理事会，民盟湖南省委会副主委杨君武教授继续任理事长。

2009年，民盟湖南省委会专职副主委汤浊参加了在广州举行的民盟理论研究工作会议，在会上做的题为《湖南民盟开展统战理论研究的主要做法和思考》的大会发言，引起关注。

自2009年起，民盟湖南省委开始实施统战理论研究课题招标制度，并制定了《民盟湖南省委统战理论和参政党理论优秀成果奖评审办法（试行）》等相关制度。每年年初向全省盟员发布课题招标方案，组织专家对投标课题申报书进行评审，确定了约20个立项课题，并酌情设立若干委托课题，年底对立项课题和委托课题成果进行评审，对优秀成果给予奖励。这一制度实施以

来,以民盟省委统战理论研究会理事为主体的全省盟内研究人员先后完成了近 200 个课题,取得了丰硕的成果。民盟湖南省委先后将结项课题成果中较优秀的论文和调研报告汇编成册出版:2015 年出版了《民盟湖南省统战理论研究论文选编(1990—2009)》,全书收录统战理论文章 38 篇;2017 年出版了《多党合作与协商民主——民盟湖南省统战理论研究论文选编(2009—2014)》,收录统战论文 42 篇。

民盟湖南省委积极参加民盟中央组织的统一战线与多党合作理论研究课题招标,取得了一系列有较大影响的研究成果。由民盟省委副主委杨君武主持和撰写的《民主党派成员参政素质探究》《民主党派成员参政素质实证分析——以湖南盟员为样本》《当前中国民主党派吸纳成员现状探析——着眼于高素质参政党建设视角》《协商民主若干相关概念辨析——当代中国协商民主理论创新和实践创新的必要前提》《进一步健全当前中国政党协商机制若干问题探讨》等 6 篇论文获得民盟中央理论研究课题优秀成果一等奖。此外,盟员获省政协人民政协理论研究征文一、二、三等奖 10 多项,获中共省委统战部统战理论政策研究成果一、二、三等奖和特别奖 30 多项。

2015 年 11 月,为纪念《中共中央关于进一步加强中国共产党领导的多党合作和政治协商制度建设的意见》发表 10 周年,贯彻落实中共中央统战工作会议精神,民盟湖南省委举办了"多党合作与协商民主"理论研讨会。省政协副主席、民盟省委主委杨维刚致开幕词。民盟中央宣传部和研究室领导应邀参加研讨会。来自中南大学、湖南师范大学、长沙理工大学、湖南理工学院、湖南工学院等高等院校的 8 位盟员专家做了大会发言。

五、打造"全媒体"盟内宣传阵地，加大宣传工作力度

民盟湖南省十二大以后，民盟省委提出坚持"大宣传理念"，顺应时代潮流，积极打造"全媒体"盟内宣传阵地。2005 年，湖南民盟网站创办。2008 年，内刊《湖南民盟》由报纸改版为期刊。民盟省委主委杨维刚亲撰卷首语，要求新改版的《湖南民盟》"坚持政治学习，突出全局性""加强理论建设，体现思想性""注重社会实践，增强贴近性""创新宣传艺术，提高可读性"。2015 年，"湖南民盟"微信公众号创办。湖南民盟网站和微信公众号，与《湖南民盟》刊物等一起，形成"三位一体"的"全媒体"盟内宣传阵地。

2008 年起，民盟湖南省委密切与新闻媒体联系互动，建立了"媒体联席会议"制度。每年年初召开媒体联席会议，向省内及中央驻湘媒体发布湖南民盟年度对外宣传提纲，并不定期召开媒体座谈会，与记者面对面探究宣传工作，创新统战宣传方式方法。2014 年，民盟省委"建立媒体联席会议制度，构建党派宣传'大统战'格局"获中共省委统战部颁发的湖南省统战工作实践创新成果奖。

2009 年 2 月，湖南民盟书画院成立，余德泉任首任院长，李立任名誉院长。书画院成立以后，以文会友，以书画为媒，围绕湖南民盟中心工作，紧密配合重大节庆和纪念活动，先后举行了"纪念民盟湖南省级组织成立 60 周年""迎接中国民主同盟成立

70周年甘肃－湖南盟员书画展""纪念民盟湖南省级组织成立65周年"等多次书画展,出版书画集5部,丰富了湖南民盟的思想宣传工作,扩大了湖南民盟的社会影响。

六、大力推动"盟员之家"建设

2016年,民盟湖南省委成立了由专职副主委胡颖任组长的"盟员之家"建设工作领导小组,将"盟员之家"建设列入全年民盟省委的工作要点。杨维刚主委专门请时任全国人大常委会副委员长、民盟中央主席张宝文为湖南"盟员之家"题词。民盟省委统一部署,下文要求全省民盟各市(州)委和省直基层组织因地制宜,按照"五有"标准(有场所、有特色、有牌匾、有制度、有活动),逐步铺开"盟员之家"建设。截至2017年年底,先后建成较高标准的"盟员之家"80个,当年在全省范围内开展了"盟员之家"评比,评出优秀"盟员之家"19个。"盟员之家"内陈列多党合作政策、盟史盟章、民盟先贤事迹等宣传版面,张贴湖南民盟图像性标志,成为基层盟员的思想宣传窗口和理想信念教育基地。2017年,民盟省委"创新自身建设新途径,高标准建设盟员之家"获评中共省委统战部湖南省统战工作实践创新奖。

第二节　完善工作机制,提升
参政议政水平

2007年至2017年,民盟湖南省委紧紧围绕中共省委、省人民政府的工作大局,不断完善参政议政工作机制,加强参政议政人才队伍建设,积极履行参政议政、民主监督以及参加中国共产党领导的政治协商职能,打造了"盟字号"参政议政品牌。民盟省委先后多次获得民盟中央"参政议政调查研究先进单位""参政议政工作优秀成果奖"。

一、实施参政议政调研课题招标制度,高质量参政建言

从 2007 年起,民盟湖南省委开始实施参政议政调研课题招标制度,同时还出台了《关于进一步加强参政议政工作的意见》《关于表彰奖励参政议政突出成果的暂行办法》等激励制度,促进招标制度落实。年初民盟湖南省委会向民盟中央、中共省委研究室和相关政府部门征求选题意见,并面向全省民盟组织和盟员征集选题;选题确定后,即发动民盟各市(州)委、省直各基层组织或个人进行申报。调研课题立项实行评审制,由民盟省委组织专家小组进行评审。立项课题分为重点调研课题、委托调研课题、一般立项课题三个等级。每年重点调研课题立项 5 个左右,委托调研课题立项 10 个左右,一般立项课题 15 个左右。课题调研实行首席专家负责制,每个课题确定首席专家一人。为确保重点调研课题顺利实施,由民盟省委主委或副主委担任该类课题的调研组组长。调研课题完成后,课题负责人按时提交调研报告和政策建议书,由民盟省委组织相关专家进行评审鉴定,合格准予结项。

2007 年至 2017 年,民盟省委共承担和参与民盟中央参政议

政调研课题 12 个,确立本级参政议政调研课题 260 个,其中重点课题 51 个。这些课题成果中的大部分,或作为每年的各民主党派省委、省工商联参政议政调研成果汇报会发言材料,或转化为提交全国、本省"两会"的建议、提案、大会发言,或改写为社情民意信息报送全国和本省政协,中共中央和中共省委统战部,以及民盟中央。不少意见、建议得到中共中央和国务院领导人、中共省委和省人民政府主要领导的批示,实现了参政议政成果的成功转化。

10 年来,民盟湖南省委主要负责人和有关盟员专家参加一年一度的由中共省委主持召开的各民主党派省委、省工商联和无党派人士参政议政调研成果专题汇报会,先后汇报了《长株潭"两型社会"建设生态补偿机制研究》《衡阳在"3 + 5"城市群建设中的功能定位与产业发展对策研究》《优化湖南商品市场发展环境》《贫困地区的资本形成与区域经济发展》《关于加快建设洞庭湖生态经济区生态保护激励政策体系的建议》《关于我省重大项目引进中存在的问题及其对策研究》《关于"十三五"期间优化我省省级以上产业园区软环境的建议》《关于推进湖南供给侧结构性改革的研究》等重点调研成果,均得到中共省委、省人民政府主要负责人的充分肯定。如《贫困地区的资本形成与区域经济发展——关于"推动武陵山片区区域发展与扶贫攻坚的对策与建议"》(2012),得到了时任中共省委书记周强的批示,指出"民盟湖南省委经过深入调研,深入分析了武陵山片区'资本缺乏'的现状和原因,提出了破解这一难题的对策与建议,针对性、可操作性强,具有重要的参考意义"。省扶贫办采纳了有关对策建议,把它们吸收进了《湖南省武陵山片区区域发展与扶贫攻坚实施规划》和《湖南省农村扶贫开发实施纲要》中。

民盟湖南省委建立了"上下联动、左右互动"的调研模式。主动与民盟中央和湖南民盟地方组织建立联系机制。多次承担民盟中央的重点调研课题和每年的委托课题,积极参加民盟中央教育、经济、民生等领域的研讨会和论坛。2011 年,民盟中央首次将重点课题调研任务放在湖南,全国人大常委会副委员长、民盟中央主席蒋树声亲率民盟中央"社会保障制度建设和完善"课题组来湘调研。民盟湖南省委承担了民盟中央调研课题《警惕"去农化"现象,保障国家粮食安全》,与民盟市(州)委联合开展调研,成果得到民盟中央的采纳。2015 年,民盟湖南省委承担了民盟中央"加快建设中国特色职业教育法治体系"课题的调研,有关成果被民盟中央列为重点提案提交全国政协。

民盟湖南省委还积极与兄弟省份民盟组织及省直对口联系部门建立横向联系机制;先后与湖北、北京、天津等民盟省(市)委共同就武广高铁对旅游经济的影响、"两型社会"建设、职业教育发展等合作开展调研;还与省发改委、林业厅、教育厅、农业厅、旅游局等签署合作备忘录,建立了党盟"共商政事联席会"的合作模式,积极推动全国第一部地方性外来物种管理法规——《湖南省外来物种管理条例》的出台。该模式得到中共湖南省委常委、统战部部长李微微的肯定性批示,认为值得在湖南各民主党派省委中推广。

杨维刚主委做客红网,谈"数字湖南"建设

二、建言"数字湖南"和"洞庭湖水生态文明建设"

2010年,中共湖南省委、省人民政府提出以建设"四化两型",即以新型工业化、新型城镇化、农业现代化、信息化,努力实现优化发展、创新发展、绿色发展、人本发展,率先建成资源节约型、环境友好型社会。7月19日,时任中共省委书记周强主持座谈会,听取关于编制湖南省经济社会发展"十二五"规划和制定中共省委、省人民政府《关于加快经济发展方式转变,推进"两型社会"建设的决定》的意见。民盟湖南省委会主委杨维刚在会上提出了建设"数字湖南"的建议。2011年2月,他应邀做客湖南省政府网站,集中阐述了"数字湖南"建设的内涵、目标和重大意义。此后,他又多次提出提案、建议,为建设"数字湖南"鼓与呼。他的建议得到了中共湖南省委、省人民政府的高度重视和采纳。不久,中共省委、省人民政府提出"绿色湖南""创新型湖南""数字湖南"

"法治湖南"四个湖南建设,作为湖南省的"四张名片"。"数字湖南"的建议,被纳入《湖南省国民经济和社会发展"十二五"规划》。2011年8月,由国家工信部、中国科学院、中国工程院、国防科技大学等单位的院士、专家组成的专家评审委员会,审议通过了《数字湖南规划(2011—2015年)——湖南省国民经济和社会信息化"十二五"规划》。2011年12月,中共省委、省人民政府正式印发《数字湖南建设纲要》。2012年11月,中共省委、省人民政府成立湖南省"数字湖南"建设领导小组。

洞庭湖的资源环境保护和生态文明建设一直是民盟湖南省委关注和建言的重点。2013年,应民盟省委请求,全国政协副主席、民盟中央常务副主席陈晓光,民盟中央副主席徐辉、王光谦,原副主席索丽生以及盟内外有关专家,来湘开展"洞庭湖生态经济区水资源综合利用"调研。由民盟省委执笔,以民盟中央的名义向中共中央、国务院提交了《关于保护与建设洞庭湖水生态文明的建议》。该建议书主要提出四点建议:一是将洞庭湖生态经济区纳入国家区域发展战略,以治理促开发,以建设促保护,形成洞庭湖区可持续发展的长效机制;二是构建基于长江流域和"湘资沅澧"四水的调控体系,从根本上解决洞庭湖旱季缺水问题;三是创新"综合协调"的管理模式,大力削减并严格控制各种入湖污染;四是整合研究力量,开展洞庭湖生态经济区发展相关重大问题和关键技术的研究,为生态经济区发展提供科学支撑。该建议书得到国务院总理李克强、常务副总理张高丽、副总理汪洋等国务院领导人的高度重视和重要批示。2014年4月,国务院正式批复了《洞庭湖生态经济区规划》,这标志着洞庭湖生态经济区建设正式上升为国家战略。

三、用好"两会"平台,积极参大政、献睿智

一年一度的人大、政协全会是民主党派参政议政的重要平台。2008年,民盟湖南省委出台了《关于建立与规范盟员中各级人大代表、政协委员履职和民盟各级组织参政议政重要工作档案的意见》,同时定期举办盟内人大代表、政协委员履职座谈会、培训会,不断提升其参政议政能力。10年来,湖南盟员中的全国人大代表、全国政协委员共向全国"两会"提交议案、提案、建议210件,省人大代表、省政协委员共向本省"两会"提交议案、提案、建议1 200多件。民盟湖南省委集体提案中先后有3篇被确定为省政协主席督办的提案,有4篇被列为省政协大会"一号提案",有8篇得到中共省委书记、省长的批示。

在2008年1月省政协十届一次会议上,民盟省委联合其他民主党派省委提交的《湖南省"3+5"城市群建设及产业发展对策建议》被列为一号提案。民盟湖南省委会常委戴晓凤的提案《关于推动"两园"建设,打造我省湘菜产业化集群的建议》得到中共省委书记、省人大常委会主任张春贤的重视;在2009年1月省政协十届二次会议上,民盟省委的提案《关于解决大学生就业难问题的建议》得到中共省委副书记梅克保、副省长郭开朗的批示,并成为省政协主席督办的唯一提案。在2010年1月省政协十届三次会议上,民盟省委的提案《建立城乡发展的长效机制,稳步推进城乡协调发展》被确定为"一号提案",时任中共省委书

记张春贤做出重要批示,其中所提出的有关"城乡统筹发展"的建议被吸纳进中共省委关于制定湖南省"十二五"规划的建议中。在2011年1月省政协十届四次大会上,民盟省委提交的提案《转变农业生产组织方式,发展两型农业产业》得到中共省委副书记、省长徐守盛的批示。在2012年1月省政协十届五次大会上,民盟省委提交的提案《整合湖湘文化优势,推动我省文化大发展》作为大会"一号提案",得到时任中共省委书记周强的重要批示。

2011年3月,全国政协十一届四次会议上,杨维刚委员提出的"将国家测绘局更名为国家测绘地理信息局"的建议,当年就得到了国务院的采纳并予以落实。在2012年3月全国政协十一届五次大会上,何清华委员所做的《奢靡之风不可长》大会发言,引起媒体和社会公众的强烈反响;李利君委员提交的《加快制定行政问责制,实现问责法制化》提案被全国政协选印为"运用提案建言献策"的三篇示范提案之一。

2014年3月,全国政协十二届二次会议上,杨维刚委员的提案《关于将南岭山区增设为国家集中连片特困地区的建议》,获得中共中央政治局常委、国务院副总理张高丽的批示。在全国政协十二届十三次常委会上,杨维刚常委就南岭地区的扶贫攻坚问题向李克强总理提问,得到了总理的肯定和明确答复。

四、加强社情民意信息工作

在这一时期,民盟湖南省委大力加强社情民意信息反映工作。完善社情民意信息"网格化"建设,建立了覆盖全省各地民盟组织的社情民意信息网络,基本形成了全省民盟社情民意信息工作专人专报机制。加强信息工作培训,努力拓宽社情民意信息网络平台和报送渠道,提高信息报送数量和质量。民盟省委多次被民盟中央、省政协评为"反映社情民意信息工作先进单位",四次在全省统战信息工作会议上做经验介绍。

10年来,民盟湖南省委共上报信息3 900多篇,其中890篇信息被全国政协、中共中央统战部、民盟中央、省政协和中共省委统战部采纳,采用量稳居全国各省级民盟组织前列和常居湖南各民主党派省委之首。戴晓凤撰写的《解决中小企业融资难问题需有新思路》得到中共中央政治局委员、国务院副总理马凯批示,傅绍平撰写的《女职工劳动保护特别规定中增加对怀孕初期女职工的保护条款》得到中共中央政治局委员、国务院副总理刘延东的批示;吴宏斌撰写的《建议农村宅基地占农用地的转用审批手续由县级人民政府负责》得到中共中央政治局常委、国务院副总理张高丽批示。

五、切实提升民主监督实效

2010年3月,湖南民盟法律援助中心成立。全国人大常委会副委员长、民盟中央主席蒋树声为中心揭牌。法援中心先后援助有关案件20余件,其中死刑援助案件2件,在国内开创了提供法律援助服务至死刑复核阶段之先河。湖南民盟法律援助中心还成立了校园纠纷调解中心,探索出了一条民主监督的新路子,被中共省委统战部列为向全省统战系统推广的统战创新项目。

2012 年起,民盟湖南省委连续 3 年以"同心系湘江·共护母亲河"为主题,组织民盟永州、衡阳、株洲、湘潭、长沙、岳阳等市委参与,就湘江重金属污染、饮用水安全、分段治理等内容开展监督,其中民盟长沙市委重点对湘江杜甫江阁段、岳麓区桃子湖段、牌楼路段进行监督,最终促使这 3 个排污口关停。

2015 年,民盟湖南省委与省政协人资环委组成民主监督小组,就我省县级公立医院综合改革、全面二孩政策实施情况对省卫计委开展民主监督,所提交的《关于推进我省县级公立医院综合改革的建议》得到时任省长杜家毫的批示。

2016 年起,民盟省委围绕"湘江治理""洞庭湖保护"和"脱贫攻坚"等工作积极开展专项民主监督。如成立了以民盟省委主要领导为组长的脱贫攻坚民主监督工作组,重点对湘西自治州开展脱贫攻坚专项民主监督。

民盟省委先后推荐 32 名盟员受聘担任各级特邀(约)检察员、监察员、审计员、教育督导员、行风评议员等职务,他们参加执法检查监督、行风政风评议,围绕司法改革、司法公平、税务、反贪等主题开展民主监督。

六、积极参加政治协商,善用"党派建议信"模式

民盟湖南省委积极参加中国共产党领导的政治协商,推动科学民主决策。民盟湖南省委主要领导及盟员专家多次应邀参加中共省委、省人民政府及其有关部门举行的民主协商会、情况通报会和专题座谈会,先后就中共湖南省九大、十大、十一大报告,湖南省经济社会发展"十二五""十三五"规划,历次人大会议

"一府两院"工作报告,以及多项全省重大决策部署、重要人事安排进行政治协商,围绕我省供给侧改革、精准扶贫、生态文明建设、中国制造2025实施方案等重大问题积极建言献策。加强与中共省委统战部的联系沟通,推进议政协商工作。密切保持与省发改委、省教育厅等对口联系单位的良好合作,对相关部门出台的政策文件提出意见建议。

从2014年起,民盟湖南省委每年向中共省委、省人民政府提交政策建议信,较早运用"党派(主委)建议信"的参政议政新模式。围绕中共省委、省人民政府中心工作,先后提交8篇建议信,其中3篇被中共省委书记批示,2篇被省长批示,为中共省委、省人民政府的科学决策提供了重要参考。

2015年3月,民盟湖南省委承办了政协湖南省65年来首场双周协商会"构建与规范湖南多层次民间金融市场协商会",省政协主席陈求发出席并讲话。副省长张剑飞,省政协副主席武吉海,省政协副主席、民盟省委主委杨维刚等出席。民盟省委还参与了"推动湖南农村土地经营权有序流转,构建新型农业经营体系""依托长江经济带,促进我省进一步开放"和"充分发挥民主党派民主监督作用"等多个双周协商会,所提建议得到有关部门的高度重视。

七、承办全盟参政议政工作会议和第二届教育论坛

2010年3月30日至31日,由民盟湖南省委承办的民盟参政议政工作会议在长沙隆重召开。这是湖南民盟省级组织成立60

多年来首次承办全盟会议。全国人大常委会副委员长、民盟中央主席蒋树声,全国人大常委会委员、民盟中央副主席索丽生,中共省委常委、统战部部长李微微,省人大常委会副主任王四连,省政协副主席、民盟省委主委杨维刚出席开幕式。民盟各省(市、区)委员会负责参政议政工作的领导和部门负责人以及民盟中央各专门委员会、机关各部门和《群言》杂志社的负责同志出席会议。民盟省委、各市(州)委和省直基层组织的负责人列席了会议。

蒋树声在会上做了重要讲话。他强调参政议政是参政党的第一要务,也是参政党在多党合作事业中的立足之本。他要求全盟的参政议政工作,在科学发展观的指导下,应着重做好以下几个方面:一是大力促进加快发展方式的转变和经济结构的调整优化;二是大力促进社会收入分配格局的改革与社会保障事业的完善;三是大力促进教育事业的改革与发展;四是大力促进城镇化建设和城乡统筹发展;五是为中央和地方“十二五”规划的制定,深入调查研究,积极建言献策。

会议对2009年度民盟社情民意信息工作先进集体和个人进行了表彰。民盟湖南省委,民盟云南、河北、四川省委和民盟中央文化委员会的代表作了大会发言,介绍了各自开展参政议政工作的情况。

2014年9月17日至20日,民盟湖南省委联合民盟中央教育委员会、株洲市人民政府以及民盟株洲市委、湖南(株洲)职教园,在株洲市成功举办了第二届民盟教育论坛。

这次论坛以“深化职业教育改革,加快我国现代职业教育体

第二届民盟教育论坛现场

系建设"为主题。全国政协副主席、民盟中央常务副主席陈晓光出席论坛并做重要讲话。全国政协常委、副秘书长、民盟中央副主席徐辉，中共省委常委、统战部部长李微微，省政协副主席、民盟省委主委杨维刚，青海省政协副主席、民盟青海省委主委鲍义志，全国政协常委、民盟中央教育委员会主任、中国石油大学（北京）校长张来斌，全国政协委员、民盟中央教育委员会副主任、新东方教育集团董事长俞敏洪等出席论坛。来自全国 30 个省（市、区）的民盟组织 128 位代表和嘉宾汇聚一堂，认真学习了习近平总书记关于加快发展职业教育的讲话精神和国务院《关于加快发展现代职业教育的决定》，就鼓励社会力量兴办职业教育，推动职业教育管办评分离，深化校企合作，推动人才培养，统筹中高等职业教育发展，构建高等职业教育本科体系等论题进行了深入研讨，提出了许多建设性的意见。本次论坛共收到论文 120 篇，其中优秀论文由群言出版社结集出版。

在这次论坛上,民盟湖南省委与民盟天津市委签订了关于合作开展职业教育研究的协议书。

第三节　发挥民盟优势,打造社会服务品牌

2007 年到 2017 年,民盟湖南省委在社会服务工作中发挥自身优势,突出民盟特色,举组织全力,尽个人之能,努力把民盟的爱心送到社会弱势群体和困难群众手中,取得了显著成效。全省民盟各级组织和有关盟员多次受到民盟中央的表彰。

一、探索新农村建设的"湖南模式":帮扶石江村

从 2003 年开始,民盟湖南省委带领民盟长沙市委和在长沙的有关民盟省直基层组织连续 10 多年对浏阳市龙伏镇石江村进行帮扶,实施农业科技推广、支教助学、项目引进,为该村先后解决发展资金 1 000 多万元,使一个省级贫困村上演了现实版的山村巨变。该村于 2015 年获评省级"同心美丽乡村"。民盟省委长期帮扶石江村的做法,被民盟中央誉为新农村建设"湖南模式"。

帮扶工作从基础设施建设入手,民盟湖南省委先后争取资金 500 多万元,帮助硬化道路 18 公里,使石江村实现了组组通水泥路;引资近 50 万元,建成了配套水利设施,使 400 多亩农田得以旱涝无忧;引资 1 250 多万元,完成 1 800 亩田土整理项目,使该

村粮食主产区实现了农业机械化;协助兴建了水库库区移民安居工程,妥善安置了 17 户困难家庭,并捐助 20 万元为小区配备卫生、文娱、健身设施;针对部分村民的饮水难问题,帮助修建引水渠,并引进了自来水;引资 60 余万元,帮助该村村民子弟就读的龙伏镇中心小学拆除危房、改建校舍,还捐赠课桌椅 400 余套、电脑 60 余台、校服 300 余套,使学校面貌焕然一新。

民盟湖南省委深入开展智力帮扶,努力把石江村从单一的农业产业模式升级成为多样化的产业模式。其动员民盟中南大学铁道总支盟员为该村编制了《村庄建设规划 2007—2020》;帮助兴建了混凝土搅拌站;组织盟员专家文利新、刘昆玉、赵松义、吕芳德等先后为该村引进了"135 保健养猪技术"、红提种植技术、烟叶种植技术、中秋脆枣树种植技术,切实带动了村民致富。

民盟湖南省委帮致富更促文明。其指导石江村先后成立了农业科技协会、老年人协会、妇女协会,成立了村民篮球队、腰鼓队、龙灯队,极大地丰富了村民的精神文化生活。民盟湖南省委推动开展评选"好儿子""好媳妇""好妯娌""五好家庭"活动,倡导尊老爱幼、勤劳致富风气;组织民盟湘雅二医院支部、省人民医院总支、湖南师范大学医卫支部等开展义诊,并挂牌建立了"党盟共建医疗基地";多次组织盟员开展送戏下乡、送医下乡、送书下乡活动,帮助建立藏书数千册的村民图书室。2008 年 4 月至 6 月,湖南师范大学杨君武教授带领学生在该村开展了为期两个多月的涉农政策法律法规宣讲活动,受到村民们的热烈欢迎。2009 年,民盟湖南省委帮助石江村建起了总面积达 1 200 平方米的村部办公楼。民盟湖南省委还组织村支两委班子成员前往沿海发达地区和本省先进地区学习新农村建设经验,激发了其创业热情,提高了其引领乡村发展的能力。

民盟中央副主席龙庄伟(一排右七)与湖南盟员在石江村合影

民盟湖南省委帮扶石江村的工作得到了各级领导的高度评价。2009 年 7 月,时任全国政协副主席、中央统战部部长杜青林来湖南考察时,对民盟省委在石江村的帮扶工作给予了高度赞扬。时任全国人大副委员长、民盟中央主席蒋树声高度评价"石江现象不但是湖南民盟的旗帜,更是全盟的一面旗帜",并称之为新农村建设的"湖南模式"。2013 年,民盟省委组织召开了"湖南民盟帮扶石江村十年研讨会",民盟中央副主席龙庄伟等出席,充分肯定了湖南民盟持续帮扶该村的成功经验。

二、争取"烛光行动""明眸工程"等民盟中央项目落户湖南

2007 年以来,民盟湖南省委积极争取民盟中央"烛光行动""明眸工程""米信校园安全行""微天使工程""超天使工程"等多个社会服务项目落户湖南,受益群众多达数万人。

2007 年,民盟中央正式启动农村教育"烛光行动"。2010年,民盟湖南省委争取民盟中央"烛光行动"专项资金 30 万元,还协调省、市、县(区)各级教育部门配套资金 150 万元,在张家界援建了"光汇烛光学校"。同时民盟省委联合新东方教育集团,暑期在张家界农村教师培训基地举办了为期一周的英语教师培训班,培训农村中小学教师 500 多人。此后民盟省委又争取援建了岳阳平江县瓮江镇三合中心完小、怀化芷江县大树坳中学等 4 所烛光学校。2016 年,民盟省委积极引进"烛光行动·千校计划",将北京四中网络学校

2011 年 5 月 5 日,时任民盟中央副主席索丽生(右一)、郑惠强(右二)等为张家界"光汇烛光学校"揭牌

落户长沙、岳阳。

2012年起，民盟湖南省委争取民盟中央"明眸工程"项目落户怀化、娄底，并将怀化市第三人民医院和娄底市眼科医院作为定点医院，先后为全省近20 000名贫困患者免费实施白内障手术（成功率为99.8%），累计减免贫困患者医疗费用4 000多万元。盟员创办的娄底眼科医院承担和实施"明眸工程"项目，在2017年被中共省委统战部评为省级"同心项目"。

民盟湖南省委引进"米信校园安全行"落户常德等市。该项目先后在85所学校免费实施，捐献相关器材价值近1 000万元，受益师生12万人；引进"微天使工程"落户怀化，将靖州县人民医院确定为示范医院；引进"超天使工程"落户娄底、怀化，为20多所乡镇卫生院免费提供价值1 000多万元的医疗器械。

此外，民盟湖南省委还积极开展"黄丝带"帮教工作。将长

2012年11月26日，时任民盟中央副主席李重庵
（右三）等为湖南怀化市"明眸工程"揭牌

沙监狱列为"帮教基地",组织盟员赴监狱开展帮教活动,举行励志劝善讲座,捐赠图书1 000余册。长沙盟员孟繁英成立"青少年保护家园"和全省首个"妈妈禁毒联盟""社区青少年禁毒教育基地",帮助青少年2 000多名,曾获评"中国最美志愿者"称号。

三、积极参与"同心工程"

2011年,中共湖南省委统战部提出实施"同心工程",号召湖南各民主党派省委、省工商联和无党派人士围绕中共省委、省人民政府中心工作开展"四同创建",即创建"同心项目、同心园区、同心社区、同心乡村",助力湖南科学发展、富民强省。

民盟湖南省委积极参加湖南武陵山区"一家一"助学就业·同心温暖工程,先后筹集爱心资金340万元,先后在湖南信息学院、湖南护理学校、长沙经贸职业中专学校以及株洲、常德、岳阳、邵阳、湘西、怀化、张家界等市(州)开办"民盟·同心班"17个,资助贫困学生近1 000人。

从2010年起,民盟湖南省委还积极参与和大力支持全省民主党派、无党派人士联合社会服务基地平江县瓮江镇磐石洲村建设,共为磐石洲村争取项目资金和物资400多万元;争取民盟上海市委捐资50万元,援建了平江县瓮江镇三合中心小学教学楼项目。2010年,民盟湖南省委选派机关干部彭维良赴平江挂职锻炼担任副县长,负责联系磐石洲村建设,并协管全县旅游工作。2012年,该基地被中央统战部评为"十一五期间各民主党派、工商联和无党派人士为全面建设小康社会做贡献社会服务优秀成果奖"。

民盟湖南省委响应民盟中央号召,积极开展"同心社区"建设。以岳麓区学堂坡社区和开福区北辰三角洲社区为基地,民盟湖南省委开展了内容丰富的社区党盟共建工作,学堂坡社区获评省级"同心社区"。民盟湖南省委参与益阳大通湖区建设,实施"同心·富民2510工程",帮助湖区村民科技致富。民盟湖南省委争取盟员献爱心,在邵阳职业技术学院捐建了价值10多万元的"同心林"。

民盟湖南省委积极参与和支持全省统战系统精准扶贫工作。2016年以来,确定通道县杉木桥村、安化县陶竹村为民盟省委与民盟怀化市委、民盟益阳市委的对口帮扶村,分别争取扶贫资金20万元,支援当地基础设施建设。

四、积极参与抗灾救灾

2008年1月,湖南省遭受1954年以来罕见的雨雪冰冻灾害。民盟湖南省委及时下发《关于号召全省盟员积极参加抗冰救灾行动的紧急通知》,发动全省各级民盟组织和广大盟员为灾区捐款5万多元,棉衣1 500多件、棉被210多床。

2008年5月12日汶川大地震发生后,民盟湖南省委立即向受灾的四川、重庆、甘肃等省(市)民盟组织发出慰问信,并转发民盟中央的《灾后重建家园,爱心汇成希望》倡议书,号召全省盟员踊跃赈灾,支持灾区重建家园。全省盟员纷纷举行缴纳"特别盟费"捐助灾区行动。长沙盟员彭奕向灾区捐赠53万元,朱先德向灾区捐款20万元。盟员、湘潭黄埔同学会会长张光赞捐款20万元。盟员、湖南大学土木工程学院卜良桃教授发挥专业特长,紧急编写了《汶川地震后重建中小学建筑设计图例》《汶川地震后重建农村住宅设计图例》《地震灾后建筑鉴定加固技术指南国家标准》等书,这些书公开出版后捐赠给灾区。在民盟中央召开的抗震救灾总结表彰大会上,省人民医院主管护师范敏、民盟衡阳市疾病预防控制中心支部主委伍又平荣获先进个人称号。

2010 年 4 月,青海省玉树藏族自治州玉树县发生强烈地震,民盟湖南省委组织全省盟员共捐款 30 多万元,支持灾区灾后重建。

2017 年 6 月,我省部分地区遭遇了罕见的特大洪涝灾害,民盟湖南省委在第一时间发动和组织全省各级民盟组织和广大盟员投入抗洪救灾中,先后捐赠爱心款 20 万元、价值 100 多万元的救灾物资,为夺取抗洪救灾胜利贡献了民盟力量。民盟山河智能支部出动挖掘机四台,迅速赶到重灾区宁乡市,大力支援灾后重建。

五、成立新社会阶层人士联谊会和民盟爱心基金

2013 年 12 月,"湖南民盟新社会阶层人士联谊会"正式成立。全国人大常委会委员、民盟中央副主席龙庄伟,省政协副主席、民盟省委主委杨维刚等出席成立会议。会议推选陈登斌为理事长,蒋政云等 50 位盟员为理事。会议宣读了《关于设立"湖南民盟爱心基金"的倡议书》,号召湖南盟员中新社会阶层人士奉献爱心,支持建立"湖南民盟爱心基金会",组织开展扶贫帮困等社会服务活动。

2015 年 5 月,湖南慈善总会民盟爱心基金签约仪式在民盟

湖南省委机关举行,"湖南省慈善总会民盟爱心基金会"正式成立。省民政厅领导给"湖南民盟爱心基金会"授牌,民盟省委与省慈善办现场签署了爱心基金协议。6月5日,湖南慈善总会民盟爱心基金会发出"民盟爱心"倡议书,全省广大盟员积极响应。截至2017年5月,民盟爱心基金共收到广大盟员和社会人士爱心捐款264万余元,其中用于举办"同心班"200万元。

第四节　实施人才兴盟,全面推进组织建设

在这一时期,民盟湖南省委积极开展"强基固本行动",大力实施"人才兴盟""人才强盟"战略,组织建设稳步推进。10年来,新吸纳盟员3654人,年均净增率4.83%。截至2017年5月,全省盟员总数已突破一万,达10527人,平均年龄51.8岁。民盟省委被民盟中央授予"组织建设人才建设奖"。

一、民盟湖南省第十二次代表大会

2007年6月14日至16日,中国民主同盟湖南省第十二次代表大会在长沙召开。全国政协副主席、民盟中央常务副主席张梅颖,中共省委常委、统战部部长李微微等出席会议并致贺词。会议听取并审议通过了谢佑卿主委代表民盟湖南省第十一届委员会所做的《努力发挥参政党优势,为推进富民强省与构建和谐社会做出积极贡献》的工作报告;审议并通过了政治决议,选举产生了民盟第十次全国代表大会代表,选举产生了民盟湖南省

第十二届委员会。杨维刚当选为主委,汤浊、乐寿长、李利君、何清华、陈洪当选为副主委,汤浊兼任秘书长。52人任省委委员,其中21人为常务委员。2009年2月20日,民盟省委十二届三次会议补选何寄华为常委、副主委。2011年11月,赵为济接任秘书长。

大会号召,全省民盟各级组织和广大盟员紧密团结在以胡锦涛同志为总书记的中共中央周围,高举邓小平理论和"三个代表"重要思想伟大旗帜,全面贯彻落实科学发展观,在民盟中央和中共湖南省委的领导下,加强学习和研究,不断巩固多党合作的思想政治基础,进一步加强自身建设特别是领导班子建设,围绕中心,认真做好参政议政和社会服务工作,开拓进取,奋发向上,艰苦奋斗,扎实工作,为构建和谐湖南,实现富民强省做出新的贡献,以实际行动迎接中国共产党第十七次全国代表大会和中国民主同盟第十次全国代表大会的召开。

二、民盟湖南省第十三次代表大会

2012年5月9日至11日,民盟湖南省第十三次代表大会在长沙召开。大会听取和审议杨维刚主委代表民盟湖南省第十二届委员会所做的《弘扬传统,发挥优势,为"四化两型"和全面小康建设争作新贡献》的工作报告;审议并通过了政治决议,选举产生了中国民主同盟第十一次全国代表大会代表,选举产生了民盟湖南省第十三届委员会。杨维刚再次当选为主委,汤浊、何寄华、杨君武、戴晓凤、黎定军当选为副主委。赵为济被任命为秘书长。70人任民盟省委委员,其中25人为常务委员。2013年

5 月,汤浊调任省政协副秘书长,赵为济继任专职副主委。2015年 1 月,赵为济调任邵阳市人民政府副市长,胡颖继任专职副主委。

会议提出,今后 5 年湖南民盟工作的指导思想是:高举中国特色社会主义伟大旗帜,以邓小平理论和"三个代表"重要思想为指导,深入贯彻落实科学发展观,自觉树立和践行社会主义核心价值体系,弘扬民盟传统,充分发挥民盟人才智力优势,树立精品意识,开创湖南民盟生动活泼的新局面,在服务"四化两型"和全面小康社会建设中争作新贡献。

三、民盟湖南省第十四次代表大会

2017 年 6 月 13 日至 15 日,民盟湖南省第十四次代表大会在长沙召开。大会听取和审议杨维刚主委代表民盟湖南省第十三届委员会所做的《不忘合作初心,继续携手前进,为建设富饶美丽幸福新湖南做出新贡献》的工作报告;审议并通过了政治决议;选举产生了中国民主同盟第十二次全国代表大会代表;选举产生了民盟湖南省第十四届委员会。杨维刚第三次当选为主委,胡颖(专职)、汤浊、何寄华、杨君武、戴晓凤、黎定军、赵为济当选为副主委。刘春阳被任命为秘书长。71 人任民盟省委委员,其中 25 人为常务委员。

大会指出,未来 5 年是我国加快实施"十三五"规划、实现第一个百年奋斗目标的决胜时期,也是我省大力实施创新引领、开放崛起战略,加快建设"五个强省"的关键时期。新一届委员会要团结带领全省盟员,深入学习贯彻习近平总书记系列重要讲话精神和治国理政新理念新思想新战略,扎实开展"不忘合作初心,继续携手前进"专题教育,不断夯实政治共识;以服务湖南实施"十三五"规划和建成全面小康为己任,从党政所思、群众所盼、民盟所能出发,聚焦重大问题、关注民生保障、深入基层、精准调研,打造参政议政精品;继续推进实施"人才兴盟""人才强盟"战略,努力探索新形势下组织建设工作规律,稳步推进组织建设;着力立章建制和机制创新,积极探索有效解决自身问题的方式方法,不断增强持续发展动力。

大会号召,全省民盟各级组织和全体盟员,要更加紧密地团结在以习近平同志为核心的中共中央周围,在民盟中央和中共湖南省委的坚强领导下,弘扬民盟优良传统,不忘合作初心,继续携手前进,为建设富饶美丽幸福新湖南,为实现"两个一百年"奋斗目标和中华民族伟大复兴的中国梦而努力奋斗。

四、全面加强省直基层组织建设和地方组织建设

民盟湖南省委切实加强对省直基层组织工作的指导,有力推动了基层工作向纵深发展。10 年来,民盟湖南省委新建了民盟湖南信息科学职业学院支部、长沙启航学校支部、长沙医学院支部、长沙师范学院支部、湖南都市职业学院支部、湖南大众传媒职业技术学院、旺旺医院支部、省直农林科技支部、省直经济投资支部、省直金融支部、山河智能支部、文化产业总支、省直高新支部、省直金融支部、省直人工智能支部、省文化馆支部等 25 个省直基层组织。

2009 年,根据民盟中央部署,为深入贯彻《民盟中央关于加

强基层组织建设的意见》，民盟湖南省委在全省开展基层组织调研，这次调研，摸清了全省基层组织的现状，总结出了新形势下加强基层组织建设的一些好经验和好做法。

2010年，民盟湖南省委在全省开展了创建"活力支部"活动，召开了全省基层组织工作会议，确定全年为基层组织工作年，部署在全省开展"创建活力支部"活动。制定了有关"创建活力支部"的可操作性较强的10条标准，对基层组织参政议政、组织发展、社会服务和开展活动等方面提出了一些硬性要求。各级民盟组织高度重视，提前谋划，积极部署，注重培育人才，积极开展活动，基层组织活力大大提高，盟内呈现出争先创优的良好氛围。省人民医院总支党盟共建和谐病房，为改善医患关系做出了积极的贡献，受到了民盟中央主席蒋树声的表扬。民盟湖南师范大学委员会等8个基层组织获全国组织工作先进集体光荣称号。民盟湖南商学院委员会等18个基层组织在民盟中央纪念中国民主同盟成立70周年大会上获评为先进集体。民盟湖南大学北校区支部等14个基层组织被民盟中央评为"组织建设先进基层组织"。

建立和完善了民盟湖南省委领导班子成员联系民盟市（州）组织制度。2011年和2016年，民盟各市（州）委先后两次换届，一大批年富力强、热心盟务的盟员进入民盟市（州）委领导班子，进一步优化了领导班子知识结构、专业结构和年龄结构，形成了结构比较合理、文化层次较高的领导干部队伍。一批70后盟员担任民盟市（州）委委员，民盟市（州）委中最年轻的主委44岁，最年轻的副主委37岁，最年轻的委员30岁。在民盟中央十届三次全会上,民盟长沙、岳阳、娄底市委荣获全国盟务工作先进集体称号。2011年,民盟岳阳市委被中共中央统战部、国家人力资源和社会保障部等联合授予"各民主党派、工商联无党派人士为全面建设小康社会做贡献先进集体"。

2013年10月,民盟湖南省委直属郴州支部成立。民盟省委专职副主委兼秘书长赵为济,民盟省委副主委何寄华出席会议。至此,全省十四个市(州)均已建立民盟组织。

五、积极做好盟员政治安排和实职安排,加强骨干盟员队伍建设

在这一时期,民盟湖南省委大力加强盟员骨干队伍建设,重视发现环节,建立民盟代表人士"人才库";抓住培训环节,努力提高骨干盟员的综合素质;突出安排环节,积极做好盟员政治安排和实职安排;加强管理环节,促进骨干盟员队伍科学发展。

2007年到2017年,湖南盟员中当选为各级人大代表和经协商担任政协委员的共674人次,其中全国人大代表4人次,全国政协常委1人次,全国政协委员3人次;省政协委员86人次,省人大代表15人次。

2008年1月,在湖南省十一届人大一次会议上,汤浊、徐涤宇当选为省人大常委,7名盟员任省人大代表。2008年1月,在政协湖南省委员会十届一次会议上,杨维刚、乐寿长、谭世延、杨君武、戴晓凤、肖克宇、向洋、彭晓、王静、乐根成10位盟员当选为省政协常委,44位盟员任省政协委员。乐寿长任省政协经济科技委员会副主任。

2008 年 3 月,在全国政协十一届一次会议上,杨维刚当选为全国政协常委,李利君、何清华担任全国政协委员。王阳娟、谭艳当选为全国人大代表,参加了全国人大第十一届一次会议。

2013 年 1 月,在湖南省十二届人大一次会议上,黎定军、徐涤宇当选为人大常委,8 名盟员任省人大代表。2013 年 1 月,政协湖南省委员会十一届一次会议上,杨维刚主委当选为省政协副主席,汤浊、何寄华、杨君武、黄献民、李定珍、龚文勇、文利新、王静、向华、马俭平 10 人当选为省政协常委,42 名盟员任省政协委员。汤浊任省政协秘书长,杨君武任文史学习委员会副主任。

2013 年 3 月,在全国政协十二届一次会议上,杨维刚当选为全国政协常委,戴晓凤任全国政协委员。何寄华、刘绍英当选为第十二届全国人大代表,参加了全国人大第十二届一次会议。

在这一时期,民盟湖南省委大力加强了骨干盟员的培训和教育工作。分期分批推荐盟员参加中央、省社会主义学院学习,参加中央组织部、中央统战部的联合调训。坚持每年举办新盟员培训班、骨干盟员培训班。累计培训盟员 1 500 多人次。2012 年 6 月,在中国井冈山干部学院举办了新一届常委培训班。这是该院历史上第一次为民主党派单独办班,这一创新举措得到中共省委领导肯定。2014 年 8 月,在中央社会主义学院举办了培训班,组织全省近 80 名骨干盟员进行了为期一周的专题学习。这是湖南民盟省级组织成立以来首次在中央社院举办主题班。

着力加强人才选拔和推荐工作,盟员的政治安排、实职安排有较大拓展。民盟湖南省委进一步完善了后备干部人才库建设,并及时与中共党委和政府部门及相关单位沟通协商,积极推荐了一批盟员到政府机关挂职锻炼,适时推荐优秀盟员担任领导职务;动员和组织盟内符合条件的同志参加省、市、县(区)组织的领导干部公开选拔、招考。10年来,一批盟员走上各级实职岗位。何寄华任省核工业地质局局长,吴宏斌任省有色地质勘查局副局长,黄献民任省政协法制委员会主任,汤浊任省政协专职副秘书长,胡颖任省政协副秘书长,何寄华、胡颖、赵为济、李培其、杨胜跃、傅军等曾任或现任地级市人民政府副市长,谭蔚泓任湖南大学副校长,陈洪曾任中南林业科技大学副校长,聂国卿曾任湖南商学院副院长,黎定军先后任湖南广播电视大学副校长、湖南商学院副院长,王永宏任长沙学院副院长,伍春辉任长沙师范学院副院长,彭晓曾任、杨剑瑜现任湖南工程学院副院长,曾阳素任邵阳学院副院长,蒋建初任湖南人文科技学院副院长,李玲玲任衡阳师范学院副院长,李定珍先后任吉首大学副校长、湖南商务职业技术学院院长。担任副处级以上领导职务的盟员有330余人。推荐盟员新担任省政府参事室参事3人、省文史研究馆馆员4人。此外,还推荐一大批盟员分别担任了各级各类特邀(约)监察员、检察员、审计员、教育督导员、行风评议员等。

六、大力加强专门委员会建设

民盟湖南省第十二次代表大会后,民盟湖南省委进一步加强了专门委员会建设。民盟省委十二届一次常委会议审议通过了《民盟湖南省委专门委员会工作规则》,同时任命了各专委会主任。何寄华任科技工作委员会主任,夏飞任教育工作委员会主任,余德泉任文化艺术工作委员会主任,戴晓凤任经济工作委员会主任,黎定军任资源环境农业委员会主任,徐涤宇任法制委员会主任。民盟省委十二届二次常委会议又任命张作功为专家咨询委员会主任,徐杨为妇女委员会主任,唐红娥任老龄委员会主任。

2008年12月,民盟湖南省委青年工作委员会正式成立,刘汉武任主任。2009年12月,民盟湖南省委医药卫生委员会成立,王永宏任主任。

2013年5月,经民盟湖南省委十三届二次(扩大)会议审议通过,成立了民盟省委监督委员会,任命汤浊为主任,徐涤宇、黄献民任副主任,4人任委员。监督委员会成立后,积极对民盟各级组织换届中的民主测评和民主推荐工作开展监督,取得了良好的效果。

七、盟员建功立业成果辉煌

民盟湖南省委建立了盟员一般成果及时采集,优秀成果及时宣传,重大成果及时祝贺制度,激励和倡导广大盟员立足本职岗位忠诚履职、奋发有为。盟员中涌现了一大批建功立业标兵和争先创优典范。2009年,在新中国成立60周年湖南统一战线"十大人物"评选活动中,陈新民、何清华两位盟员入选;2011年,在中共省委统战部开展的"立足本职,我为富民强省做贡献"主题实践活动中,何清华、柳思维荣获一等功;2013年、2015年,中共省委统战部组织评选湖南省第一届、第二届"十大同心人物",孟繁英、薛敏、柳思维三名盟员先后入选。

235 位盟员获得省部级以上奖励或荣誉称号。谭蔚泓当选为中国科学院院士、发展中国家科学院院士;何清华荣获"全国杰出专业技术人才奖",被评为"全国优秀科技工作者";于向真所参与的成果荣获国家科技进步特等奖;贺跃辉、曾祥君分获国家科技进步一等奖;王新民、罗自强、文利新、周长江、刘祥英分获国家科技进步二等奖;肖应辉获国家技术发明二等奖;刘岚获全国"三八红旗手"称号;孟繁英荣获"全国最美志愿者"等多种荣誉称号。

第五节　加强制度建设和机关建设

民盟湖南省委高度重视制度建设和机关建设,提出建设规范型、学习型、活力型机关,提升机关干部的整体素质,努力把民盟省委机关建设成全省盟务工作的高效中枢和全省"盟员之家"。

一、全面加强制度建设,实施全省盟务工作考核

2012 年 6 月民盟湖南省第十三次代表大会以后,全面加强了民盟省委及民盟省委机关的制度建设。先后制定和出台了《民盟湖南省代表大会规程》《民盟湖南省委员会工作规则》《民盟湖南省委常委会工作规则》《民盟湖南省委会主委会工作规则》《民盟湖南省委会主委办公会工作规则》《民盟湖南省委专门委员会工作规则》《民盟湖南省委领导班子成员工作职责分工细

则》以及《民盟湖南省委档案管理办法》《民盟湖南省委公文处理办法》《民盟湖南省委统战理论优秀成果评比表彰办法》《民盟湖南省委保密制度》《民盟湖南省委机关干部联系基层组织制度》《民盟湖南省委机关职工绩效管理综合考评办法（试行）》《民盟湖南省委网站管理暂行办法》等一系列规章。

2014年，民盟湖南省委出台了《民盟湖南省盟务工作专项考核办法》，开始实施对全省民盟各市（州）委盟务工作年度考核。考核内容包括参政议政工作、社情民意信息工作、组织工作、思想宣传工作、社会服务工作5个方面。2015年起，盟务工作考核扩大到省直基层组织。2017年起，开始设置综合奖。盟务工作专项考核调动了全省民盟各级组织的工作积极性、主动性、创造性，推动了全省盟务工作的制度化、规范化、程序化。

二、开展学习培训，加强民盟传统教育

2015年，民盟湖南省委提出建设学习型、研究型机关，培养"精盟务、懂盟章、知盟史"和"开口能讲、提笔能写、遇事能办、问策能对"的优秀盟务专干。民盟省委机关建立了学习常态机制，努力打造高端学习平台，积极推荐和组织机关干部参加中央社会主义学院、中共省委党校、省社会主义学院以及民盟省委举办的骨干盟员培训班、盟务专干培训班、新盟员培训班的学习培训。针对机关干部素质能力结构的短板，民盟湖南省委开展了述职演讲比赛、普通话大赛、电子幻灯片制作比赛、新闻发言人模拟大赛、盟务工作摄影比赛等一系列学习竞赛；积极发动机关处室和干部积极参与民盟省委参政议政和统战理论研究课题，

参与社情民意信息竞赛,切实提升机关干部的研究能力和参政议政能力;还先后组织机关干部赴四川、重庆、云南、南京开展民盟传统教育,在机关建成了民盟文化墙,推进盟务工作的智能化。人民政协网以《民盟湖南省委加强参政党文化建设》为题予以推介。

2016年起,民盟湖南省委机关开展了"讲盟课"比赛活动,先后举办了三届,共有15名机关干部登台讲课,占机关全体干部职工人数的一半。讲课的内容包括盟章、盟史、盟务三个方面。这一活动切实增强了机关干部的综合素质,挖掘、培养出了一批能手,有力地推动了民盟省委的参政履职。

三、举行全省盟务工作会议

民盟湖南省委机关自2003年起开始举行每年一度的全省盟务工作会议。2007年以后,这一做法进一步定型和成熟。每年年初的盟务工作会议,民盟省委邀请全省盟务专干参加。主要内容是总结表彰上一年度的全省盟务工作,部署本年度的盟务工作。同时以会代训,对全省盟务专干进行有关参政议政、社会服务、组织建设、思想宣传工作等方面的培训。

2016年8月9日至12日,由民盟湖南省委承办的民盟中南六省(区)第十七次盟务工作会议在长沙召开。民盟中央副主席、广东省政协副主席温思美,河南省人大常委会副主任、民盟河南省委主委储亚平,全国政协常委、民盟广西区委主委刘慕仁,政协湖南省委员会副主席、民盟省委主委杨维刚出席会议。来自湖南、湖北、广东、广西、河南、海南中南六省(区)民盟省级组织的盟务专干,民盟湖南省委会主委班子成员、常委,省直基层组织负责人等140余人参加会议,共商新形势下盟务工作发展大计。

温思美在会上发表了重要讲话,他代表民盟中央和张宝文主席向大会召开表示热烈祝贺。他强调,中南六省(区)民盟组织要进一步凝聚思想共识,认真学习贯彻习近平总书记"七一讲话";要进一步提升参政履职水平,积极为全面建成小康社会贡献力量;要进一步加强自身建设,努力打造高素质、有作为的参政党。

【亲历者说】

杨维刚:唯有责任不可辜负

人民政协报记者:刘洋

采访杨维刚委员并不容易。

没有华丽的表述,没有动情的修饰,"实实在在"是这个人从骨子里透出来的劲头。这正好被民盟湖南省委副主委汤浊说中了:"他是一位执着、专注的人,大量时间都用在琢磨事上了。""他发言总能说到点上,也会抢话筒,但讲自己,他可能就不善言辞了。"

大爱催生石江村巨变

革命老区、贫困村浏阳市龙伏镇石江村是民盟湖南省委2003年定下的扶贫联系点。

"家门口的土路,晴天一身灰,雨天一身泥,吃水靠井水,就连家里的娃娃,长大点就被带出去打工赚钱。""人均年收入不到600元,村里人过着为柴米油盐算计的日子。"从连续担任过四届村长、村党支部书记的石江村原书记陈文生激动地表述中,可以想象自从民盟湖南省委的扶贫队来到村里,15年间发生了多么翻天覆地的变化。现在,石江村村里水泥道路四通八达,家家种着责任田,户户接上自来水,人均年收入已达17 000元,不仅摘掉了贫困村的帽子,还成了新农村建设示范村和远近闻名的"博士村"。"村里的大学生越来越多,回来创业的、服务的,用新观念、新方法办成了好多新鲜事,建立农产品电商销售平台打开市场渠道,原来挺愁人的农产品销售问题,现在都不是事了。"

　　实现"生产发展、生活宽裕",得从土地整理开始。2007年全国两会结束回湘,杨维刚邀请湖南省财政、国土资源、水利等部门领导和盟内专家,就石江村经济社会发展、基础设施建设进行调研。仅仅一年三个月,总投资达到1 250万元的石江村1 800亩土地整理工作于2008年6月顺利完成,农业机械化在石江村成为现实。

　　乡风文明、村容整洁、管理民主是新农村发展中的"软实力"。一方面,杨维刚要求民盟省委组织支村班子外出学习新农村建设经验。另一方面,他发动民盟省委送教下乡,组织心理咨询师开展心理知识讲座、咨询;指导石江村成立老年人协会、科协、妇协,奖励尊老爱幼、勤劳致富模范,开展评选"五好家庭"等;帮助村民成立篮球队、腰鼓队、龙灯队,丰富业余文化生活。老陈书记记得真真的,"第一次开老年节大会时,许多老人都流泪了"。

为激励孩子们发奋读书,2006 年,民盟省委对村里当年考上大学的 13 名学生每人奖励助学金 2 000 元。"现在村里还延续着这个做法,坚持对考上大学的孩子给予奖励。"当年的捐赠合影照,还被老陈书记加了塑膜珍藏着。"今年我们村又有 16 个学生上了一、二本线!"

2007 年,记者来到石江村报道民盟湖南省委社会服务工作,曾见证石江的变化。10 年后再驱车前往,哪里还能找到贫困村的影子!随处可见的小洋楼掩映于碧绿的山峦,四通八达的水泥路环绕着宽阔平整的稻田。村口一条平坦如砥的"同心大道"连通着石江村和外面的精彩世界。一块石碑上,时任民盟中央主席蒋树声题写的"湖南民盟新农村建设联系点"几个大字分外耀眼。

"虽然石江已合并到龙伏社区,但我们还在继续传承杨主委的做法,以教育扶贫精神文明建设为抓手,鼓励孩子们上学,组织干部经常性学习。"担任 10 多年石江村村长、现任龙伏社区主任的沈思芝如是说。风气的清正,也令上任不久的该社区书记傅定辉充满信心:"家风民风好了,游客就多了,投资项目也来了,明天肯定更好!"

"石江现象"不但是湖南民盟的旗帜,更是新农村建设的"湖南模式"。杨维刚也说:"这是大爱催生的巨变!"

只有举好旗,才能走好路

"民盟不是普通的社会群团,作为一个参政党,其首要责任就是参政议政,如果这个职能履行得不好,它就和普通民间组织没多少差别了。加入民主党派,是来发挥我们的优势,为社会建言献策的,不是来打酱油的。"湖南民盟人都知道杨维刚的"严",从严把课题,到做深做透调研,杨维刚都要进行过程控制。近5年来,党派提案质量的提升成效也逐渐显露——仅省政协全会期间,民盟省委共提交80件集体提案,许多集体提案和大会发言均获省委书记、省长批示。

民主监督工作是党派工作的重要部分。从2012年起,杨维刚连续3年以"同心系湘江·共护母亲河"为主题,就湘江重金属污染、饮用水安全、分段治理等内容开展监督。2016年以来,他围绕"洞庭湖水环境综合整治""非公经济政策落实""脱贫攻坚"等开展专项民主监督,助力湖南省委、省政府打好脱贫攻坚、转型升级和环境治理"三大战役"。

"只有不断创新,才能保持参政党的良性发展。"杨维刚不甘于只是守成,他还是一名不断创新的"闯将"。民盟省委参政议政处同志介绍的一个变化,足以说明创新带来了怎样的甘果:2007年,杨维刚带领民盟省委探索参政议政课题新模式——课题招标。从最初寥寥几份申报书,到现在每年的上百份申报书;从最开始要一个个发动到现在面向全社会招标;从最初一年不到10个调研课题,到现在经过评审择优选出30多个课题;从最初单枪匹马调研到现在"上下联动、左右互动",全省五分之一的在职盟员能参与其中。说起10年来的变化,杨维刚神情舒展:"有了大量课题成果,建言献策质量就有了坚实保障。"

2014年起,杨维刚提出"党派(主委)建议信"的参政议政新模式,传递人民关心的声音。3 年来,民盟省委共向湖南省委、省政府主要负责同志提交 8 篇建议信,其中《关于"破解民间借贷危局,创新民间金融服务平台,打造湖南民间金融制高点"的建议》《要想方设法让民营中小企业挺过流动性年关》等多篇建议信被时任省委书记批示,并转送给有关部门落实。

"赢得民心,才能更好地举旗。"发起成立湖南慈善总会湖南民盟爱心基金;积极争取民盟中央社会服务项目落户湖南,先后争取"明眸工程""米信校园安全行""微天使工程""超天使工程"等民盟中央社会服务项目落户湖南娄底、怀化、湘西等贫困地区,免费提供设备、服务价值3 000余万元,惠及群众、学生上万人。盟员从 2007 年的4 000多名发展到现今的10 000多名!

这么多成绩的背后,"举旗手"功不可没。可大家眼里,杨维刚又是个极其简单的人。人们都说:"与他共事没有一点负担。你只管干好工作、搞好团结,他就会支持你、肯定你。"

珍惜话语权,不调研不发言

"现在这个自媒体时代,委员更要珍惜和运用好话语权。"作为一名全国政协常委、省政协副主席,"没有调查就没有发言权"是杨维刚一贯的作风。

10 年来,在两会记者眼里,温和近人的杨维刚是个提案"大户"。他的提案不在数量,而在质量,"启动早,调研实,多思考"是杨维刚酝酿优质提案的法宝。每年全国两会结束后,杨维刚就开始思考新一年的提案。

"功夫在诗外,政协委员想在会内履好职,关键要在会外下深功夫。"2014年,为了做好提案《关于加强顶层设计,推进国家公园体制建设的建议》,杨维刚先后考察湖南省内有名的国家公园,查阅大量中外资料,观看长达12小时的《国家公园:美国的最佳创意》纪录片,还专程到北京拜访有关专家,听取意见。

当有记者问他为什么对国家公园建设这么有研究时,他随手从包里拿出一份厚达百页的资料汇编笑着说:"这是我最近翻阅的资料、研究感悟,把它整理起来,可以出一本书了。"

"因为认真钻研,许多问题在他那总变得'一通百通'。"戴晓凤委员发现,杨维刚的提案、建议采纳落实率很高。提到"数字湖南"相关建议采纳的经过,杨维刚的眼角眉梢泛起微微笑意。

早在2010年,时任省委书记的周强提出以新型工业化、新型城镇化、农业现代化、信息化为基本途径,努力实现优化发展、创新发展、绿色发展、人本发展,率先建成资源节约型、环境友好型社会的"四化两型"战略。

针对这个新出台的战略,省委征求各单位或部门意见。杨维刚的案头前,也摆着这么一份战略材料,翻着翻着,他心里冒出一大堆的问号:"数字湖南"的核心是什么,如何建设,需要的支持力量有哪些,技术支撑又是什么,人才、资金哪里来,推广如何做……

"'数字湖南'的核心是地理空间框架。"清楚湖南省情实际的杨维刚知道,"湖南地理空间框架没搭建好,其他部门的信息化、数字化建设无异于空中楼阁。"为此,他建议在现有基础上建立一个灾害应急系统试点,并建立一个基于云计算的服务体系,然后在各部门推广,最后向省、市、县、乡扩展,直至建立起精细化管理的政务云服务平台。

"数字化那块有些空。"发现问题后,杨维刚立马联系省委政策研究室,研究室同志将他提出的意见补充到战略草案里。后来,他受邀代表省国土资源厅参加省委相关办公会,并专门做了一份PPT汇报有关"数字湖南"的思路和建议。再后来,建议被完整吸纳为湖南省委、省政府"四个湖南"建设战略,他提出的"教育强省"建议也被融入中共湖南省十一次党代会"五个强省"之"科教强省"中。

"他关注的许多问题都事关经济社会发展大局。"2013年,杨维刚与民盟中央领导同志就"洞庭湖生态经济区水资源综合利用"开展调研,并以民盟中央名义提交的建议得到中央领导批示,助推洞庭湖生态经济区建设上升为国家战略。2014年,杨维刚到永州调研,当地向他反映加快脱贫步伐的呼声。调研中看到的贫困情形,激发了他履职的责任心,其后连续两年提案呼吁将南岭山区增设为国家集中连片贫困地区。2015年年底,杨维刚被告知:"加快南岭山区脱贫步伐,已经写入国家'十三五'规划纲要草案了!"

民生,也是杨维刚投注很多时间和心血的部分:他的大量时间用来深入边远山区,深入学校工厂,亲身体察基层民众的生活状态,倾听基层群众的诉求。2016年"徐玉玉事件"发生后,杨维刚敏锐地将其与公民个人信息安全保护问题联系起来,并很快形成提案,建议国家加快建立有中国特色的公民个人信息法律体系和监管制度,制定公民个人信息保护法。往基层跑久了,杨维刚注意到:农村有一技之长或文化素质较高的绝大多数青壮劳动力流入城镇,而从事农业生产的主要是老人和妇女。"中国新型城镇化加速的同时,农业从业者整体素质却在下降!"这种现象令杨维刚焦急,而抱持着"不调研不发言"的信条,杨维刚更频繁地行走在履职路上。

不要人夸好颜色,只留清气满乾坤

在省国土资源厅每年"4·22"地球日举办的公益长跑队伍中,总能看到杨维刚的身影。全程4.22公里,年过半百的杨维刚始终保持在第一梯队,比起年轻人,毫不逊色。

多年来,无论是在家还是出差,每天早上5点左右起床,5—10公里长跑,几乎是杨维刚雷打不动的生活习惯。"唯有跑步与读书不能亏负,责任与担当不可懈怠。"

作为副厅长,他分管过测绘地理信息、办公室、信访等工作,省国土资源厅办公室主任谢文告诉记者,在杨维刚分管测绘地理信息工作时,他狠抓整个测绘转型定位,要求不能把眼光只放在湖南,要加大地理信息和大数据的融合发展。"一名副部级领导常常背着电脑亲自去协调工作。""在他推动下,湖南首个地理信息产业园落户,并迎来全国地理信息产业大会在湖南召开,全国1 000多家企业参展。"

"管好亲人和身边的工作人员,坚持把廉洁自律作为从政的第一准则。""他与夫人是食堂的常客。"……即便工作精益求精,但生活中,杨维刚都是崇尚"简约"。

"不要人夸好颜色,只留清气满乾坤。"元朝王冕《墨梅》中的这句诗,也是杨维刚自勉的句子。"用行动践行责任与担当,未曾懈怠,努力依旧,初心不改。"此刻,他又孜孜不倦开启下一个课题和提案的钻研……

（此文原载《人民政协报》2017 年 9 月 19 日第四版,记者刘洋采写,本书辑入时有删减）

民盟湖南省级组织历届委员会成员名单

民盟湖南省支部筹备委员会

（1949 年 1 月成立）

主　　委：萧敏颂

委　　员：萧敏颂　李　鳌　杨伯峻　张梓敬　刘禄铨
　　　　　余志宏

民盟湖南省支部执行委员会

（1949 年 2 月成立）

主　　委：萧敏颂

委　　员：萧敏颂　李　鳌　杨伯峻　张梓敬　杨荣国
　　　　　刘禄铨　谭丕模　杜迈之

民盟湖南省支部临时工作委员会

（1950 年 2 月，奉民盟中央令执行委员会改称临时工作委员会）

主　　委：萧敏颂

副 主 委:杨荣国

委　　员:萧敏颂　杨荣国　王西彦　王学膺　杜迈之

　　　　　李　鳌　陶重舟　张梓敬　康　德　杨伯峻

　　　　　蓝肇棋　谭丕模　董每戡　戴德嵩　刘禄铨

民盟湖南省第一届支部委员会

(1952 年 10 月,民盟湖南省第一次代表大会选举产生)

主　　委:萧敏颂

副 主 委:杨荣国　谭丕模

委　　员:萧敏颂　杨荣国　谭丕模　李　鳌　王学膺

　　　　　杜迈之　魏猛克　易见龙　董每戡　刘禄铨

　　　　　康　德　屈子健　周世钊　严淑芳　胡笃敬

候补委员:刘秉阳　曹赞华　张健甫　萧　艾　钱南浦

　　　　　郭崇望

民盟湖南省第二届支部委员会

(1955 年 7 月,民盟湖南省第二次代表大会选举产生)

主　　委:萧敏颂

副 主 委:魏猛克　林兆倧

常务委员:萧敏颂　魏猛克　林兆倧　王学膺　康　德

　　　　　杜迈之　李　鳌

委　　员:萧敏颂　魏猛克　林兆倧　王学膺　李　鳌

　　　　　杜迈之　易见龙　周世钊　周声汉　屈子健

　　　　　胡笃敬　陈新民　康　德　曹赞华　刘秉阳

潘世宬　　谢世澂　罗皑岚

候补委员:陈　寊　黄特辉　郭崇望　雷　敢　钱南浦

民盟湖南省第三届委员会

(1958 年 6 月,民盟湖南省第三次代表大会选举产生)

主　　委:周世钊

副 主 委:林兆倧　韩罕明

常务委员:卢惠霖　李　鳌　周世钊　林兆倧　涂西畴

　　　　　胡笃敬　廖六如　韩罕明

委　　员:卢惠霖　刘达仁　谭　俊　李　鳌　易见龙

　　　　　周世钊　周声汉　林兆倧　陈新民　陈植森

　　　　　罗皑岚　涂西畴　胡信德　胡笃敬　袁鹤皋

　　　　　蒋良俊　廖六如　钱南浦　韩罕明

候补委员:劳启祥　陈　寊　周伯昆　范淑静　胡子康

民盟湖南省第四届委员会

(1960 年 10 月,民盟湖南省第四次代表大会选举产生)

主　　委:周世钊

副 主 委:韩罕明　卢惠霖

常务委员:周世钊　韩罕明　卢惠霖　廖六如　胡信德

　　　　　胡笃敬　蒋良俊

委　　员:周世钊　韩罕明　卢惠霖　廖六如　胡信德

　　　　　胡笃敬　蒋良俊　白玉衡　刘达仁　谭　俊

　　　　　易见龙　周声汉　陈　寊　陈新民　罗皑南

　　　　　袁鹤皋　　熊志奇　　陈植森　　胡子康　　钱南浦

候补委员：朱　超　　张禹勤　　范淑静　　蒋昌瑛　　廖鹏飞

民盟湖南省第五届委员会

（1963年3月，民盟湖南省第五次代表大会选举产生）

主　　委：周世钊

副 主 委：韩罕明　　卢惠霖

常务委员：卢惠霖　　周世钊　　周声汉　　胡信德　　胡笃敬

　　　　　廖六如　　蒋良俊　　钱南浦　　韩罕明

委　　员：白玉衡　　卢惠霖　　朱　超　　刘达仁　　周世钊

　　　　　周声汉　　易见龙　　陈　寅　　陈新民　　陈植森

　　　　　罗皑南　　范淑静　　胡信德　　胡笃敬　　胡子康

　　　　　袁鹤皋　　曹国琦　　廖六如　　廖鹏飞　　蒋良俊

　　　　　蒋昌瑛　　熊志奇　　钱南浦　　韩罕明　　谭　俊

候补委员：罗则尧　　张禹勤　　杨卓然

民盟湖南省第六届委员会

（1980年2月，民盟湖南省第六次代表大会选举产生）

主　　委：卢惠霖

副 主 委：蒋良俊　　魏猛克　　韩罕明　　胡笃敬

常务委员：卢惠霖　　蒋良俊　　魏猛克　　韩罕明　　胡笃敬

　　　　　周声汉　　陈新民　　陈志恪　　胡信德　　钱南浦

　　　　　李人琢　　陈植森

委　　员：卢惠霖　　蒋良俊　　魏猛克　　胡笃敬　　周声汉

陈新民	陈志恪	胡信德	钱南浦	李人琢
陈植森	易见龙	石任球	刘达仁	张禹勤
杜迈之	李鳌	陈寅	陈宗麟	陈锡祥
罗皑南	罗则尧	杨卓然	范淑静	胡子康
盛承师	蒋昌瑛	熊志奇	黎光煦	谢世澂
曹国琦	韩罕明			

候补委员:谭国梁　杨国勋　郑其龙

民盟湖南省第七届委员会

（1984 年 2 月,民盟湖南省第七次代表大会选举产生）

主　　委:陈新民

副 主 委:蒋良俊　杜迈之　胡笃敬　王振华

常务委员:王振华　石任球　杜迈之　李　鳌　李人琢
　　　　　李慰萱　张禹勤　陈　寅　陈志恪　陈新民
　　　　　杨国勋　胡笃敬　钱南浦　蒋良俊　韩罕明

委　　员:丁　皋　丁雅莲　王石波　王振华　文忆萱
　　　　　邓孝友　石任球　朱之基　刘湘陵　萧　艾
　　　　　宋元村　杜迈之　李　鳌　李人琢　李曼青
　　　　　李慰萱　张庆营　张作功　张承弗　张佑琦
　　　　　张恒湘　张禹勤　张梓敬　陈　寅　陈志恪
　　　　　陈新民　陈锡祥　陈植森　杨国勋　邹蕊宾
　　　　　郑仲皋　郑其龙　胡子康　胡笃敬　钱南浦
　　　　　秦本杰　黄修本　盛承师　蒋良俊　韩罕明
　　　　　谢世澂　董来炜　谭国梁　熊志奇　游孟高

黎光煦

（1987 年 4 月 24 日，民盟湖南省代表会议增选陈常铭、王步标、曹曾祝、胡德昌、丁时祺、文元琰、容众、李知成为委员；25 日，七届七次全会增选王步标、秦本杰、李慰萱、曹曾祝、董来炜为常务委员；增选曹曾祝、李慰萱为副主委）

民盟湖南省第八届委员会

（1988 年 3 月，民盟湖南省第八次代表大会选举产生）

主　　委：陈新民

副 主 委：王振华　曹曾祝（专职）　李慰萱　陈寅

代秘书长：杨国勋

常务委员：丁　皋　丁时祺　王步标　王振华　文元琰
　　　　　刘湘陵　李　鳌　李人琢　李慰萱　陈　寅
　　　　　陈志恪　陈新民　张庆营　杨国勋　秦本杰
　　　　　曹曾祝　董来炜

委　　员：丁　皋　丁时祺　丁雅莲　马少侨　王　影
　　　　　王步标　王振华　文忆萱　文元琰　方绪统
　　　　　冉广林　安孝廉　朱之基　刘湘陵　杨国勋
　　　　　吴良俅　吴国英　萧　艾　肖端林　宋元村
　　　　　李　衡　李　鳌　李人琢　李知成　李曼青
　　　　　李慰萱　陈　寅　陈志恪　陈常铭　陈新民
　　　　　陈锡祥　邹蕤宾　张庆营　张作功　张承弗
　　　　　张佑琦　张恒湘　金　河　郑仲皋　胡德昌
　　　　　赵习文　容　众　秦本杰　高祖璋　钱去泰

黄修本	曹曾祝	游孟高	董来炜

顾　　问:王石波　邓孝友　卢惠霖　刘达仁　张禹勤

　　　　　杨卓然　陈植森　陈新宪　易见龙　范淑静

　　　　　胡子康　胡笃敬　盛承师　蒋良俊　蒋昌瑛

　　　　　韩罕明　谢世澂　黎光煦　熊志奇　谭国梁

（1989年12月,八届三次全会选举杨国勋为秘书长,增补汤可敬为委员;八届八次常委会议决定杨国勋代理专职副主委。1991年2月,八届四次全会增补杨国勋、张作功为副主委;12月,张作功调任专职副主委。民盟湖南省委员会从第八届起设立顾问委员会;第十次代表大会决定,不再设顾问委员会,也不再设顾问）

民盟湖南省第九届委员会

（1992年8月,民盟湖南省第九次代表大会选举产生）

主　　委:陈新民

副 主 委:王振华　张作功(专职)　乐寿长

秘 书 长:赵习文

常务委员:丁时祺　王　影　王步标　王振华　乐寿长

　　　　　刘湘陵　李显模　陈新民　张庆营　张作功

　　　　　周宏灏　柳思维　赵习文　谢佑卿

委　　员:丁　松　丁时祺　王　影　王步标　王振华

　　　　　文忆萱　方绪统　尹伯英　乐寿长　刘湘陵

　　　　　汤可敬　李　衡　李立新　李兰君　李伯经

　　　　　李知成　李显模　李溉民　陈　寅　陈新民

　　　　　张正奇　张庆营　张作功　张恒湘　杨一飞

252

肖端林	余明光	吴良俅	吴国英	邹捷中
迟云飞	罗　宽	罗湘湘	周正规	周宏灏
郑祖瑜	金　河	柳思维	欧斐君	易柏林
赵习文	胡修章	高祖璋	钱去泰	曹曾祝
傅治同	谢佑卿	潘炎民	瞿振宇	

顾　　问:丁　皋　　王石波　　文元琰　　邓孝友　　卢惠霖

张佑琦　　张禹勤　　李　鳌　　李人琢　　李曼青

陈常铭　　陈新宪　　杨国勋　　杨卓然　　萧　艾

郑仲皋　　易见龙　　范淑静　　胡笃敬　　秦本杰

黄修本　　盛承师　　蒋良俊　　谢世澂　　谭国梁

熊志奇　　黎光煕

（1992 年 12 月,陈新民主委因病逝世。1993 年 4 月,九届四次常委会议推举王振华为代主委;9 月,九届二次全会同意推举王振华为代主委,选举谢佑卿、王影为副主委。1994 年 1 月,九届三次全会选举谢佑卿为主委,推举王振华为名誉主委。1995 年 4 月,九届四次全会增补申康如为委员）

民盟湖南省第十届委员会

（1997 年 5 月,民盟湖南省第十次代表大会选举产生）

名誉主委:王振华

主　　委:谢佑卿

副 主 委:陈幼平(专职)　张作功　乐寿长　王　影

周宏灏

秘 书 长:赵习文

常务委员:丁时祺　马寅初　王　影　乐寿长　刘湘陵
　　　　　汤可敬　李利君　李显模　陈幼平　陈孝珊
　　　　　何清华　张正奇　张作功　杨维刚　连乃文
　　　　　周宏灏　赵习文　柳思维　钱荣棠　谢佑卿
委　　员:丁　松　丁时祺　马寅初　王　影　王招明
　　　　　乐寿长　甘润良　申康如　刘湘陵　汤可敬
　　　　　向　洋　李　平　李夕庆　李平之　李兰君
　　　　　李利君　李光前　李伯经　李显模　陈云莎
　　　　　陈书良　陈幼平　陈孝珊　汪世维　何寄华
　　　　　何清华　张　琳　张正奇　张作功　张恒湘
　　　　　杨君武　杨维刚　连乃文　宋惠萍　余明光
　　　　　邹捷中　罗　宽　罗湘湘　周宏灏　宗子安
　　　　　郑祖瑜　易柏林　赵习文　柳思维　徐必根
　　　　　钱荣棠　黄义宏　黄丽丽　傅治同　谢佑卿
　　　　　贺跃飞　贾明忠　黎跃进　戴曼纯　颜梅魁
　　　　　欧阳心和

(1999 年 1 月,十届三次全会增补邹明玉为委员;2001 年 1
月,十届五次全会增补刘桂秋为委员)

民盟湖南省第十一届委员会

(2002 年 6 月,民盟湖南省第十一次代表大会选举产生)

名誉主委:王振华
主　　委:谢佑卿
副 主 委:陈幼平(专职)　张作功　乐寿长　李利君

何清华

秘　书　长:陈幼平(兼)

常务委员:丁　松　丁时祺　乐寿长　杨君武　杨维刚

　　　　　杨鹏程　李利君　肖克宇　吴承志　何清华

　　　　　张正奇　张作功　陈幼平　周继承　柳思维

　　　　　徐　杨　谢佑卿　谭世延　戴晓凤

委　　　员:丁　松　丁时祺　王力平　王永宏　甘润良

　　　　　乐寿长　朱开悉　向　洋　刘云华　刘汉武

　　　　　刘建丰　刘桂秋　刘超先　汤　浊　汤可敬

　　　　　杨君武　杨维刚　杨鹏程　李　平　李　枫

　　　　　李平之　李兰君　李利君　李光前　肖克宇

　　　　　吴秀华　吴承志　何寄华　何清华　邹明玉

　　　　　汪世维　张　琳　张正奇　张作功　陈　菲

　　　　　陈云莎　陈幼平　周继承　柳思维　贺跃飞

　　　　　贾明忠　钱荣棠　徐　杨　徐必根　黄义宏

　　　　　黄中祥　黄丽丽　谢佑卿　雷闽湘　谭世延

　　　　　谭孝敖　谭博文　薛　敏　戴晓凤　欧阳慧龄

民盟湖南省第十二届委员会

(2007 年 6 月,民盟湖南省第十二次代表大会选举产生)

主　　委:杨维刚

副 主 委:汤　浊(专职)　乐寿长　李利君　何清华

　　　　　陈　洪　何寄华

秘 书 长:汤　浊(兼)

常务委员:杨维刚　汤　浊　乐寿长　李利君　何清华

陈　洪　何寄华　杨君武　肖克宇　周继承

徐　杨　戴晓凤　谭世延　鲁立彬　卜良桃

黎定军　刘汉武　杨鹏程　万岳斌　贾明忠

袁火林

委　　员:杨维刚　汤　浊　乐寿长　李利君　何清华

陈　洪　何寄华　杨君武　肖克宇　周继承

徐　杨　戴晓凤　谭世延　鲁立彬　卜良桃

黎定军　刘汉武　杨鹏程　万岳斌　贾明忠

袁火林　李建民　邹　卫　吴宏斌　邵　瑛

陈云莎　谭孝敖　肖巧平　刘桂秋　张　琳

欧阳慧龄　赵雄辉　龚文勇　陈　萍

蒋金友　罗自强　王永宏　向　洋　王新民

黄中祥　贺跃辉　薛　敏　雷闽湘　吴湘玮

李　枫　周健勇　赵凡存　谢　宏　胡运坤

李兰君　张治求　邓　红　傅绍平　阎建辉

罗长江　刘建平　武思元　徐涤宇　陈乐吾

民盟湖南省第十三届委员会

(2012 年 6 月,民盟湖南省第十三次代表大会选举产生)

主　　委:杨维刚

副 主 委:汤　浊(专职)　何寄华　杨君武　戴晓凤

黎定军

秘 书 长:赵为济

256

常务委员：万岳斌　文利新　刘小刚　刘汉武　向　华
　　　　　汤　浊　何寄华　杨君武　杨维刚　邵　瑛
　　　　　陈　萍　卓　今　贺跃辉　聂国卿　袁火林
　　　　　袁兴中　黄献民　龚文勇　傅　军　傅绍平
　　　　　鲁立彬　潘传平　黎定军　薛　敏　戴晓凤
委　　员：卜良桃　万岳斌　马俭平　尹剑峰　文利新
　　　　　王永宏　王新民　邓放明　龙涓涓　伍坤杰
　　　　　刘小刚　刘汉武　刘丽艳　刘志红　向　华
　　　　　年晓红　汤　浊　米仁顺　何寄华　张　宇
　　　　　张伯序　李　枫　李立君　李孟平　李玲玲
　　　　　李荣华　李培其　杨君武　杨维刚　肖　扬
　　　　　肖巧平　肖勇刚　邵　瑛　邹　卫　陈　萍
　　　　　陈乐吾　卓　今　巫培云　吴宏斌　欧阳强
　　　　　武思元　罗自强　胡运坤　胡湘萍　贺跃辉
　　　　　赵凡存　赵为济　唐新孝　徐　杨　徐　智
　　　　　聂国卿　袁火林　袁兴中　袁绍明　黄献民
　　　　　龚文勇　傅　军　傅小松　傅绍平　蒋政云
　　　　　谢　宏　鲁立彬　鲁劲松　雷闽湘　谭周进
　　　　　潘传平　黎定军　薛　敏　戴晓凤

民盟湖南省第十四届委员会

（2017 年 6 月，民盟湖南省第十四次代表大会选举产生）

主　　委：杨维刚

副 主 委：胡　颖（专职）　汤　浊　何寄华　杨君武

　　　　　　　　戴晓凤　　黎定军　　赵为济

秘　书　长:刘春阳

常务委员:杨维刚　　胡　颖　　汤　浊　　何寄华　　杨君武

　　　　　　戴晓凤　　黎定军　　赵为济　　文利新　　刘小刚

　　　　　　向　华　　邵　瑛　　贺跃辉　　袁兴中　　黄献民

　　　　　　龚文勇　　傅　军　　傅绍平　　陈登斌　　罗自强

　　　　　　谭蔚泓　　刘导波　　张庆和　　曾祥君　　柳怀德

委　　　员:杨维刚　　胡　颖　　汤　浊　　何寄华　　杨君武

　　　　　　戴晓凤　　黎定军　　赵为济　　文利新　　刘小刚

　　　　　　向　华　　邵　瑛　　贺跃辉　　袁兴中　　黄献民

　　　　　　龚文勇　　傅　军　　傅绍平　　陈登斌　　罗自强

　　　　　　谭蔚泓　　刘导波　　张庆和　　曾祥君　　柳怀德

　　　　　　万岳斌　　王　勇　　尹剑峰　　邓曙光　　付辽源

　　　　　　向忠诚　　刘志红　　刘丽艳　　刘春阳　　刘新荣

　　　　　　米仁顺　　巫培云　　李立君　　李孟平　　李玲玲

　　　　　　李荣华　　李桂梅　　李培其　　杨庆江　　杨艳妮

　　　　　　肖　扬　　肖应辉　　肖勇刚　　何　忠　　张　宇

　　　　　　张伯序　　罗如登　　罗振坤　　周　欢　　胡运坤

　　　　　　姚如男　　袁火林　　袁绍明　　袁铁锤　　夏　峰

　　　　　　夏志宏　　夏雪芬　　徐　智　　晏俊峰　　殷　刚

　　　　　　彭经珂　　蒋政云　　傅小松　　谢　宏　　廖　苇

　　　　　　黎雄兵

湖南各市州民盟简史

一、民盟长沙市委员会简史

1948 年 1 月,中国民主同盟总部临时工作委员会在香港成立后不久,主持召开了民盟一届三中全会。会议决定在湖南建立民盟地方组织。湖南民盟地方组织的筹建工作首先在长沙秘密进行。盟员曾楚樵、王石波、马午、戴鸿兴等开始着手筹备建立民盟长沙市分部,并陆续向新闻界、银行界、机关、学校吸纳盟员。到 1949 年 5 月,长沙有盟员 150 人左右,组建了三个区分部。7 月下旬,成立了临时工作委员会,杜迈之任主委,曾楚樵任秘书,王石波、马午、戴鸿兴为委员。

1950 年 6 月 25 日,民盟长沙市第一次盟员大会在长沙青年会礼堂举行,到会盟员 114 人。大会选举产生了由 9 名委员组成的民盟长沙市分部第一届委员会。康德当选为主委,杨伯峻当选为副主委。李鳌、朱荟南、刘禄铨、吴文澜、朱启畴、谢义伟、刘文炳任委员,余培忠、金河、叶克强为候补委员。

1952 年 10 月 18 日至 19 日,长沙市第二次盟员大会举行,到会盟员 286 人。大会选举产生了由 13 名委员组成的民盟长沙市分部第二届委员会。杨荣国当选为主委,康德、韩罕明当选为副主委。李鳌、李人琢、汪贻荪、郑琼、欧阳敏讷、余培忠、张鹤皋、蓝肇祺、朱启畴、唐从俭任委员,沈周原、金河、陈瑶君为候补委员。

1954 年 6 月 12 日至 13 日,长沙市第三次盟员大会举行,到会 236 人。大会强调,盟员在积极参加国家建设的过程中,必须接受党政统一领导,把政治与业务结合起来,搞好岗位工作。大会选举产生了由 12 名委员组成的民盟长沙市分部第三届委员会。魏猛克当选为主委,韩罕明当选为副主委。任邦哲、李鳌、李人琢、汪澹华、欧阳敏讷、蓝肇祺、朱启畴、唐从俭、陈宗麟、黄济洋任委员,石琢、余培忠、张鹤皋、沈周原、金河为候补委员。

1955 年 6 月 25 日至 26 日,长沙市第四次盟员大会举行,到会 258 人。大会确定以思想改造为盟内政治思想教育的主要内容,未对市分部第三届委员会进行改选。

1956 年 6 月 23 日至 24 日,长沙市第五次盟员大会举行,到会 321 人。大会选举产生了由 21 名委员组成的民盟长沙市第四届委员会。魏猛克再次当选为主委,康德、韩罕明、李鳌当选为副主委。石琢、白玉衡、任邦哲、朱启畴、院宇成、李人琢、李洪谟、沈友铭、汪澹华、余培忠、金河、陈宗麟、唐从俭、张鹤皋、黄济洋、蒋良栋、刘文炳任委员,沈周原、周碧瑜、张禹勤、程云路为候补委员。

1958 年 8 月 15 日至 17 日,民盟长沙市第六次代表大会召开,到会代表 85 人。大会选举产生了由 21 名委员组成的民盟长沙市第五届委员会。廖六如当选为主委,任邦哲、李人琢、李鳌当选为副主委。石琢、白玉衡、刘泽霖、朱启畴、李洪谟、李鸣非、院宇成、余培忠、沈友铭、周衍椒、陈宗耀、陈青莲、张鹤皋、欧阳扶九、黄修本、盛承师、蒋良栋任委员,张禹勤、范新顺、贺寰宾为候补委员。

1960 年 10 月 9 日,民盟长沙市第七次代表大会召开,到会代表 126 人。大会选举产生了由 20 名委员组成的民盟长沙市第六届委员会。廖六如再次当选为主委,任邦哲、李人琢、陈宗麟当选为副主委。石琢、刘泽霖、朱启畴、李洪谟、李鸣非、院宇成、吴幸生、余培忠、陈志恪、周衍椒、陈青莲、欧阳扶九、徐福景、黄修本、盛承师、蒋良栋任委员,汪名凡、周重心、范新顺、杨国勋为候补委员。

1962 年 8 月 19 日至 21 日,民盟长沙市第八次代表大会召开,到会代表 85 人。大会选举产生了由 22 名委员组成的民盟长沙市第七届委员会。廖六如第三次当选为主委,任邦哲、李人琢、陈宗麟再次当选为副主委。王仁德、石琢、刘泽霖、朱启畴、李洪谟、李鸣非、李天雄、院宇成、余培忠、陈志恪、周衍椒、陈青莲、吕翰睿、欧阳扶九、徐福景、黄修本、盛承师、蒋良栋任委员,汪名凡、周重心、范新顺、杨国勋为候补委员。

“文化大革命”期间,民盟长沙市委停止一切活动。

1978 年,在中共市委的关心和中共市委统战部的帮助下,长沙民盟组织成立由陈志恪等 5 人组成的临时领导小组,逐步恢复了组织活动。

1980 年 5 月 15 日至 18 日,民盟长沙市第九次代表大会召开,到会代表 69 人。大会选举产生了由 24 名委员组成的民盟长沙市第八届委员会。陈志恪当选为主委,李人琢、徐继当选为副主委。(改革开放以来民盟市级委员会委员皆不列名,下同)1983年9月曾楚樵被增选为副主委。

1984年4月5日至9日,民盟长沙市第十次代表大会召开,到会代表100人。大会选举产生了由31名委员组成的民盟长沙市第九届委员会。陈志恪再次当选为主委,徐继、曾楚樵、龚墨池、黄棣威当选为副主委,刘鼎初被任命为秘书长。

1987年12月17日至20日,民盟长沙市第十一次代表大会召开,到会代表115人。大会选举产生了由32名委员组成的民盟长沙市第十届委员会。陈志恪第三次当选为主委,黄棣威、龚墨池、张鹤皋、周绍绳、张作功当选为副主委,吴承志被任命为秘书长。1989年2月,吴承志被增选为专职副主委,兼任秘书长。

1992年8月12日至14日,民盟长沙市第十二次代表大会召开,应到代表108名,实际出席87名,代表45个基层支部和小组的825名盟员。大会选举产生了由29名委员组成的民盟长沙市第十一届委员会。李显模当选为主委,王彬文、周晓午当选为副主委,谭世延被任命为秘书长。1994年1月、1996年2月吴承志、谭世延先后被增选为副主委。

1996年8月7日至10日,民盟长沙市第十三次代表大会召开,出席代表111名,代表48个基层支部和直属小组的927名盟员。大会选举产生了由31名委员组成的民盟长沙市第十二届委员会。李显模再次当选为主委,吴承志、谭世延、彭代源、赵凡存当选为副主委。

2001年7月29日至30日,民盟长沙市第十四次代表大会召开,出席代表 122 名,代表 48 个基层支部和直属小组的 1 061 名盟员。大会选举产生了由 24 名委员组成的民盟长沙市第十三届委员会。谭世延当选为主委,吴承志、赵凡存、陈启同当选为副主委。

2006 年 4 月 7 日至 9 日,民盟长沙市第十五次代表大会召开,出席代表 134 名,代表 48 个基层支部和直属小组的 1 200 余名盟员。大会选举产生了由 27 名委员组成的民盟长沙市第十四届委员会。谭世延再次当选为主委,郑宏旺、赵凡存、陈启同、何寄华当选为副主委。2008 年 12 月,第十四届委员会第五次全会同意谭世延、陈启同分别辞去主委、副主委职务,选举何寄华为主委、刘志红为副主委。2010 年 1 月,第十四届委员会第七次全会增选张庆和为副主委。

2011 年 4 月 20 日至 22 日,民盟长沙市第十六次代表大会召开,出席代表 147 名,代表 48 个基层支部和 1 300 多位盟员。大会选举产生了由 27 名委员组成的民盟长沙市第十五届委员会。何寄华当选为主委,刘志红、赵凡存、张庆和、陈迪夫当选为副主委。

2016 年 6 月 21 日至 22 日,民盟长沙市第十七次代表大会召开。大会选举产生了由 33 名委员组成的民盟长沙市第十六届委员会。张庆和当选为主委,刘志红(专职)、陈迪夫、鲁劲松、邱忠献当选为副主委,林永红被任命为秘书长。

截至 2016 年 12 月底,民盟长沙市委下属基层组织 49 个。共有盟员 1 709 人,其中拥有大学以上学历者占 80%、拥有高级职称者占 15%。盟员中担任处级以上领导职务者 19 人。

长沙盟员中有历届民盟中央委员 1 人次、民盟省委委员 54 人次;担任历届湖南省人大代表 12 人次、历届长沙市人大代表 58 人次;担任历届湖南省政协委员 34 人次,历届长沙市政协委员 196 人次;担任历届区人大代表 57 人次,历届区政协委员 203 人次。

二、民盟株洲市委员会简史

株洲民盟组织是株洲地区唯一在新中国成立前就成立了组织并组建了地下武装的民主党派地方组织。1948 年冬至 1949 年上半年,盟员尹华民、蔡其昌、赖文彬、熊之南等,在中共地下党组织的领导下,分别从上海、长沙、湘潭奔赴酃县、攸县、醴陵和株洲镇等地,吸纳盟员 120 人,分别建立了隶属上海民盟组织的民盟酃县(今炎陵县)区分部(盟员 26 人),隶属民盟湖南省支部执委会的攸县区分部(盟员 63 人)、醴陵县(今醴陵市)小组(盟员 25 人)和隶属民盟湘潭县分部的株洲镇小组(盟员 6 人)。

各区分部和小组积极配合中共地下党组织的工作和解放大军南下,筹粮支前,组织群众护校、护厂,发动和组织学生参加"反对内战,争取湖南局部和平"的游行示威活动,宣传民盟湖南省支部机关报《民主报》,参与有关接管工作,为湖南和平解放做出了不可磨灭的贡献。其中民盟酃县区分部根据解放军二野十八军五十二师政治部领导的指示,于 1949 年 10 月成功策反"反共自卫救国军"第一纵队第二支队十大队三十中队,随后该中队被改编为"湘赣边区酃宁游击队",配合解放军进行清匪反霸斗争。

1950 年,根据上级关于"不在县以下单位开展活动"的指示,以上各分部和小组均停止组织活动。1957 年 5 月,民盟湖南省委根据民盟中央的指示,派人来株洲考察调研,决定筹建民盟株洲地区组织。同年 6 月,因反右扩大化等政治原因,株洲建盟活动被迫停止。

中共十一届三中全会后,民主党派开始恢复组织活动。经民盟湖南省委和中共株洲市委协商同意,1981 年 11 月 20 日民盟湖南省委直属株洲市支部成立,时有盟员 14 人。1982 年 7 月中南林学院迁入株洲市,该院民盟支部也成建制加入株洲民盟队伍。到 1983 年 6 月,全市盟员总数达 75 人。同年 6 月 18 日,民盟株洲市委筹备委员会成立。1983 年 11 月 25 日,民盟株洲市第一次盟员大会召开,时有盟员 104 人。大会选举产生了由 9 名委员组成的民盟株洲市第一届委员会。张承弗当选为主委,刘琢、王理煌当选为副主委,王理煌兼任秘书长。

1988 年 11 月 25 日,民盟株洲市第二次盟员大会召开,时有盟员 283 人。大会选举产生了由 17 名委员组成的民盟株洲市第二届委员会。张承弗再次当选为主委,王理煌、刘琢再次当选为副主委,刘云辉被任命为秘书长。大会推举何道凡、易绪理、贾承天、靳孝先为盟市委顾问。

1991 年 12 月 6 日至 8 日,民盟株洲市第三次代表大会召开,到会代表 84 人。大会选举产生了由 17 名委员组成的民盟株洲市第三届委员会。李溉民当选为主委,刘琢、刘云辉、周崇义当选为副主委,刘云辉兼任秘书长。大会推举张承弗、王理煌、何道凡、易绪理、贾承天、熊志奇为盟市委顾问。

1996 年 10 月 23 日至 25 日,民盟株洲市第四次代表大会召开,到会代表 87 人。大会选举产生了由 18 名委员组成的民盟株洲市第四届委员会。杨维刚当选为主委,胡景初、汪世维、周平、刘海华当选为副主委,尹剑峰被任命为秘书长。大会推举张承弗、李溉民、王理煌、何道凡、熊志奇为盟市委顾问。

2001 年 5 月 22 日至 23 日,民盟株洲市第五次代表大会召开,到会代表 83 人。大会选举产生了由 21 名委员组成的民盟株洲市第五届委员会。杨维刚再次当选为主委,汪世维、周平、刘海华、陈洪为当选副主委,尹剑峰被任命为秘书长。大会推举张承弗、李溉民、王理煌、何道凡、熊志奇为盟市委顾问。

2006 年 5 月 11 日至 12 日,民盟株洲市第六次代表大会召开,到会代表 89 人。大会选举产生了由 20 名委员组成的民盟株洲市第六届委员会。鲁立彬当选为主委,尹剑峰、刘亚云、易龙、谭孝敖当选为副主委。

2011 年 12 月 22 日至 23 日,民盟株洲市第七次代表大会召开,到会代表 95 人。大会选举产生了由 23 名委员组成的民盟株洲市第七届委员会。鲁立彬再次当选为主委,尹剑峰、刘亚云、易龙、何沙当选为副主委,罗卫云被任命为秘书长。

2016 年 7 月 14 日,民盟株洲市第八次代表大会召开,到会代表 115 名。大会选举产生了由 23 名委员组成的民盟株洲市第八届委员会。柳怀德当选为主委,尹剑峰、刘亚云、易龙、何沙当选为副主委,罗卫云被任命为秘书长。

株洲盟员中先后有 18 人次担任民盟中央委员,民盟省委常委、委员和顾问职务。其中担任第九届民盟中央委员 1 人,第十至第十三届民盟省委常委 4 人次,第七至第十三届民盟省委委员 10 人次,第八、九届民盟省委顾问 2 人次。

株洲盟员中共有 411 人次担任各级人大代表、政协委员,其中全国人大代表 2 人次,省人大代表 6 人次,省政协委员 20 人次,市人大代表 24 人次,市政协委员 118 人次,区人大代表 37 人次,区政协委员 204 人次。

三、民盟湘潭市委员会简史

1948 年 10 月,有盟员在湘潭开始地下活动。其时,湘潭简易师范学校教员唐士义、秦文兮在长沙加入民盟,回校后即在进步教员及亲友中秘密发展组织。1949 年 1 月,民盟湖南省支部筹委会成立,决定在湘潭建立民盟组织。同年 4 月,经民盟湘支筹委批准,成立民盟湘潭县分部筹备小组。5 月成立民盟湘潭县分部。至 1949 年 8 月,共有盟员 46 人。创建之初,湘潭民盟组织根据中共地下党组织的部署,以湘潭简易师范学校为基地,组织读书会,培养骨干力量,成立学生自治会,支持和推动爱国学生运动;坚持开展对敌宣传分化瓦解工作和"五护"(护厂、护矿、护路、护桥、护校)的斗争,宣传发动群众迎接解放,为湘潭和平解放做出了积极贡献。

1951 年 3 月,民盟湘潭县分部改称民盟湖南省直属区分部,11 月又改称民盟湘潭市分部临时工作委员会。李维章任负责人,杨恺负责组织工作,肖锦雯、唐士义负责宣传工作,陈公让任秘书处主任。湘潭解放后,民盟组织由秘密转为公开。

1953 年 11 月 28 日,民盟湘潭市第一届盟员大会召开,时有盟员 60 人。大会选举产生了由 7 名委员组成的民盟湘潭市第一届分部委员会。钱南浦当选为主委,杨卓然当选为副主委,陈公让任秘书长。秦本杰、唐士义、何志襄、周砥中任委员,赵德清为候补委员。

1955 年 6 月,民盟湘潭市第二次代表大会召开,时有盟员 64 人。大会选举产生了由 7 名委员组成的民盟湘潭市第二届分部委员会。钱南浦再次当选为主委,杨卓然再次当选为副主委,陈公让续任秘书长。秦本杰、唐士义、何志襄、周砥中续任委员,李果、赵德清为候补委员。

1956 年 2 月,民盟湘潭市分部委员会改称民盟湘潭市委员会。

在 1957 年 6 月开始的反右斗争中,湘潭有 31 名盟员被错划为右派分子,在本地盟员总数约占 27%。

1958 年 8 月,民盟湘潭市第三次代表大会召开,时有盟员 113 人。大会选举产生了由 8 名委员组成的民盟湘潭市第三届委员会。钱南浦第三次当选为主委,杨卓然第三次当选为副主委。秦本杰、赵德清、唐士义、傅曦、龚颂贤、何志襄任委员,万自康为候补委员。

1960 年 10 月,民盟湘潭市第四次代表大会召开,时有盟员 87 人。大会选举产生了由 9 名委员组成的民盟湘潭市第四届委员会。钱南浦、杨卓然分别第四次当选为主委、副主委,龚颂贤任秘书长。何志襄、唐士义、秦本杰、傅曦、万自康、赵德清为委员。

1963 年 5 月,民盟湘潭市第五次代表大会召开,时有盟员 66

人。大会选举产生了由 9 名委员组成的民盟湘潭市第五届委员会。钱南浦、杨卓然分别第五次当选为主委、副主委,龚颂贤续任秘书长。唐士义、秦本杰、赵德清、何志襄、王跃、傅曦为委员。

1966 年 4 月,民盟湘潭市第六次代表大会召开,时有盟员 73 人。大会选举产生了由 8 名委员组成的民盟湘潭市第六届委员会。钱南浦、杨卓然分别第六次当选为主委、副主委,赵德清任秘书长。罗世哲、何志襄、唐士义、黄家麟、刘铁民为委员。

1958 年至 1966 年,湘潭民盟组织发展渐趋缓慢。"文化大革命"中,湘潭民盟组织瘫痪,活动中止,盟员遭到冲击打压。

1979 年 3 月,在中共湘潭市委的领导和支持下,民盟湘潭市委临时领导小组成立,组织活动逐渐恢复。

1980 年 6 月,民盟湘潭市第七次代表大会召开,时有盟员 87 人。大会选举产生了由 9 名委员组成的民盟湘潭市第七届委员会。钱南浦、杨卓然分别第七次当选为主委、副主委。

1984 年 4 月,民盟湘潭市第八次代表大会召开,时有盟员 175 人。大会选举产生了由 14 名委员组成的民盟湘潭市第八届委员会。钱南浦第八次当选为主委,秦本杰、林华国当选为副主委,吴建勋任秘书长。

1987 年 12 月,民盟湘潭市第九次代表大会召开,时有盟员 311 人。大会选举产生了由 17 名委员组成的民盟湘潭市第九届委员会。钱南浦第九次当选为主委,秦本杰、詹兴瑞、任重道当选为副主委,黄棣华任秘书长。1988 年 2 月,钱南浦逝世,秦本杰被补选为主委。

1992 年 1 月,民盟湘潭市第十次代表大会召开,时有盟员

337人。大会选举产生了由15名委员组成的民盟湘潭市第十届委员会。余明光当选为主委,黄棣华、刘盛娥当选为副主委,陈建群任秘书长。1993年陈建群调离,谭敬清接任秘书长。

1996年11月,民盟湘潭市第十一次代表大会召开,时有盟员362人。大会选举产生了由15名委员组成的民盟湘潭市第十一届委员会。余明光再次当选为主委,黄棣华、刘盛娥再次当选为副主委,谭敬清任秘书长。1998年,黄棣华退休,黎跃进被补选为副主委。

2001年5月,民盟湘潭市第十二次代表大会召开,时有盟员421人。大会选举产生了由14名委员组成的民盟湘潭市第十二届委员会。杨鹏程当选为主委,王力平、黎跃进、彭晓当选为副主委,王力平兼任秘书长。2002年7月,黎跃进调离;2004年12月,王力平退休;2005年2月,胡运坤被补选为副主委,兼任秘书长。

2006年4月,民盟湘潭市第十三次代表大会召开,时有盟员484人。大会选举产生了由17名委员组成的民盟湘潭市第十三届委员会。杨鹏程再次当选为主委,胡运坤、彭晓、谭松庭、周黎民当选为副主委,胡运坤兼任秘书长。2009年4月,周黎民被免去副主委职务,傅军被补选为副主委。

2011年5月,民盟湘潭市第十四次代表大会召开。大会选举产生了由17名委员组成的民盟湘潭市第十四届委员会。傅军当选为主委,胡运坤、谭松庭、杨清、杨剑瑜当选为副主委,胡运坤兼任秘书长。

2016年5月25日,民盟湘潭市第十五次代表大会召开,大会选举产生了由 16 名委员组成的民盟湘潭市第十五届委员会。傅军再次当选为主委,胡运坤、杨清、杨剑瑜、尹华容当选为副主委,胡运坤兼任秘书长。

截至 2016 年 12 月底,民盟湘潭市委共有 25 个支部、3 个基层委员会。共有盟员 675 人。其中本科及以上学历 449 人,占比 66.52%;正高职称 46 人,占比 6.81%。盟员中担任副厅级领导职务者 1 人,处级领导职务者 19 人。

湘潭盟员中,有历届民盟省委委员 35 人次、各级人大代表和政协委员 421 人次。

四、民盟常德市委员会简史

1949 年 3 月,民盟湖南省支部执行委员会委员杨伯峻派蒋良栋来湖南省立第四中学(现常德市第一中学)发展张孝仁入盟,建立民盟组织,至 6 月共吸纳盟员 6 人,成立民盟常德小组,后改建为民盟常德支部,开始从事地下活动。张孝仁先后被推选为民盟常德小组和民盟常德支部负责人。1949 年 7 月,常德解放后,民盟常德支部便以“民盟湖南省直属支部”的身份公开活动。1950 年 2 月,经民盟湖南省支部执委会批准,湖南民盟直属常德区分部正式成立。1953 年,在组织整顿过程中,湖南民盟直属常德区分部被撤销,民盟常德市分部临时工作委员会成立,后经民盟湖南省委批准,改称民盟常德市分部筹委会。1954 年 12 月,民盟常德市(县级)第一届委员会成立,时有盟员 18 人。“文化大革命”期间,民盟常德市委停止组织活动。1978 年中共十一届三中全会拨乱反正后,民盟常德市委逐渐恢复组织活动。

1954 年 12 月至 1988 年 11 月,民盟常德市委员会(县级)共历七届,历任主委为丁国泉、刘文炳、廖鹏飞、陈锡祥。

1988 年 1 月,国务院批准撤销常德地区建立湖南省辖常德市,原常德市改称武陵区。是年 6 月 4 日,经民盟湖南省委和中共常德市委研究同意,民盟常德市委员会筹备委员会(地级)成立,陈锡祥任主任,以民盟常德市第七届委员会(县级)为基础,组建新的常德市民盟组织,名称仍为民盟常德市委员会,但不再沿用以前委员会届次。

1988 年 11 月,民盟常德市第一次代表大会召开,选举产生了由 15 名委员组成的民盟常德市第一届委员会(地级)。丁时祺当选为主委,伍龙章、易孝昭、郑祖瑜当选为副主委。

1992 年 1 月,民盟常德市第二次代表大会召开,选举产生了由 14 名委员组成的民盟常德市第二届委员会。丁时祺再次当选为主委,郭敦文、李平之、徐珂当选为副主委,徐珂兼任秘书长。

1996 年 12 月,民盟常德市召开第三次代表大会召开,选举产生了由 15 名委员组成的民盟常德市第三届委员会。丁时祺第三次当选为主委,徐珂、李平之、傅绍平当选为副主委,王军杰任秘书长。

2001 年 7 月,民盟常德市第四次代表大会召开,选举产生了由 15 名委员组成的民盟常德市第四届委员会。丁时祺第四次当选为主委,李平之、傅绍平、王军杰当选为副主委,王军杰兼任秘书长。

2006 年 6 月,民盟常德市第五次代表大会召开,选举产生了由 14 名委员组成的民盟常德市第五届委员会。傅绍平当选为主委,王军杰、李国富当选为副主委,邓红任秘书长。2006年11月,邓红被补选为专职副主委(2008年11月离任)。2009年9月,刘丽艳被补选为专职副主委。

2011年4月,民盟常德市第六次代表大会召开,选举产生了由17名委员组成的民盟常德市第六届委员会。傅绍平再次当选为主委,刘丽艳、李国富、陈集亮当选为副主委,刘丽艳兼任秘书长。

2016年5月17日,民盟常德市第七次代表大会召开,来自民盟津市市委和市直19个基层组织的137名代表,代表全市801名盟员出席了本次代表大会。大会选举产生了由25名委员组成的民盟常德市第七届委员会。傅绍平第三次当选为主委,刘丽艳、陈集亮、杨莉、李宝斌当选为副主委,李昌雄任秘书长。

民盟常德市委现下辖1个县级委员会(津市市委)和18个市属基层组织,共有35个支部。

截至2016年12月底,民盟常德市委下辖民盟津市市委1个县级委员会和20个市属基层组织,共有盟员821人,平均年龄53.02岁;盟员中大专以上文化的占91.68%;中高级职称的占69.9%;中上层人士占86.66%;教育界占63.52%(其中高教界占14.03%)、科技文化卫生新闻出版界占10.94%、机关团体占12.09%、非公有制经济和新的社会阶层占12.88%。

常德盟员中先后有1人次任全国人大代表,3人次任省人大代表,17人次任省政协委员,13人次任市人大代表,120人次任市政协委员。

常德盟员中,共有2人担任副厅级领导职务,现有在职副厅级领导干部 1 人;共有 20 人担任市直行政事业单位处级领导职务,现有在职区(县)人大常委会副主任 2 人,区(县)政府副区(县)长 2 人,区(县)政协副主席 1 人。

五、民盟衡阳市委员会简史

1948 年 12 月,民盟湖南省支部筹委会指派张鹤皋、秦本杰、蒋介卿在衡阳建立民盟地下小组,张鹤皋为小组负责人。1949 年 5 月下旬,民盟湖南省支部执委会指派秦本杰、屈子健、蒋介卿成立民盟湖南省支部直属衡阳区分部,秦本杰为区分部负责人,6 月又增派粟受祺、李孟康为区分部委员。

1949 年 10 月 8 日,衡阳解放。同年 11 月 6 日,民盟衡阳市分部筹备委员会成立,曾楚樵、秦本杰、熊希年为委员,曾楚樵任主委。1950 年 8 月 10 日,该筹委会改组为民盟衡阳市分部临时工作委员会,屈子健、秦本杰、肖如柏、李超凡、王劲初为临工会委员,屈子健任主委。

1951 年 9 月,民盟衡阳市第一次盟员大会召开,选举产生了由 9 名委员组成的民盟衡阳市分部第一届委员会。屈子健当选为主委。肖光蒲、秦本杰、邱耀、汤宝田、蒋壏、戚祥麟、王景农、王晨牧为委员。

1952 年 7 月,民盟衡阳市第二次盟员大会召开,选举产生了由 12 名委员组成的民盟衡阳市分部第二届委员会。屈子健再次当选为主委。秦本杰、皮心轩、汤宝田、王晨牧、蒋壏、吴智湘、戚祥麟、肖光蒲、余渭清、颜肃、王景农为委员。

1953 年 12 月,民盟衡阳市第三次盟员大会召开,选举产生了由 12 名委员组成的民盟衡阳市分部第三届委员会。屈子健第三次当选为主委。蒋壎、王晨牧、吴智湘、皮心轩、罗则尧、肖光蔺、聂守忠、鲁观由、汤宝田、李海鹏、王景农为委员。

1955 年 6 月,民盟衡阳市第四次盟员大会召开,选举产生了由 12 名委员组成的民盟衡阳市分部第四届委员会。屈子健第四次当选为主委,蒋壎、王晨牧当选为副主委。王景农、皮心轩、吴智湘、聂守忠、罗则尧、肖光蔺、李海鹏、周济、汤宝田为委员。1956 年 5 月,民盟衡阳市分部改称民盟衡阳市委员会。1958 年 8 月,陈植森被增选为主委。

1960 年 11 月,民盟衡阳市第五次盟员大会召开,选举产生了由 7 名委员组成的民盟衡阳市委第五届委员会。陈植森当选为主委,罗则尧、刘建治、方暨岚、吴智湘为委员。

1962 年 9 月,民盟衡阳市第六次盟员大会召开,选举产生了由 11 名委员组成的民盟衡阳市委第六届委员会。陈植森再次当选为主委,罗则尧当选为副主委(专职)。王晨牧、刘光祖、刘建治、吴智湘、汤宝田、廖鸿鹄、熊连生、李海鹏、夏良俊为委员。

1966 年 5 月,"文化大革命"开始,民盟衡阳市委机关被查封,组织活动完全停止。

1978 年 12 月,衡阳民盟组织恢复活动,由陈植森等 5 人组成民盟衡阳市委员会临时领导小组,当时在籍盟员 108 人。

1980 年 5 月,民盟衡阳市第七次盟员大会召开,选举产生了由 13 名委员组成的民盟衡阳市第七届委员会。陈植森第三次当选为主委,罗则尧(专职)、屈向荣当选为副主委。从此,衡阳民盟工作全面恢复。

1984年5月,民盟衡阳市第八次盟员大会召开,选举产生了由15名委员组成的民盟衡阳市委第八届委员会。董来炜当选为主委,汤宝田(专职)、蒋经成当选为副主委。

1987年12月,民盟衡阳市第九次盟员大会召开,选举产生了由17名委员组成的民盟衡阳市委第九届委员会。董来炜再次当选为主委,李知成(专职)、蒋经成当选为副主委。

1992年4月,民盟衡阳市第十次盟员大会召开,选举产生了由17名委员组成的民盟衡阳市委第十届委员会。欧斐君当选为主委,李知成(专职)、郭铁生当选为副主委。

1997年1月,民盟衡阳市第十一次盟员大会召开,选举产生了由14名委员组成的民盟衡阳市委第十一届委员会。黎跃进当选为主委,甘润良当选为副主委。1997年届中调整,甘润良任主委,潘文莹任副主委(专职)。2001年2月,朱开悉被补选为副主委。

2001年4月,民盟衡阳市第十二次盟员大会召开,选举产生了由19名委员组成的民盟衡阳市委第十二届委员会。甘润良当选为主委,潘文莹(专职)、朱开悉、何晓天当选为副主委。2003年7月,马俭平被增选为副主委。

2006年6月,民盟衡阳市第十三次盟员大会召开,选举产生了由19名委员组成的民盟衡阳市委第十三届委员会。谢宏(专职)、何晓天、马俭平、付美云、陈国生当选为副主委。2010年3月届中调整,马俭平任主委。

2011年6月,民盟衡阳市第十四次盟员大会召开,选举产生了由21名委员组成的民盟衡阳市委第十四届委员会。马俭平当选为主委,谢宏(专职)、付美云、刘启静、廖可兵当选为副主委。2013 年 4 月,廖喜云被增选为副主委(专职),谢宏任兼职副主委。

2016 年 6 月 13 日至 14 日,民盟衡阳市第十五次代表大会胜利召开,选举产生了民盟衡阳市第十五届委员会。谢宏当选为主委,颜娟华(专职)、廖可兵、马汉钦、陆秀艳当选为副主委,颜娟华兼任秘书长。

截至 2016 年 12 月底,民盟衡阳市委下属总支 2 个,支部 39 个。共有盟员 780 人,其中有大学以上文化占比 62.6%,有高级职称占比 39.7%。

衡阳盟员中,担任历届民盟湖南省委会委员 23 人次;担任历届全国人大代表 1 人,历届湖南省人大代表 3 人次,历届衡阳市人大代表 21 人次,区县级人大代表 32 人次;担任历届湖南省政协委员 9 人次,历届衡阳市政协委员 119 人次,历届区县级政协委员 147 人次。现任厅级领导职务者 2 人,处级领导职务者 21 人。

六、民盟邵阳市委员会简史

1948 年秋,邵阳境内开始有盟员参加革命活动。

1956 年 12 月,民盟湖南省委派组织部部长李鳌、副秘书长张禹勤来邵吸纳盟员,建立组织。民盟省委组织部很快就在市区文教界吸纳胡子康等 21 人为盟员,并于 1956 年 12 月成立民盟邵阳临时联络小组。

1957 年 3 月,民盟省委又派宣传部部长张鹤皋来邵发展民盟组织,不久盟员增至 50 人。民盟省委决定筹建民盟邵阳市委,并从衡阳调来肖先蔺任专干。1957 年 6 月 1 日,民盟邵阳市委筹委会成立。

1958 年 6 月 1 日,民盟邵阳市第一次盟员大会召开,选举产生由 6 名委员组成的民盟邵阳市第一届委员会。胡子康当选为主委,陈新宪当选为副主委。市委会下设组织部、宣传部。

1958 年下半年,邵阳盟员中有 22 人被错划为右派分子,其中 19 人被开除盟籍。

1962 年 3 月,民盟邵阳市第二次代表大会召开,选举产生了由 9 名委员组成的民盟邵阳市第二届委员会。胡子康再次当选为主委,康昭济、罗富庭当选为副主委。

"文化大革命"中,民盟邵阳市委被迫停止一切活动。

1978 年中共十一届三中全会后,民盟邵阳市委恢复活动,重建基层组织。1981 年起,组织发展工作恢复。

1980 年 4 月,民盟邵阳市第三次代表大会召开,选举产生由 8 名委员组成的民盟邵阳市第三届委员会。胡子康第三次当选为主委,陈新宪、罗富庭、康昭济当选为副主委。1981 年 8 月党盟交叉的曾清高被增选为副主委。1983 年曾清高又按中共中央指示精神退出盟市委,容众被补选为副主委。

1984 年 4 月,召开民盟邵阳市第四次代表大会,选举产生了由 12 名委员组成的民盟邵阳市第四届委员会。胡子康第四次当选为主委,陈新宪、马少侨、容众(专职)、康昭济、罗富庭当选为副主委。市委会下设秘书长及组织、宣传、文教、科技、妇女等部。

1987 年 12 月,民盟邵阳市第五次代表大会召开,选举产生了由 17 名委员组成的民盟邵阳市第五届委员会。马少侨当选为主委,容众(专职)、罗富庭、傅治同当选为副主委。大会推举胡子康任名誉主委,陈新宪、康昭济为顾问。1989 年 2 月,李兰君被增选为副主委,主委、副主委、秘书长、各部部长组成盟市委常委会。

1990 年 10 月,民盟省委同意马少侨辞去主委职务、容众辞去专职副主委职务。通过盟市委扩大会议选举,傅治同任主委,李兰君任专职副主委。

1991 年 12 月,民盟邵阳市第六次代表大会召开,选举产生了由 17 名委员组成的民盟邵阳市第六届委员会。傅治同当选为主委,李兰君(专职)、彭群钦当选为副主委。主委、副主委、秘书长组成盟市委主委办公会议。

1996 年 11 月,民盟邵阳市第七次代表大会召开,选举产生了由 17 名委员组成的民盟邵阳市第七届委员会。傅治同再次当选为主委,李兰君、刘云华(专职)、蒋科荣、高保钢当选为副主委。1998 年 8 月,高保钢因调离辞任副主委,同年 9 月,周国斌被补选为副主委。

2001 年 6 月,民盟邵阳市第八次代表大会召开,选举产生了由 19 名委员组成的民盟邵阳市第八届委员会。李兰君当选为主委,刘云华(专职)、蒋科荣、周国斌、曾阳素当选为副主委。大会推举傅治同任名誉主委。

2006 年 5 月,民盟邵阳市第九次代表大会召开,选举产生了由 19 名委员组成的民盟邵阳市第九届委员会。李兰君再次当选为主委,刘云华、蒋科荣、张治求(专职)、王放银当选为副主委。

大会推举傅治同续任名誉主委。2006年9月,蒋科荣辞任副主委。2009年4月,孙清良被补选为副主委。

2015年4月27日至28日,民盟邵阳市第十次代表大会召开,到会代表105人。大会选举产生了由20名委员组成的民盟邵阳市第十届委员会。赵为济当选为主委,何忠、孙清良、张三平、张群慧当选为副主委。

截至2016年12月,民盟邵阳市委下辖一个县级市委(武冈市委),两个总支(邵阳学院总支、市二中总支),以及32个支部。盟员总数740人,拥有大学以上学历者占比66%,拥有高级职称者占比39%。

邵阳盟员中,从1998年至今,担任民盟中央委员1人;担任省人大代表14人次,省政协委员21人次;担任市人大代表26人次,市政协委员380人次;县人大代表、政协委员451人次。现任县处级以上领导职务者20人,其中厅级3人,即市人民政府副市长1人,市政协副主席2人。

七、民盟岳阳市委员会简史

1953年下半年,盟员王理煌从株洲调岳阳师范学校任实习主任;1954年下半年,盟员张佑琦从湘潭一中调岳阳一中工作;1956年下半年,盟员萧锦雯从湘潭调来岳阳一中工作。3人商议成立岳阳民盟组织。民盟湖南省委机关干部李鳌、张禹勤等专程来岳阳指导工作。1956年9月,经民盟省委批准,民盟省委岳阳直属小组正式成立。张佑琦任组长,周岳翰任副组长。

"文化大革命"前,岳阳直属小组有盟员9人。"文化大革命"时,小组停止一切活动。

1979年冬,岳阳直属小组恢复组织活动,经民盟省委批准,张佑琦任组长。

1981年5月,民盟岳阳支部成立,下设4个小组,共有盟员10人。张佑琦任支部主委。

1983年2月,岳阳地区成为省辖市。11月26日至27日,民盟岳阳市盟员大会召开,33名盟员参会。大会选举产生了由6名委员组成的民盟岳阳市第一届委员会。张佑琦当选为主委,段德森当选为副主委,彭履言任秘书长。

1987年12月25日,民盟岳阳市第二次代表大会召开,选举产生了由8名委员组成的民盟岳阳市第二届委员会。张佑琦再次当选为主委,段德森再次当选为副主委。1991年5月,丁松、易光星被增选为副主委。

1992年1月,民盟岳阳市第三次代表大会召开,选举产生了由11名委员组成的民盟岳阳市第三届委员会。丁松当选为主委,段德森、易光星当选为副主委。

1997年3月7日,民盟岳阳市第四次代表大会召开,75名代表参加会议。大会选举产生了由10名委员组成的民盟岳阳市第四届委员会。丁松再次当选为主委,吴建国、阎建辉当选为副主委。民盟市委下设教育、文化、经济、科技、妇女工作、三胞联谊委员会。

2001年7月18日,民盟岳阳市第五次代表大会召开,大会选举产生了由11名委员组成的民盟岳阳市第五届委员会。丁松第三次当选为主委,阎建辉、吴秀华当选为副主委。2006年3

月,万岳斌被增选为副主委。

2006 年 6 月 22 日,民盟岳阳市第六次代表大会召开,86 名代表出席会议。大会选举产生了由 12 名委员组成的民盟岳阳市第六届委员会。万岳斌当选为主委,阎建辉、吴秀华当选为副主委,余曙初被任命为秘书长。2009 年 7 月,李石夫被增选为副主委。

2011 年 4 月,民盟岳阳市第七次代表大会召开,选举产生了由 15 名委员组成的民盟市委第七届委员会委员。万岳斌再次当选为主委,傅小松(专职)、李石夫当选为副主委,何晓斌被任命为秘书长。

2016 年 6 月 23 日,民盟岳阳市第八次代表大会召开,选举产生了由 17 名委员组成的民盟岳阳市第八届委员会。万岳斌第三次当选为主委,黎雄兵(专职)、李石夫、李赴军、高鸽子当选为副主委,何晓斌续任秘书长。

民盟岳阳市委先后多次被中共中央统战部、民盟中央、民盟省委等授予"先进地方组织"和"统战工作先进单位"等荣誉称号,如 2009 年被民盟中央授予"盟务工作先进集体"、2011 年被中共中央统战部、人力资源和社会保障部、民盟中央等部门评为"'十一五'期间为全面建设小康社会做贡献先进集体"。1997年,民盟湖南省委发出通知,号召民盟各市(州)组织"学习岳阳民盟的经验,开创全省盟务工作新局面"。1997 年《人民政协报》以《岳阳民盟的成功之路》为题,报道了岳阳民盟的工作。2011 年新华社以《万家忧乐到心头——民盟岳阳市委为全面建设小康社会做贡献纪实》为题,对岳阳民盟进行了长篇报道。

截至 2016 年 12 月底,民盟岳阳市委有基层组织 26 个,其中总支 1 个、联合支部 1 个。盟员总数 484 人,中高级职称占95.7%,其中高级职称占 32%;普教界占 42.4%,高教界占15.2%,科技医卫界占 13.2%,文化艺术界占 6.7%,新闻出版界占 0.4%,公有制经济界占 4.5%,新社会阶层界占 2.4%,机关、党派、团体占 15.2%。盟员平均年龄为 50.1 岁。盟员中,担任县处级以上领导 23 人,其中厅级领导 1 人。

岳阳盟员中,有历届民盟中央委员 2 人次,历届民盟省委委员(含常委)12 人次;历届省人大代表 4 人次,省政协委员 8 人次;市人大代表 25 人次,其中常委 13 人次,市政协委员 103 人次,其中常委 36 人次;区人大代表 19 人次,区政协委员 43 人次。

八、民盟益阳市委员会简史

1949 年 7 月,民盟益阳县分部筹备委员会成立。时有盟员24 人,活动主要在城区。在中共益阳地下党组织的支持帮助下,筹委会以豫章小学为据点,秘密编印小报《天亮了》,发动工人和师生护厂、护校,迎接益阳解放。8 月创办《天亮了》书报供应社,益阳和平解放后,该社转为新华书店。1950 年 3 月,在民盟地方组织和基层组织整顿过程中,民盟益阳县分部筹备委员会撤销。

1983 年,益阳民盟组织恢复活动,是年有盟员 2 人。1984 年民盟省直益阳支部成立。1986 年 8 月 1 日,民盟湖南省委决定组建民盟益阳市委筹备委员会,指定王子羲负责具体工作。1987年 6 月 23 日,民盟省委同意由王子羲等 5 人组成民盟益阳市委筹备委员会,王子羲任主任。

至 1988 年 11 月,益阳盟员人数增长到 87 人,下设益阳师专、湖南城专、城南、城西、市三中、科教文六个支部。1988 年 11 月 19 日,民盟益阳市委筹备委员会召开全体盟员大会,宣告民盟益阳市(县级)委员会正式成立。大会选举了由 7 名委员组成的民盟益阳市(县级)第一届委员会。汤可敬当选为主委,刘时杰、欧阳光先当选为副主委,卢柏良被任命为秘书长。大会推举王子羲为盟市委顾问。

民盟益阳市委成立后,根据盟章及上级组织的有关文件精神,开展了成员吸纳和基层组织建设等工作。1989 年年底,盟员人数增至 165 人;1990 年年底,盟市委下设益阳师专、湖南城专、市一中、市二中、市三中、市六中、地直机关单位、市教育局、市科教文、市文艺、过鹿坪、市航运公司 12 个支部。

1992 年 3 月 29 日,民盟益阳市第二次代表大会召开,选举产生了由 5 名委员组成的民盟益阳市第二届委员会。汤可敬再次当选为主委,卢柏良续任秘书长。

1994 年益阳撤地建市。5 月 18 日,民盟湖南省委批准成立民盟益阳市(地级)委员会筹备委员会,由汤可敬、唐赛娥等 3 人组成筹委会,汤可敬任主任,唐赛娥任办公室主任。

1995 年 6 月 13 日,民盟益阳市第一次代表大会召开,时有支部 12 个,盟员 170 人。大会选举产生了由 9 名委员组成的民盟益阳市(地级,下同)第一届委员会。汤可敬当选为主委,刘时杰当选为副主委,唐赛娥任秘书长。

1998 年 11 月 3 日,民盟益阳市第二次代表大会召开,时有盟员 215 人。大会选举产生了由 10 名委员组成的民盟益阳市第二届委员会。汤可敬再次当选为主委,刘时杰再次当选为副主委,唐赛娥续任秘书长。

2003年9月15日,民盟益阳市第三次代表大会召开,选举产生了由10名委员组成的民盟益阳市第三届委员会。吴宏斌当选为主委,梁建新、唐赛娥当选为副主委,李孟平被任命为秘书长。

2008年9月12日至13日,民盟益阳市第四次代表大会召开,选举产生了由14名委员组成的民盟益阳市第四届委员会。吴宏斌再次当选为主委,唐赛娥、李孟平当选为副主委,罗小军被任命为秘书长。

2012年7月28日至29日,民盟益阳市第五次代表大会召开,大会审议并通过了民盟益阳市第四届委员会工作报告,选举产生了由14名委员组成的民盟益阳市第五届委员会。吴宏斌第三次当选为主委,李孟平当选为副主委,罗小军续任秘书长。

2016年5月20日至21日,民盟益阳市第六次代表大会召开,到会代表100人。大会选举产生了民盟益阳市第六届委员会。邓曙光当选为主委,李孟平、徐小林、曾朝晖、谢淑莲当选为副主委,李孟平兼任秘书长。

截至2016年12月底,民盟益阳市委下属支部19个,基层委员会1个,区级总支2个,高校支部4个。盟员总数为467名,其中大学以上文化程度占比91.4%,硕士学位以上21人;高级职称占37%,中级职称占44.2%。平均年龄为49.1岁。

益阳盟员中,担任历届民盟省委委员4人次,担任各级人大代表15人次,各级政协委员233人次。现任厅级领导干部1人,处级领导干部9人。

九、民盟永州市委员会简史

1949 年年初,盟员蒋挚夫(中共早期党员)和盟员李治安(国民党中将副军长)受民盟湖南省支部执委会委派,回到家乡永州,在中共地下党组织的支持和帮助下,吸纳了 76 名盟员,建立了民盟宁远、江华、道县分部。蒋济民任民盟江华分部主委(1949 年 1 月至 1951 年 5 月),何积桢任民盟道县分部主委(1949 年 7 月至 1951 年 5 月),骆懿任民盟宁远分部主委(1949 年 10 月至 1951 年 5 月)。蒋挚夫积极参与策反湘南行署主任欧冠、军长谢声溢等国民党军政要员的活动,派遣盟员分别打入江华邱、涂两派军队内部做策反工作,促使两派军队率部投诚起义。他联合当时江华县国民党进步人士和社会各界人士,成立了江华县人民解放委员会,出任该委员会主任,发动和领导群众开展护厂、护校等活动,为湘南和平解放贡献了力量。1950 年,蒋挚夫调任省立七中(现永州一中)校长,1955 年在肃反运动中被错杀,1983 年 5 月经湖南省高院复查平反。1951 年,应上级组织要求,民盟江华、道县分部停止活动。民盟宁远分部被改组为两个小组,宁远县民盟一组由骆懿担任组长(1951 年 5 月至 1966 年 5 月),民盟二组由谭有莘担任组长(1951 年 5 月至 1966 年 5 月)。"文化大革命"开始后,永州民盟组织全面停止活动。

1987 年,吕玉朝从衡阳来永州工作,吸纳了一批盟员。1988 年 10 月 31 日,民盟湖南省委直属永州支部成立,吕玉朝任主委。

1991 年 6 月,经民盟省委批准,冷水滩的盟员从民盟永州支部分出,以筹建民盟冷水滩支部。民盟永州支部委员由 3 名增加到 5 名,吕玉朝任主委。郑建民负责筹建民盟冷水滩支部,担任筹委会临时召集人。

1991 年 10 月 31 日,民盟省委直属冷水滩支部成立,郑建民任主委。1994 年 10 月,民盟省委直属永州支部换届,唐明辉任主委,唐敷伟、伍绍思任副主委。1994 年 12 月,民盟省委冷水滩支部换届,郑建民任主委,王公平任副主委。

1996 年 3 月,经民盟省委同意并报民盟中央批准,民盟原永州、冷水滩支部联合成立民盟永州市委筹委会,钱荣棠任主委,郑建民任副主委。

1996 年 8 月 24 日至 25 日,民盟永州市第一次代表大会在芝山区召开,33 名盟员代表全市 90 名盟员出席会议。大会选举产生了由 7 名委员组成的民盟永州市第一届委员会。钱荣棠当选为主委,郑建民、唐敷伟当选为副主委。盟市委下辖两个支部:民盟省委直属永州支部更名为民盟永州市委芝山支部,原支部班子成员不变;民盟省委直属冷水滩支部更名为民盟永州市委冷水滩支部,王公平任支部主委。1998 年 11 月,赵文复被任命为盟市委秘书长。

2001 年 4 月 23 日至 24 日,民盟永州市第二次代表大会在冷水滩区召开,选举产生了由 9 名委员组成的民盟永州市第二届委员会。钱荣棠再次当选为主委,袁火林、赵文复(专职)当选为副主委。同时,民盟芝山支部被分建为民盟师专、师范、一中、三中、卫校 5 个支部。2002 年 5 月,民盟冷水滩支部被分建为民盟市直、农校、二中、四中、十四中、三医院 6 个支部。2005 年 6 月,民盟市直支部又被分建为民盟市直一、二支部。至此,盟市委下辖 12 个支部。

2006 年 7 月 7 日至 9 日,民盟永州市第三次代表大会在冷水滩区召开,选举产生了由 11 名委员组成的民盟永州市第三届委员会。袁火林当选为主委,朱衡宁(专职)、黄丽晃(女)当选为副主委。第三届市委会期间,先后成立了民盟市直三、市直四、八中、六中支部和职院总支。到 2010 年,盟市委下辖 1 个总支,16 个支部。

2011 年 5 月 24 日至 26 日,民盟永州市第四次代表大会在冷水滩区召开,选举产生了由 15 名委员组成的民盟永州市第四届委员会。袁火林再次当选为主委,邓国文、朱衡宁(专职)、姚如男、熊华清当选为副主委,秦琦被任命为秘书长。第四届市委会期间,成立了民盟市委机关支部、中心医院支部。

2016 年 5 月 20 日,民盟永州市第五次代表大会召开,选举产生了由 17 名委员组成的民盟永州市第五届委员会。袁火林第三次当选为主委,朱衡宁、邓国文、姚如男、熊华清当选为副主委,秦琦续任秘书长。

截至 2016 年年底,民盟永州市委有基层组织 19 个,其中总支 1 个,支部 18 个。盟员总数为 374 人,其中有大学以上学历者占比 83.6%,有高级职称者 36%。

永州盟员中,担任历届民盟省委委员(含常委)者 4 人次;担任历届省人大代表 5 人次,省政协委员 6 人次;市人大代表 14 人次,市政协委员 49 人次。现任厅级领导职务者 1 人,处级领导职务者 9 人。

十、民盟娄底市委员会简史

1949 年 5 月,民盟湖南省支部执委会派梁光日回家乡蓝田镇从事地下革命活动,在中共蓝田地下党组织的支持下,他先后吸纳 13 名盟员。同年 7 月 26 日,民盟蓝田支部成立,隶属民盟湖南省支部直属安化分部,梁光日任主委。后因历史原因,民盟蓝田支部逐渐停止活动。

1988 年 11 月,经民盟湖南省委批准,先后恢复梁兆龙等 5 人盟籍。1991 年 5 月,民盟省委直属涟源支部成立,梁兆龙任主委。1998 年 3 月,民盟涟源市委成立,毛建华当选为主委。2000 年 1 月,民盟涟源市委届中调整,朱熙接任主委;2003 年 3 月,民盟涟源市第二次代表大会召开,傅德贤当选为主委。2008 年 11 月,民盟涟源市第三次代表大会召开,傅德贤再次当选为主委。2014 年 8 月,民盟涟源市第四次代表大会召开,李海日当选为主委。

1989 年 11 月,民盟涟钢小组成立,刘自源任组长,时有盟员 5 人。1990 年 3 月,民盟省委直属娄底师专支部成立,彭邦彦任主委,时有盟员 6 人。1993 年 5 月,民盟省委直属涟钢支部成立,刘自源任主委,时有盟员 7 人。1997 年 5 月,民盟省委直属娄底市支部成立,邹明玉当选为主委,时有盟员 11 人。1998 年 9 月,民盟娄底市委(县级)成立,邹明玉当选为主委。2000 年 5 月,娄底撤地建市设区,原民盟娄底市委(县级)更名为民盟娄星区委。同年 7 月,民盟娄星区委届中调整,黄盛发接任主委。2003 年 8 月,民盟娄星区委换届,彭湘南当选为主委。2009 年

10 月,民盟娄星区第三次代表大会召开,王文成当选为主委。

1999 年 8 月 16 日,民盟省委下发《关于同意成立民盟湖南省娄底市委筹委会的批复》。2000 年 5 月 20 日,民盟娄底市第一次代表大会召开,126 位盟员代表参会。大会选举产生了由 9 名委员组成的民盟娄底市第一届委员会。邹明玉当选为主委,朱熙、王洪元当选为副主委,邵瑛被任命为秘书长。2002 年 12 月,邵瑛被增选为专职副主委,兼任秘书长。

2005 年 5 月 25 日,民盟娄底市第二次代表大会召开,81 名盟员代表参会。大会选举产生了由 11 名委员组成的民盟娄底市第二届委员会,邵瑛当选为主委,王洪元、肖扬当选为副主委,羊小庆被任命为秘书长。

2010 年 11 月 12 日,民盟娄底市第三次代表大会召开,103 名盟员代表参会。大会选举产生了由 17 名委员组成的民盟娄底市第三届委员会。邵瑛再次当选为主委,肖扬、羊小庆(专职)、朱宏志、谭建光当选为副主委,羊小庆兼任秘书长。2012 年 10 月,谭建光辞去副主委职务。2014 年 3 月,王红贵被任命为秘书长。2014 年 6 月,肖建泳被补选为副主委。

2016 年 7 月 10 日至 11 日,民盟娄底市第四次代表大会召开,选举产生了民盟娄底市第四届委员会。邵瑛第三次当选为主委,肖扬、羊小庆(专职)、朱宏志、肖建泳当选为副主委,王红贵被任命为秘书长。

截至 2016 年 12 月底,民盟娄底市委下属县级委员会 2 个,基层组织 14 个。盟员总数为 491 人,其中有大学以上学历者占比 87.39%,有高级职称者占比 64.16%。

娄底盟员中,担任历届民盟省委委员者 4 人次;担任全国人大代表 1 人;担任历届省人大代表 7 人次,历届省政协委员 10 人次;担任历届市人大代表 29 人次,市政协委员 233 人次。现任厅级领导职务者 2 人,处级领导职务者 15 人(含高校 7 人)。

十一、民盟湘西自治州委员会简史

1983 年 7 月,民盟湖南省委湘西直属小组成立。1984 年 8 月,民盟省委湘西直属支部成立。1986 年 11 月,民盟湘西自治州委筹备委员会成立,文元琰任筹委会主委。

1988 年 8 月 8 日,民盟湘西土家族苗族自治州第一次代表大会在吉首召开,参会盟员 93 人,选举产生了由 9 名委员组成的民盟湘西州第一届委员会。文元琰当选为主委,汤克定、瞿震宇当选为副主委。后叶德书当选为民盟六大代表。

1989 年 2 月,文元琰辞去主委职务,担任顾问,汤克定辞去副主委职务。1990 年 9 月,瞿震宇被补选为主委,贾明忠被补选为副主委。

1990 年 6 月 29 日,因行政区划变更,民盟大庸支部隶属于张家界市,转出盟员 39 人。

1992 年 3 月 13 日,民盟湘西州第二次代表大会召开,应到代表 75 人,实到代表 70 人。大会选举产生了由 9 名委员组成的民盟湘西州第二届委员会。瞿震宇当选为主委,贾明忠、唐才甫、李文健当选为副主委。大会推举文元琰为名誉主委。后文元琰当选为民盟七大代表。1993 年 7 月,李文健调离,赵成山被补选为副主委。

1996 年 11 月 27 日,民盟湘西州第三次代表大会召开,应到代表 68 人,实到代表 62 人,特邀代表 2 人。大会选举产生了由 9 名委员组成的民盟湘西自治州第三届委员会。贾明忠当选为主委,赵成山、唐世洪当选为副主委。大会推举文元琰、瞿震宇为名誉主委。

2001 年 6 月 23 日,民盟湘西州第四次代表大会召开,应到代表 85 人,实到代表 73 人。大会选举产生了由 11 名委员组成的民盟湘西州第四届委员会。贾明忠再次当选为主委,唐世洪、刘小刚、向仍淼当选为副主委。大会推举文元琰、瞿震宇为名誉主委。后贾明忠当选为民盟九大代表。

2006 年 3 月 23 日,民盟湘西州第五次代表大会召开,应到代表 72 名,实到代表 72 名,特邀代表 5 名。大会选举产生了由 13 名委员组成的民盟湘西州第五届委员会。贾明忠第三次当选为主委,伍坤杰(专职)、唐世洪、刘小刚、向仍淼当选为副主委。大会推举文元琰、瞿震宇为名誉主委。

2011 年 7 月 5 日,民盟湘西州第六次代表大会召开,应到代表 88 名,实到代表 88 名。大会选举产生了由 16 名委员组成的民盟湘西州第六届委员会。刘小刚当选为主委,伍坤杰(专职,2013 年 7 月调任州政协民族宗教法制群团委员会副主任)、向仍淼、谷遇春、王福军当选为副主委。后刘小刚当选为民盟十一大代表。

2016 年 6 月 20 日,民盟湘西州第七次代表大会在吉首召开。大会选举产生了由几名委员组成的民盟湘西州第七届委员会。刘小刚再次当选为主委,杨艳妮、谷遇春、王福军、彭金桥当选为副主委。

民盟湘西州委 2014 年获民盟中央授予的"全国社会服务工作先进集体"。

民盟湘西州委是湘西州唯一的民主党派地方组织。截至 2016 年 12 月,下辖基层组织 10 个,其中总支 1 个,支部 9 个。盟员总数 325 人。其中具有大学本科以上学历者约占 87%,具有中高级职称者约占 87.6%。

湘西州盟员中,担任民盟全国代表 4 人次、民盟省委委员 4 人次,其中常委 1 人次。担任历届州、市人大常委会副主任 3 人次,州政协副主席 3 人次;担任全国人大代表 1 人;担任省、州人大代表、政协委员 131 人次。现任厅级领导职务者 7 人。

十二、民盟怀化市委员会简史

1992 年 8 月,盟员莫敬清调入怀化工作,他与 1995 年至 1996 年间挂职锻炼担任芷江县县长助理的民盟省委机关干部赵为济一道,拉开了在怀化吸纳盟员的序幕。至 1997 年 2 月,怀化有武思元等 8 位盟员。

1997 年 5 月 28 日,经民盟省委批准,民盟省委直属怀化支部成立,时有盟员 9 人,武思元任主委,莫敬清、李先考任副主委。

至 2001 年,怀化盟员增长到 38 人,分属鹤城区、三医院和市直支部。7 月 12 日,经民盟省委批准,民盟省委直属怀化总支成立,武思元任主委,周艾华任副主委。

2002 年 11 月 24 日,经报请民盟中央批准,民盟怀化市委筹备委员会成立,武思元任主委,巫培云、莫敬清任副主委。

2004年3月27日,民盟怀化市第一次盟员大会召开,时有盟员49人。大会选举产生了由7名委员组成的民盟怀化市第一届委员会。武思元当选为主委,巫培云、莫敬清当选为副主委,邓文彬被任命为秘书长。

同年5月,省编办批复,民盟怀化市委员会机关为正处级机构,核定行政编制3名。9月,民盟怀化市委机关正式挂牌办公。机关工作人员有3人。

2008年5月,怀化市编办批复,同意盟市委机关设立办公室和参政议政宣传科两个正科级内设机构。

2009年5月26日,民盟怀化市第二次盟员大会召开,74位盟员中有51位盟员参会。大会选举产生了由9名委员组成的民盟怀化市第二届委员会。武思元再次当选为主委,巫培云、莫敬清、杨司旭当选为副主委,欧阳红被任命为秘书长。

2014年12月22日,民盟怀化市第三次盟员大会召开,87位盟员参会。大会选举产生了由11名委员组成的民盟怀化市第三届委员会。巫培云当选为主委,王勇、李昀蹊、刘岚、唐大炽当选为副主委。

截至2016年12月底,民盟怀化市委下属基层支部8个。

盟员总数133人,其中有大学以上学历者占比96.24%,高级职称者占比32.33%。

怀化盟员中,担任历届民盟省委委员6人次;担任历届省人大代表1人,省政协委员1人;担任历届市人大代表3人次,市政协委员12人次;担任县人大代表3人次,县政协委员12人次。现任厅级领导者职务1人,处级领导职务者11人。

十三、民盟张家界市委员会简史

1985 年 5 月 24 日,国务院批准大庸撤县建市。民盟省委经与中共省委统战部协商同意后,决定在大庸市建立民盟组织。1986 年 9 月,在民盟湘西州筹委会主委文元琰的努力下,大庸市有了第一批盟员。1986 年 12 月 5 日,民盟大庸小组成立,范心一任组长。1987 年 5 月 20 日,民盟大庸民盟支部成立,申康如任主委,范心一任副主委。支部成立后,迅速吸纳盟员 40 人,先后组建了民盟一中、旅职中支部。1989 年,国务院批准大庸设立地级市。1990 年 5 月,民盟大庸总支成立,经选举,申康如当选为主委,范心一当选为副主委。随后,民盟武陵大学、民中等支部先后成立。

1993 年 6 月 5 日,民盟大庸市委筹备委员会正式成立。申康如任主委。机关设二部一室,即组织部、宣传部、办公室。

1994 年 3 月 14 日,民盟大庸市第一次盟员大会召开,选举产生了由 7 名委员组成的民盟大庸市第一届委员会。申康如当选为主委,范心一当选为副主委,姚振军被任命为秘书长。1994 年 4 月,随大庸市更名为张家界市,民盟大庸市委亦更名为民盟张家界市委。

1999 年 1 月 8 日,民盟张家界市第二次盟员大会召开,选举产生了由 8 名委员组成的民盟张家界市第二届委员会。申康如再次当选为主委,姚振军(专职)、汤浊、卢云当选为副主委,姚振军兼任秘书长。

2003 年 11 月,民盟张家界市第三次盟员大会召开,近 200

名盟员出席。大会选举产生了由 9 名委员组成的民盟张家界市第三届委员会。汤浊当选为主委,姚振军、卢云、罗长江当选为副主委。2006 年 3 月,汤浊调民盟省委任专职副主委。2008 年8 月,罗长江被补选为主委。2009 年 6 月,余宗巧被补选为秘书长。

2010 年 11 月 21 日,民盟张家界市第四次代表大会召开,69名盟员代表出席。大会选举产生了由 13 名委员组成的民盟张家界市第四届委员会。邹卫当选为主委,李培其、卢云(女)、罗振坤当选为副主委,余宗巧被任命为秘书长。

2016 年 6 月 21 日,民盟张家界市第五次代表大会召开,79名盟员代表出席。大会选举产生了由 13 名委员组成的民盟张家界市第五届委员会。李培其当选为主委,余宗巧、罗振坤、覃正武、赵旭当选为副主委,吴良勇被任命为秘书长。

截至 2016 年 12 月底,民盟张家界市委下属基层组织 10 个,其中总支 1 个、支部 9 个。盟员总数 293 人,其中有大学以上学历者占比 67.23%、有高级职称者占比 39.93%。

张家界盟员中,担任历届民盟省委委员 4 人次;担任历届省人大代表 2 人次,省政协委员 3 人次;担任市人大代表 12 人次,市政协委员 43 人次;县政协委员 25 人次。现任厅级领导职务者1 人,处级领导职务者 21 人。

跋

在《民盟历史文献》丛书付梓之际，掩卷回首，民盟先贤们的音容笑貌挥之不去，不绝如缕，久久难忘。在编辑此丛书的过程中，我们每每被他们为信仰、为理想奋斗的坚定精神感召和感动。

人不能没有理想和信仰，一个民族也不能没有自己的理想和信仰。我们的先辈们，正是怀揣民族富强、人民福祉的赤诚之心，身先士卒、鞠躬尽瘁；凭借自身高尚的人文品格和社会良知，与中国共产党团结合作，为中国社会的前途和命运探索了一条新的发展道路；和平、民主是人类社会的两大主题，也是中国共产党人和各民主党派所共同追求的理想。

如今，面对着他们的拳拳之心和丰功伟绩，我们感叹，赞叹，怀念！更要继承！

《民盟历史文献》在整个创作和出版过程中，得到了来自社会各界人士的关注和厚爱。我们要特别感谢为此丛书孜孜不倦地考证、核实、梳理、完善的各位专家、学者,是他们的认真严谨,才使此丛书能够客观地展现历史的真貌;更要特别感谢中共中央统战部与民盟中央给予我们的鼎力支持和重视,没有他们的指导和帮助,我们不可能完成如此厚重的出版工作任务;还要感谢各省、市、地区的民盟组织为搜集、挖掘、抢救民盟的历史文献资料做出的不懈努力和贡献;感谢每一本书的作者,是他们的辛勤笔耕和一点一滴的忠实记录,才集成了民盟历史的全貌;感谢为此丛书付出辛劳的编辑以及所有工作人员,感谢你们辛勤的劳动和无私的奉献。

　　谨以此丛书献给所有伟大的民主革命先驱者,献给为共和国诞生抛洒了智慧和热血的先贤们,献给那一段筚路蓝缕、以启山林的峥嵘岁月。

《民盟历史文献》编委会